तीसरी तांली

तीसरी ताली

प्रदीप सौरभ

वाणी प्रकाशन

प्रकाशन के उत्कृष्टतम 62 वर्ष

सजिल्द पहला संस्करण : 2011
सजिल्द दूसरा संस्करण : 2025

vaniprakashan.com

वाणी प्रकाशन

4695, 21-ए, दरियागंज, नयी दिल्ली-110 002

फ़ोन : + 91 11 23273167, 23275710

शाखाएँ

अशोक राजपथ, पटना-800 004, बिहार

कॉफ़ी हाउस कैम्पस, महात्मा गांधी मार्ग, प्रयागराज-211 001, उत्तर प्रदेश

महात्मा गांधी अन्तरराष्ट्रीय हिन्दी विश्वविद्यालय, वर्धा-442 001, महाराष्ट्र

sales@vaniprakashan.in
vaniprakashan@gmail.com

Teesari Taali
by Pradeep Sourabh

ISBN : 978-93-5000-502-6

Novel

मूल्य : ₹ 495

आर. टेक ऑफ़सेट प्रिंटर्स, दिल्ली-110 032 में मुद्रित

वाणी प्रकाशन का लोगो मक़बूल फ़िदा हुसैन की कूची से

'मुन्नी मोबाइल' की तरह ही
इस उपन्यास के नायक और खलनायक भी
काल्पनिक नहीं हैं।

माता पिता के लिए

एक

जून की अलसाई सुबह थी। लोग निंदासे दिख रहे थे। हालांकि वक्त की नजर से देखा जाए तो आठ-साढ़े आठ के बीच का समय था। जून के महीने में जहाँ पौ सुबह पाँच बजे तक आसमान में छा जाती हो और लालिमा-भरा उजाला छितर जाता हो, वहाँ साढ़े आठ बजे तक सूरज बिलकुल सिर पर चढ़ आना स्वाभाविक है। ऐसे में लोगों के निंदासे होने की बात चौंकानेवाली लग सकती है, पर थी यह सच। दरअसल, बिजली की लम्बी कटौती ने लोगों को रात-भर बालकनियों की रेलिंग पर झूलते रहने के लिए मजबूर कर दिया था। हवा भी ठहरी हुई थी। इनवर्टर चार्ज नहीं हो रहे थे। डीजल की किल्लत ने जनरेटर की घड़-घड़ व धड़-धड़ भी थाम रखी थी। श्मशान के सन्नाटे जैसा माहौल था। शांति.... सिर्फ शान्ति पसरी थी चारों तरफ। कभी-कभी बला की गर्मी से जूझते बच्चे मिनमिना उठते। यह सिलसिला कई दिनों से चल रहा था। लोग जागते-जागते सोते। सोते-सोते जागते। बच्चे दीवार से सटकर खड़े होते और सपनों में पहुँच जाते।

ऐसे ही दिन कट रहे थे। दिल्ली की सभी छोटी-बड़ी हाउसिंग सोसायटियों की कहानी एक जैसी थी। कहने को यह शहर देश की राजधानी है, देश का दिल है; पर बिजली-पानी को लेकर यहाँ की हालत किसी गाँव से भी बदतर थी। टोंटियों में पानी की अपेक्षा करना गूलर के फूल की तमन्ना करना था। बोरवेल का पानी पीने लायक नहीं था। खारा इतना कि खाना बनाते वक्त नमक डालने की जरूरत न महसूस हो।

सिद्धार्थ एनक्लेव की एक ऐसी ही सुबह।

बच्चे अनमने भाव से स्कूल जाने की तैयारी कर रहे थे और माताएँ बतौर फर्जअदायगी उनके लिए टिफिन पैक करने में मशगूल थीं। घर के पुरुष सदस्य नहा-धोकर ऑफिस जाने की तैयारी में लगे थे। कोई तौलिये की गुहार लगा रहा था, कोई शेव कर रहा था। कहीं माँ बच्चे का टिफिन थमाने के लिए बसस्टॉप तक भागती जा रही थी। कहीं एफएम बज रहा था, जिसकी गुनगुनाहट काम की आपा-धापी को सुरीला बना रही थी।

तभी ढोलक की थाप ने पूरी कॉलोनी को चौंका दिया। बेसुरे संगीत और खुले हाथों की तालियों की आवाज जैसे हवा को थप्पड़ मार रही थी। एकाएक कई चेहरे बालकनियों में झाँकने लगे—

"ये मुए सुबह-सुबह हमारी कॉलोनी में कैसे घुस आये!"

"किसके यहाँ!" एक दूसरी आवाज आयी।

"किसके यहाँ है जच्चा-बच्चा, कोई खबर तो मिली नहीं।"

पड़ोस की जवान व बूढ़ी औरतें काम को अर्द्धविराम देकर पंचायत में जुट गई थीं। ये बेसुरा संगीत गौतम साहब के घर के सामने से उठ रहा था। गौतम साहब सेंट्रल सेक्रेटेरियट में यूडीसी थे। बड़े बाबू। तनख्वाह काम चलाने के लिए ठीकठाक थी, पर फाइलों को इधर-से-उधर करने के लिए मेहनताना अलग लेते थे। अधेड़ हो चुके थे। तीन बेटियों के बाद बेटा हुआ था। घर में वारिस पैदा हुआ था। मोटे चश्मे के पीछे दबी-दबी रहनेवाली आँखों में अचानक चमक आ गयी थी। अब झुककर चलने के बजाय वे थोड़ा तन और अकड़कर चलने लगे थे। कंजूस एक नंबर के थे। दफ्तर में उन्हें सोशल आदमी माना जाता था, मगर कालोनी में आस-पड़ोस में भी उनके परिवार का मिलना-जुलना कम था। नतीजतन हिजड़ों की तालियों और ढोलक की थाप से ही कालोनीवालों को उनके घर लल्ला होने की खबर मिली।

वैसे कालोनी में जब किसी खुशी के मौके पर हिजड़े नाचने-गाने आते हैं, तो लोग उन्हें शगुन देते ही हैं। सोचते हैं कौन मुँह लगे हिजड़ों के। मुँहफट जो ठहरे। अपने में आ जाएँ तो पलक झपकते किसी की भी इज्जत उतार दें। मगर गौतम साहब शगुन देने के लिए तैयार नहीं दिख रहे थे और इसीलिए हिजड़ों की बार-बार दस्तक के बावजूद

अन्दर से कोई आहट नहीं हो रही थी। आखिरकार हिजड़े अपनी पर उतर आये।

"गौतम साहब, लल्ला हुआ है और गरमी में रजाई ओढ़कर बैठे हो!" सुन्दरी ने ताली ठोंककर दरवाजा जोर से भड़भड़ाया। सुन्दरी की ताल में ताल मिलाते हुए बिंदिया बद्दुआ देते हुए कड़ुवाहट के साथ बोली, "हिजड़ों को शगुन नहीं दोगे तो लल्ला हिजड़ा निकलेगा।"

फिर भी अन्दर से कोई सुगबुगाहट नहीं हुई, तो मण्डली की सरगना डिम्पल और उसके साथी सुर में सुर मिलाकर लगभग चिल्लाने के अन्दाज में बोलने लगे, "गौतम का बच्चा हाय-हाय....."

इस कर्कश कोरस के पीछे हिजड़ों की सोच थी कि कालोनी के लोगों को गौतम साहब की बेरुखी से परिचित करा दिया जाए। पर तमाम शोरगुल के बाद भी गौतम साहब ने दरवाजा नहीं खोला। हिजड़े खीज गये। दो घंटे की मशक्कत भी उनके काम नहीं आयी। न हारनेवाले हार गये। आमतौर पर हिजड़े अंटी ढीली करवा ही लेते हैं, लेकिन गौतम साहब के मामले में वे पसीने-पसीने हो गये और उनकी दाल नहीं गली। शरारती सुनयना ने गुरु डिम्पल से कहा कि इसके दरवाजे में मूत देते हैं, लेकिन डिम्पल ने सुनयना को इस बात की इजाजत नहीं दी। बोली, "हम हिजड़े जरूर हैं, पर हमारे भी कुछ उसूल हैं। हमारे पेट पर लात मारेगा तो भगवान भी इसे माफ नहीं करेगा।"

यह कहने के बाद मण्डली ढोलकिये और हारमोनिये के साथ आगे बढ़ गई। तमाशा शुरू होने से पहले खत्म हो गया। सुन्दरी का नाच देखने के लिए जमा आसपास के लोग खिसकने लगे। सुन्दरी की इलाके में धाक थी। गजब का डांस करती थी। कमर तो ऐसी लचकाती थी कि बड़ी-बड़ी हीरोइनें तौबा कर उठें। सजीधजी रहती थी। डिम्पल उसे बेहतरीन-से-बेहतरीन ड्रेसेज देती। उसकी मण्डली की वह जान थी। ढोलकिये की और उसकी जब जुगलबन्दी होती तो देखनेवाले दाँतों में उँगली दबा लेते। फ्लैट नंबर 525 के गृहप्रवेश के मौके पर सुन्दरी ऐसी नाची थी कि उसका पोर-पोर थिरक रहा था। सुरीली भी थी और गाती अच्छा थी। हिजड़ों में वह ब्यूटीक्वीन मानी जाती थी। उसके डांस पर हर आने-जानेवाला नोटों की बौछार कर

रहा था। मण्डली उस दिन मालामाल हो गई थी। फ्लैट के मालिक मयंक अग्रवाल डांस देखकर इतने मस्त हुए कि उन्होंने अपने हाथ की अँगूठी उतारकर अपनी बीवी के सिर पर वारते हुए सुन्दरी के हाथों में पहना दी थी। मयंक मानते थे कि हिजड़ों को धन-धान्य देने से ऊपरवाला बुरी नजरों से बचाता है। उनके जुड़वाँ बच्चों के जन्म के मौके पर जब तक डिम्पल ने बच्चों को अपनी गोद में लेकर आशीर्वाद नहीं दिया, तब तक अग्रवाल साहब माने नहीं थे। डिम्पल शुरू में आनाकानी कर रही थी और मयंक से दस हजार रुपये माँग रही थी। हिजड़े जानते हैं कि कौन मुर्गा बन सकता है और कौन नहीं। उन्हें मयंक में मुर्गे के पूरे गुण दिखे। आखिरकार मयंक ने जब डिम्पल को कड़कते हुए नोट दिए, तभी डिम्पल ने बच्चों को गोद में लेकर लाड़ करते हुए आशीर्वाद दिया था।

हिजड़े हार माननेवाले प्राणी नहीं होते, पर गौतम साहब ने उन्हें हरा दिया था। पूरी कॉलोनी सन्न थी। हिजड़ों पर गौतम साहब की जीत! हिजड़ों से दुखी रहनेवालों को उन्होंने रास्ता दिखा दिया था। वे अगर 'हिजड़ों से निपटने के पचास कारगर तरीके' शीर्षक से किताब लिखते तो शायद इस कालोनी में वह हाथों-हाथ बिक जाती।

सिद्धार्थ एनक्लैव, भारत की सबसे बड़ी हाउसिंग सोसायटी थी। पाँच हजार से ज्यादा फ्लैट। भाँति-भाँति के लोग। मलयाली, तेलुगु, बंगाली, बिहारी, पंजाबी, उड़िया, कश्मीरी—सब एक जगह रहते हैं मिलजुलकर। कभी-कभी आपस में भिड़ भी लेते हैं। लेकिन दंगों की स्थिति कभी पैदा नहीं हुई। वैसे इंडिया में दंगे तो एक सामान्य बात है। अलीगढ़ से लेकर अहमदाबाद तक न जाने कितने शहर दंगों के लिए मशहूर हैं। जलते लोग। जलाते लोग। मरते लोग। मारते लोग। दंगों के सहारे सत्ता तक पहुँचते लोग। सत्ता से बेदखल होते लोग। फिर भी कहते हैं—'ये दुनिया इक दुलहन। दुलहन के माथे की बिंदिया। ये मेरा इण्डिया। आई लव माई इण्डिया।'

हिजड़े बेशक चले गये थे, पर बालकनियों की रेलिंगों पर लटके लोगों के बीच खुसुर-फुसुर शुरू हो चुकी थी। उनके पास यह खबर

'ब्रेकिंग न्यूज' की तरह थी, जिसे हर घर बारी-बारी से दुहरा रहा था। लोग बिजली-पानी की किल्लत कुछ पलों के लिए भूल गये थे और चटखारे ले-लेकर इसकी चर्चा कर रहे थे। मुहल्ले में ऐसी खबरें प्रायः कई दिनों तक हवा में तैरती रहती हैं, फिर आहिस्ता-आहिस्ता उनका रंग फीका पड़ जाता है।

"गौतम साहब तो अजीब आदमी निकले।" मिसेज प्रतीक टण्डन अपने पति से बुदबुदाते हुए बोलीं, "अरे, सौ-पचास दे देते तो छोटे बाप के न हो जाते।"

मिसेज टण्डन चाह रही थीं कि उनके पति इस प्रसंग को थोड़ा और बढ़ाएँ, पर मिस्टर टण्डन ने पत्नी की बातों पर कान नहीं दिया। वे दफ्तर के मसलों को लेकर उलझे हुए थे, इसलिए पत्नी के साथ मिलकर निन्दा-रस का आनन्द नहीं लेना चाहते थे। मजबूर मिसेज टण्डन मुँह बनाती हुई किचेन में चली गयीं। ऐसी ही खुसुर-फुसुर इधर-उधर हो रही थी। सबसे दिलचस्प था आनन्दी आण्टी का कमेण्ट–"पैसे नहीं थे तो मुझसे ले जाते! हिजड़ों को खाली हाथ लौटाने से अपशकुन होता है।"

आनन्दी आण्टी की इस बात का सबने समर्थन किया था।

वैसे भी आनन्दी आण्टी हिजड़ावादी थीं। हिजड़ों की हमदर्द। हिजड़ों को लेकर उनकी एक नस दबी जो थी। वे उनके घर आते-जाते रहते थे। वे ही कॉलोनी की अच्छी-बुरी खबरें हिजड़ों तक पहुँचाती थीं। हिजड़ा-मण्डलियाँ आमतौर पर अपने खबरियों को पैसे देती हैं। बड़ी कॉलोनियों में तो वे अपने खबरियों को अपने पैसे से कमरा किराये पर लेकर देती हैं। फुल टाइमर खबरिया। सुबह से शाम तक बच्चों के जनम से लेकर खुशी के मौकों की छानबीन में व्यस्त। लेकिन आनन्दी आण्टी के साथ ऐसा नहीं था। वे अपनी दबी नस के चलते हिजड़ों को प्यार करती थीं। पैसे-वैसे वह नहीं लेती थीं।

डिम्पल अपनी मण्डली के साथ डेरे में लौट आयी थी, जो सिद्धार्थ एनक्लेव से एक-डेढ़ किलोमीटर की दूरी पर था। बेरसराय गाँव में।

सिद्धार्थ एनक्लेव भी ऐसे ही किसी गाँव की जमीन के सरकारी अधिग्रहण के बाद बना था। डिम्पल के डेरे में दस-बारह कमरे थे। गेट में घुसते ही एक बहुत बड़ा आँगन भी था। दो-चार दुधारू जानवर एक तरफ बँधे थे। आँगन के बीचों-बीच काली का मन्दिर था। मन्दिर के बगल में एक चम्पा का दरख्त, जो काफी पुराना और इसीलिए काफी घना भी था। उसके पत्ते चौड़े और खिले-खिले थे और जब वह सफेद फूलों से भर जाता तो बेहद खूबसूरत लगता था। डेरे के लोग ज्यादातर इसी के फूल तोड़कर माँ काली को चढ़ाते। मन्दिर में नौ की नौ देवियाँ विराजमान थीं। वैसे हिजड़े मुर्गेवाली माँ को अपनी इष्टदेवी मानते हैं। लेकिन कालीभक्त होने के कारण डिम्पल ने खप्परवाली की भव्य एवं बड़ी मूर्ति अपने मन्दिर में लगा रखी थी। गले में मुण्डमाल। रक्तरंजित जीभ। पैरों के नीचे शिव। एक हाथ में त्रिशूल, तो दूसरे में फरसा। तीसरे हाथ में खून भरा खप्पर और चौथे हाथ में तलवार। दमकती आँखें। युद्धरत काली का रौद्र रूप प्रतिमा में पूरी तरह से दिखता था।

डेरे में मण्डली उदास बैठी थी। उस दिन गौतम साहब का झटका डिम्पल के चेहरे पर साफ दिखाई दे रहा था। फूटी कौड़ी का भी जुगाड़ नहीं हुआ था। डिम्पल वैसे पैसेवाली थी। खास-खास मौकों पर दो-चार किलो सोना अपने शरीर पर चढ़ा लेती थी। वह चाहती तो बाजार में दुकानों के आगे ताली ठोंकठाककर दुकानदारों से दिहाड़ी बना लेती। लेकिन दुकानों और सिगनलों पर कारों को रोककर पैसा माँगनेवाले हिजड़ों को वह छिछोरा मानती थी। उसकी सोच थी कि अपने काम को इज्जत से करना चाहिए। अपनी सीमाओं में। भगवान राम ने उन्हें जो काम सौंपा है, उसकी हद में रहकर चलना चाहिए। इसी सोच के चलते सिगनल पर पैसे माँगनेवाली कला मौसी के साथ उसका कई बार झगड़ा हो चुका है। उसने कई बार कला मौसी को समझाया, “अपने इलाके में नाच-गाकर पैसा कमा। भिखारियों की तरह सिगनल पर क्या भीख माँगती है! अपने साथ हम सबकी इज्जत का भी कचरा करती रहती है।”

कला मौसी पर इस तरह की फब्तियाँ कसते हुए डिम्पल भूल जाती कि वह बूढ़ी हो चुकी है। दरअसल, हिजड़ों में यह प्रथा है कि बूढ़े हिजड़ों को साथी हिजड़े मौसी पुकारने लगते हैं। बुढ़ापे के चलते कला मौसी की आवाज भी बेसुरी हो गई थी। कमर में भी दम नहीं था। कभी उसके नाच के आगे डिम्पल जैसे हिजड़े पानी भरते थे, पर अब उसका पानी उतर चुका था।

कला मौसी के बुढ़ापे के चलते मण्डली के अन्य हिजड़े दूसरी मण्डलियों में चले गये थे। कला मौसी के धन्धे को बुढ़ापे की नजर लग गई थी। डिम्पल की तरह उन्होंने बुरे वक्त के लिए पैसा भी नहीं जोड़ा था। पैसा जोड़ा होता तो मण्डली टूटती नहीं। जितना कमाया, मण्डली के हिजड़ों में बाँट दिया। खाया और खिलाया। उनके इलाके पर भी रीना की मण्डली ने कब्जा कर लिया था। अपने गुण्डों और लठैतों के दम पर। इलाका लेते वक्त कोई मुआवजा भी रीना ने कला मौसी को नहीं दिया था। कला मौसी शरीफ थीं, इसलिए वे रीना से लड़ न सकीं। वरना, इलाके के मामले में हिजड़ों में खून-खराबा तक हो जाता है। इसी के चलते आज कला मौसी की यह हालत हो गई थी।

गौतम साहब की बेजा हरकत काफी समय तक डेरे में चर्चा का विषय रही, फिर धीरे-धीरे सब उसे भूल गये।

कई बरस बाद की बात है। डेरे पर खाने की तैयारियाँ जोर-शोर से चल रही थीं। नेपाल से आया हुआ बहादुर शेरपा जब से डेरे की रसोई सँभालने लगा था, खाने का स्वाद बढ़ गया था। वह बहुत सुन्दर था। शरीर पर एक भी बाल नहीं। मलाई की तरह चिकना। सुनयना की नजर हमेशा उसी पर रहती। कई बार उसने अपने हिस्से की मिठाई उसे खिलाई थी। अपनी कजरारी आँखों से उसने कई बार शेरपा को पास आने का न्यौता दिया था। शेरपा को देखकर उसके भीतर ऐसी हलचल होती, जिस पर उसका अपना वश भी नहीं रहता था। एक रात तो सुनयना ने उसके बिस्तर में घुसने की

कोशिश भी की थी। शेरपा चोर-चोर कहकर चिल्ला उठा था और सुनयना झटपट अपने कमरे में लौट आयी थी।

सुनयना मन-ही-मन शेरपा से प्यार करने लगी थी। वह शेरपा के साथ रहकर जानना चाहती थी कि पुरुष और स्त्री एक साथ कैसे रहते हैं। हिजड़ों में सुनयना हिजड़ी थी, इसलिए उसके अन्दर कामवासना भी जागती थी। इसी आग के कारण पिंकी डेरा छोड़कर भागी थी। उसने रेखा चितकबरी का गैंग ज्वायन कर लिया था।

रेखा के पूरे शरीर में सफेद दाग थे, इसीलिए उसका नाम चितकबरी पड़ गया था। उसने दिल्ली यूनिवर्सिटी से बीए किया था और अब वह दिल्ली की मशहूर कालगर्ल सप्लायर थी।

इन दिनों ग्राहक लड़कियों से ज्यादा लड़कों की माँग करते थे, वह भी कम उम्र के कमसिन लड़कों की। खासकर विदेशी ग्राहकों में लड़कों की माँग ज्यादा थी। पिंकी हिजड़ों के बीच से निकलकर रेखा चितकबरी के साथ खुश थी। कमाई एक रात में ही अच्छी-खासी हो जाती थी उसकी और नाच-गाकर शरीर भी नहीं तोड़ना पड़ता था। वह कई बार सुनयना को रेखा चितकबरी के गैंग में शामिल होने का न्यौता दे चुकी थी। लेकिन डिम्पल के गुण्डों के भय से वह काँप जाती थी। हालाँकि सुनयना रेखा चितकबरी के गैंग में शामिल होना चाहती तो डिम्पल के लठैत रेखा चितकबरी के पिस्तौलधारियों पर हलके पड़ते, लेकिन फिर भी सुनयना डिम्पल को छोड़ने की बात नहीं सोच पाती थी। डिम्पल में उसे अपनी माँ दिखती थी। बचपन से उसने ही उसे पाला-पोसा था, उसकी हर जरूरत पूरी की थी।

सुनयना और शेरपा की मुहब्बत की बात दबे-ढके तरीके से डेरे के सभी लोगों तक पहुँच चुकी थी। चोर काण्ड के बाद यह भेद भी खुल गया था कि शेरपा के बिस्तर में घुसनेवाली सुनयना ही थी। लेकिन यह बात कोई सुनयना से कहता नहीं था। सुनयना भी जानती थी कि शेरपा के लिए उसका एकतरफा प्यार अब किसी से छिपा नहीं है। वह शेरपा को खिलाने-पिलाने और मीठी-मीठी बात करने का कोई भी मौका नहीं छोड़ती थी। शेरपा भी सुनयना की नजरों को ताड़ चुका था, लेकिन वह किसी हिजड़ी को प्यार नहीं करना चाहता था। यह

बात अलग थी कि लम्बे समय तक साथ रहते-रहते शेरपा सुनयना के प्रति नरम हो गया था। इसी को सुनयना अपने लिए उसका प्यार मान बैठी थी। डिम्पल इन दोनों के बीच चल रहे इलू-इलू से बिलकुल परेशान नहीं थी। वह सोचती थी कि हिजड़ी मुहब्बत कर भी लेगी तो उसका क्या बिगड़ेगा।

रानी भी हर रोज डेरे पर यह नजारा देखती और इन दोनों की मुहब्बत क्या मोड़ लेगी, यह सोच कर विचलित हो जाती। एकान्त में वह शेरपा के बारे में ही सोचती। ऐसा नहीं था कि वह सुनयना की तरह चाहती थी, बल्कि वह इस बात से डरती थी कि कहीं शेरपा के साथ भी वही न हो जो उसके साथ हुआ था।

रानी डिम्पल की मण्डली में शामिल होने से पहले अलीगढ़ में रहती थी... या यूँ कहें कि रहता था। हिजड़ा बनने से पहले वह मुकम्मल मर्द था। शेरपा की तरह तब उसका नाम रानी नहीं, राजा था। उसने बचपन में कथक नृत्य सीखा था, राजू महाराज से।

राजू महाराज कथक के अद्वितीय गुरु थे और जितने वे अद्वितीय गुरु थे, उतना ही अद्वितीय था उनका शिष्य राजा। उसमें लगन थी, धैर्य था, सहनशीलता थी और सबसे बड़ी बात यह कि अपने गुरु के प्रति उसमें समर्पण व श्रद्धा का अद्भुत भाव था। उसके इन्हीं सब गुणों के कारण राजू महाराज अपने शिष्यों में सबसे अधिक उसे ही चाहते थे। गुरु-शिष्य सम्बन्धों के जैसे आख्यान हमें प्राचीन साहित्य में पढ़ने को मिलते हैं, उस परम्परा का मूर्त रूप थी गुरु-शिष्य की यह जोड़ी।

एक बात और थी। राजू महाराज की शिष्य-मण्डली में लड़का सिर्फ एक था—राजा, बाकी सब लड़कियाँ थीं... पैसे वाले घरों की लड़कियाँ। वे राजू महाराज के पास नृत्य की साधना करने नहीं आती थीं, बल्कि उन्हें वहाँ भेजने के पीछे उनके माता-पिता का उद्देश्य कुछ और ही होता था। वे सोचते थे कि लड़की के रिश्ते की बात चलाते वक्त जब लड़केवालों को यह बताया जाएगा कि लड़की घर के कामों में निपुण होने के अलावा कथक नृत्य भी सीख रही है और वह भी राजू महाराज सरीखे नृत्य-गुरु से, तो इस बात का उन पर अच्छा प्रभाव पड़ेगा—वे समझेंगे कि जिस लड़की को हम बहू बनाकर अपने

घर में लाना चाह रहे हैं, वह सचमुच सुसंस्कृत है। जहाँ तक इस बारे में लड़कियों की निजी सोच का सवाल था, वे राजू महाराज के पास नृत्य सीखने के बहाने से अपने ब्वॉय-फ्रेंड्स के साथ मिलने और मौजमस्ती करने का मौका जुटा लेती थीं।

नृत्य को लेकर लड़कियों के माता-पिता की सोच और स्वयं लड़कियों की सोच से भी राजू महाराज अनभिज्ञ नहीं थे। नतीजतन, वे भी लड़कियों को चालू किस्म की ही शिक्षा देते थे, जबकि राजा को सिखाते वक्त अपनी सम्पूर्ण कला, नृत्य का सम्पूर्ण ज्ञान उसके भीतर उँड़ेल देने की भावना से अनुप्राणित रहते थे। फलतः राजा थोड़े समय में ही कुशल नर्तक बन गया। शरीर में गजब का लोच। पैरों में अकल्पनीय थिरकन। जब वह कथक नृत्य के जयपुर घराने की पच्चीकारी अपनी विशिष्ट कला के साथ प्रस्तुत करता, तो दर्शक अनायास कह उठते—वाह उस्ताद! इसके बावजूद राजा महसूस करता कि मैं तो अभी कहीं भी नहीं पहुँचा हूँ... मुझे तो अभी और आगे जाना है... और आगे... और आगे!

अलीगढ़ के समारोहों में राजा के नृत्य की धूम रहती। सच तो यह था कि वहाँ के समारोह उसके नृत्य के बिना पूरे नहीं होते थे, लेकिन कथक उसके लिए साधना थी, इसीलिए वह कार्यक्रम देने के बदले में पैसे नहीं माँगता था। वह तो हमेशा यही चाहता कि उसके नृत्य को लोग देखें और सराहें।

कथक सीखने के दौरान राजा के माता-पिता असमय चल बसे। गरीबी ने उसे तोड़ दिया। रोजी-रोटी के लाले पड़ने लगे। गुरुजी की मदद कम पड़ने लगी। वे कोई धन्ना सेठ तो थे नहीं। फलतः राजा के लिए कथक के अलावा रोजी-रोटी का जुगाड़ करना जरूरी हो गया था। उसने सोचा क्यों न किसी बैण्ड पार्टी में डांस करके पैसे कमाए जाएँ। उन दिनों बैण्ड में डांसर रखने का नया-नया चलन शुरू हुआ था।

जुलाई का महीना था। शाम का वक्त। रेलवे स्टेशन के पीछे सूर्य अस्त हो रहा था। आसमान में लालिमा छायी थी। मानसून रूठा था, तो

आसमान भी लाल होकर क्रोधित हो रहा था। तोते के झुण्ड दरख़्तों में अपने आशियाने की तरफ जा रहे थे। एक खास तरह का अँधेरा धीरे-धीरे फैल रहा था। राजा के दिमाग में भी अँधेरा पसरा हुआ था। उसे और कुछ नहीं सूझा तो वह मस्ताना ब्रास बैण्ड के दफ्तर में पहुँच गया।

मस्ताना बैण्ड का दफ्तर शहर के भीड़-भाड़ वाले इलाके में था। मदार गेट और फूल चौराहे के बीच में। आमने-सामने मुस्लिम और हिन्दू बस्तियाँ थीं। दोनों के बाजार अलग-अलग। मस्ताना बैण्ड का दफ्तर मुस्लिम इलाके के बाजार में था, सँकरी गली में, लेकिन खोजने में कोई दिक्कत नहीं होती। नामी बैण्ड जो था।

दफ्तर में ऊँचे से तखत पर बैण्ड के मालिक सिराज भाई विराजमान थे, अपनी क्लैरिनेट के साथ। चारों तरफ पड़ी बेंचों पर नौसिखिये अपने-अपने वाद्ययन्त्रों के साथ बैठे थे। दीवार पर मस्ताना बैण्ड की एक लकदक ड्रेस झूल रही थी, जिस पर धूल की परत जमी हुई थी। इसके अलावा कुछ तसवीरें थीं। सिराज भाई के पुरखों की। तीन पीढ़ियों से वे इसी पेशे में हैं। दूसरी दीवारों पर कहीं सेक्सोफोन लटका था तो कहीं ट्रम्पेट, कहीं सिम्बल्स, ड्रम्स, बिगुल तो कहीं यूफोनियम, बैरीटोन, टेनर ट्रोमबोन, तुम्बा, बैगपाइपर। सारे-के-सारे ब्रास के। ये सारे वाद्ययन्त्र लन्दन की जुपिटर कम्पनी के थे।

सिराज भाई क्लैरिनेट पर नौसिखियों को धुन सिखाने में मशगूल थे। उनके बार-बार बताने के बाद भी जब दो-एक बजनिये बेसुरी धुन बजाते रहे, तो सिराज भाई चिढ़ गये और गुस्से में लगभग चीखते हुए बोले, "सालो, जब सीखने का जुनून नहीं है तो यहाँ अपनी माँ.... "

राजा ने सिराज भाई को भड़कते देखा तो उसे लगा कि इस वक्त काम के लिए बात करना मुनासिब नहीं है। यह सोचकर वह लौटने लगा, पर काफी समय से उसे देख रहे सिराज भाई ने उसे रोककर पूछा, "क्या बात है? इतनी देर से क्या देख रहा है?"

"कुछ नहीं।" राजा ने डरते हुए कहा।

"कुछ नहीं तो यहाँ खड़ा-खड़ा तेल बेच रहा है क्या? " सिराज भाई झुँझलाए हुए थे।

तभी ड्रम बजानेवाला अख्तर बोल पड़ा, "सिराज भाई, ये राजा है। गजब का डांस करता है।"

यह सुनते ही सिराज भाई के कान खड़े हो गये। दरअसल, उनके बैण्ड में कोई डांसर नहीं था, इसीलिए उन्हें बुकिंग कम मिलती थी। आजकल बैण्ड बुक करने से पहले कस्टमर गवइये और नचनिये के बारे में पूछते हैं। गानेवाला तो उनके बैण्ड में था, लेकिन डांसर की कमी उन्हें खलती थी। एक डांसर खुद चलकर उनके पास आया था और उन्होंने उसे डाँट दिया। भला यह भी कोई बात हुई। इस तरह तो शिकार हाथ से निकल जाएगा। तुरन्त उन्होंने नरम लहजे में, इस बार उसका नाम लेते हुए कहा, "क्या बात है राजा, कोई काम है क्या?"

"जी, नहीं जी... बस यूँ ही।" राजा नर्वस हो रहा था। फिर सँभलते हुए याचक भाव से बोला, "जी, हाँ जी काम है।"

"आओ यहाँ, बैठो। आराम से बताओ।"—सिराज भाई अपनी आदत से इतर कुछ ज्यादा विनम्रता प्रदर्शित करते हुए बोले।

"मास्टर साहब, मुझे आपके बैण्ड में डांस का काम चाहिए।" राजा हड़बड़ी में बोलता चला गया, "बहुत परेशानी में हूँ। पूरे सुर-ताल में नाचूँगा। कोई शिकायत हो तो बैण्ड से निकाल दीजिएगा।"

"नहीं-नहीं, हमने सुना है कि तुम अच्छा डांस करते हो।"

राजा को बात बनती दिखी। उसके मन में खुशी और आँखों के सामने रोटी चमक उठी।

"जब भी बुकिंग आयेगी, हम तुम्हें सन्देशा भेज देंगे। अपना पता लिखवा दो।" कहते हुए सिराज भाई अपना रजिस्टर पलटने लगे, "हाँ... कल एक बुकिंग है। शाम को छह बजे आ जाना। एक बात और—एक बुकिंग का तुम्हें सौ रुपया मिलेगा। इसके अलावा जो भी न्यौछावर मिलेगी, उसमें आधा हिस्सा हमारा होगा।"

राजा ने कोई ऊँ-पूँ नहीं की। अन्धा क्या चाहे दो आँखें। उसे काम मिल गया था। शुक्रिया कहता हुआ वह वहाँ से चलने लगा, तो

सिराज भाई ने उससे कहा, “अगर तुम्हारे पास अभी समय हो तो थोड़ा रिहर्सल कर लेते हैं। अपने बैण्ड की पूरे अलीगढ़ में शान है। कोई ऊँच-नीच मैं नहीं चाहता हूँ।”

राजा ने हामी में सिर हिला दिया। मास्टर सिराज भाई की क्लैरिनेट ने नागिन की धुन छेड़ दी—‘मेरा मन डोले मेरा तन डोले...’

राजा ने पूरी शिद्दत के साथ सुना। एक-एक सुर अपनी जगह सटीक लग रहा था। एक अन्तरा बजने के बाद राजा ने आँखें बन्द करके गुरु से क्षमा माँगी कि वह आज पेट की आग बुझाने के लिए कथक की उपासना से बिलग हो रहा है। इसके बाद तो सिराज भाई झूम-झूमकर नागिन की धुन बजाते रहे और राजा के पाँव थिरकने लगे। वहाँ बैठे बजनियों के होश फाख्ता हो गये। अद्भुत नाचा राजा! ऐसा नाचा कि जैसे नागिन सामने प्रकट हो गई हो। लगा कि नाग बिलों से निकल आयेंगे। सिराज भाई डांस देखकर मुग्ध हो गये। उन्होंने क्लैरिनेट एक तरफ रखकर राजा को गले से लगा लिया। फिर उसका माथा चूम कर बोले, “गजब की साधना की है तुमने। ये मुस्टण्डे हैं कि इनको हजार बार समझाओ, पर स्वर इनसे निकलता ही नहीं है।”

सिराज भाई राजा से इतने खुश हुए कि उसके लिए उन्होंने चाय और समोसे मँगाये। खूब बातें कीं। इसके बाद राजा ने उनसे रुखसत लेते हुए कल छह बजे आने का वादा किया। राजा के जाने के बाद सिराज भाई लम्बे समय तक सोचते रहे कि अब उनकी बैण्ड पार्टी को अलीगढ़ में एक बार फिर पहले नम्बर का मुकाम हासिल हो जाएगा। नचनिये के पार्टी में न होने से उनके पास कस्टमर मजबूरी में ही आते थे।

ब्रास बैण्ड की दुनिया में उनसे बड़ा मास्टर अलीगढ़ में कोई नहीं था। वे हो-हल्ला करनेवाले बेसुरे बैण्डों से दुखी थे। वैसे अलीगढ़ में जितने भी ब्रास बैण्ड चलानेवाले थे, सब उन्हीं की शागिर्दी से निकले थे। बाद में उन्होंने अपनी अलग पार्टी बना ली थी और गवइयों—नचनियों के सहारे चाँदी काट रहे थे। यह बात अलग है कि गवइये बेसुरे और नचनिये बेताले थे, पर दुकानें उनकी खूब चल रही

थीं। सिराज भाई गवइयों और नचनियों को ब्रास बैण्ड का हिस्सा नहीं मानते थे, पर बाजार की माँग के आगे वह लाचार हो गये थे। इनकी कमी के चलते ही उनकी दुकान ठण्डी चल रही थी। अतः राजा को पार्टी में लेकर उन्होंने अपने सिद्धान्त से समझौता कर लिया था।

समय के साथ राजा के नागिन डांस की बाजार में माँग बढ़ने लगी। इसी के साथ सिराज भाई के बैण्ड की माँग भी बढ़ गई। दोनों की जुगलबन्दी जब होती तो बराती-घराती सब लोटने लगते। कोई रूमाल निकालकर सँपेरा बन जाता, तो कोई जमीन पर लेटकर नागिन। बरात का हर आदमी राजा के साथ नाचने की कोशिश करता। राजा भी उन्हें खूब नचाता। उसके ऊपर नोटों की बौछार होती। कोई उसे चूमता तो कोई दारू पीकर नाचते हुए उस पर गिर जाता। फिर भी राजा के पैर थमते नहीं थे... रुकते नहीं थे।

बैण्ड पार्टियों का काम तो सहालगों और मुहूर्तों पर निर्भर करता है। इसके अलावा कभी कोई बूढ़ा मरता है तो भी लोग बैण्ड बुक करते हैं—ईश्वर को धन्यवाद देने के लिए कि फलां शख्स ने अपने सभी सांसारिक काम पूरे किये और अब बिना किसी को दुख दिये अपनी अन्तिम यात्रा पर जा रहा है। काम न होने के दिनों में बैण्डों में काम करनेवालों के यहाँ फाके की नौबत आ जाती है। ऐसे वक्त में आमतौर पर बजनिये दिहाड़ी मजदूरी करके अपना पेट पालते हैं। राजा के साथ भी ऐसा ही हुआ। कमाया हुआ पैसा खत्म हो गया। रोटी के लाले पड़ने लगे। भूख से उसकी अन्तड़ियाँ बैण्ड बजाने लगीं। दिहाड़ी पर वह मजदूरी कर नहीं सकता था। शरीर में उसके जान नहीं थी। कथक सीखते और नागिन डांस करते हुए उसके अन्दर सखी-भाव घर कर गया था।

ऐसे ही फाकाकशी के दिनों में एक दिन बस स्टैण्ड के सामने चाय की दुकान पर खड़े हुए उसने सोचा कि क्यों न दिल्ली जाकर कुछ कामधाम किया जाए। मानसून ने दस्तक दे दी थी। बारिश झमाझम हो रही थी। जगह-जगह शहर में पानी भर गया था। छतरी

बनानेवालों की चाँदी हो रही थी। बाकी काम-धन्धे ठण्डे से पड़ गये थे। हाँ, हलवाइयों की दुकानों में घेवर खरीदनेवालों की लाइनें जरूर लगी हुई थीं। चाय की दुकान के शेड में खड़े हुए राजा पर भी बौछारें पड़ रही थीं। उसकी शर्ट अधभीगी हो गई थी। हवा भी चल रही थी। गीली शर्ट से जब हवा टकराती तो उसका शरीर ठण्ड से सिहर उठता। वह उधेड़-बुन में लगा हुआ था। किसी फैसले पर पहुँचने में उसे तकलीफ हो रही थी। दिल्ली जाये या न जाये—यही सवाल उसे बार-बार कोंच रहा था। अचानक न जाने कहाँ से उसे शक्ति मिली और उसने दिल्ली जाने का फैसला कर लिया। उसकी जेब में थोड़े पैसे थे, जिनसे दिल्ली जाने का किराया तो हो ही जाना था। स्टैण्ड पर उसने दिल्ली की बस के बारे में पता किया। मालूम हुआ कि इटावा से आधे घंटे में आनेवाली बस दिल्ली जायेगी। आधे घण्टे तक वह वहीं खड़ा रहा और कई बार अपने फैसले पर विचलित हुआ। लेकिन, अन्ततः दिल्ली जाने के फैसले की जीत हुई।

इटावा-दिल्ली की बस स्टैण्ड पर आ चुकी थी। सवारियाँ उतर रही थीं, तो कुछ सीट लपकने के चक्कर में उतरनेवाले यात्रियों को धकियाकर अन्दर घुसने की कोशिश कर रही थीं। धीरे-धीरे सब सवारियाँ बस में बैठ गयीं। राजा को भी जगह मिल गई थी।

रात के बारह बज चुके थे। बस छलाँग मारती दिल्ली की ओर चल पड़ी। कण्डक्टर भी सबके टिकट काटकर अपनी सीट पर आकर ऊँघने लगा था।

सारी सवारियाँ एक-दूसरे के ऊपर अपना सिर रखकर सो रही थीं, लेकिन राजा की आँखों में नींद नहीं थी। वह दिल्ली जाने के अपने फैसले पर घबरा रहा था। अनेक सवाल उसके दिमाग को झिंझोड़े दे रहे थे। कहाँ जायेगा? किससे काम माँगेगा? कहाँ ठहरेगा? कौन उसकी मदद करेगा? सुनते हैं कि दिल्ली में अजनबियों के लिए कोई काम नहीं होता। ऐसे ही सवालों से राजा रूबरू हो रहा था। कभी उसका हौसला पस्त होने लगता, तो कभी अपने को ढाढस बँधाता वह सोचता—"भूखे और बेरोजगार आदमी के लिए किसी शहर से मोह कैसा! जेब में माल न हो तो अपना शहर और अपने लोग भी बेगाने

हो जाते हैं। अलीगढ़ हो या दिल्ली.... इण्डिया हो या पाकिस्तान... उसके लिए तो सब एक जैसे हैं।”

बस गाजियाबाद पहुँची, तो धुँधलका साफ होने लगा था और सूरज की किरणों ने अपनी दस्तक दे दी थी। चिड़ियों की चाओं-चाओं शुरू हो गयी थी। आशियाने से वे अपने दाना-पानी के जुगाड़ में निकल चुकी थीं। शहर के बीच से गुजरती बस में से राजा ने देखा—कुछ बच्चे स्कूली ड्रेस में बसों और टैम्पो के इन्तजार में सड़क के किनारे खड़े थे। अलसाये लोग चाय की दुकानों में जमा हो रहे थे। भट्ठियों से धुआँ निकल रहा था। रात-भर न सोने के चलते राजा की आँखें कड़ुवा रही थीं। जागने के अलावा उसके पास कोई चारा नहीं था। सोता भी तो उसकी जेब उसे जगाये रखती। आखिरकार दिल्ली का इण्टरस्टेट बस टर्मिनल आ गया और सवारियाँ अपने-अपने ठिकानों की तरफ चली गयीं, लेकिन राजा कहाँ जाए? वह पहली बार दिल्ली आया था। यहाँ उसका कोई जानकार नहीं था। इधर-उधर देखते-देखते वह टर्मिनल के लाल किले वाले गेट की तरफ पहुँच गया। उसके पैरों को पता नहीं था कि वे कहाँ जा रहे हैं। सब कुछ नया। अचानक उसके पैर ठिठक गये और वह वहीं पास में लगे एक पोस्टबॉक्स के नीचे बैठ गया। उसकी आँख में आँसू आ रहे थे। अब उसे दिल्ली आने के अपने फैसले पर गुस्सा आ रहा था। वह सोचने लगा—‘अलीगढ़ में होता तो कोई चाय-वाय पिला देता। किसी ने ठीक कहा है कि अपना शहर कितना भी बेगाना हो जाए, अपना ही होता है। अपनी मिट्टी अपनी ही होती है।’

सुबह की चटक रोशनी के बीच भी राजा की आँखों के सामने अँधेरा छाया हुआ था। उसने अपना सिर घुटनों के बीच दबा लिया। आँसू टप-टप गिर रहे थे। इसी बीच किसी ने उसके सिर पर हाथ रखा। राजा हड़बड़ा गया। दिल्ली जैसी जगह में उसके सिर पर हाथ रखनेवाला कौन हो सकता है? उसने घुटनों के बीच से सिर निकालते

हुए डबडबायी आँखों से देखा—सामने एक महिला खड़ी थी। सजी-धजी महिला।

वह डिम्पल थी—अम्बाला में रहनेवाली अपनी शागिर्द शरबती को बस अड्डे पर छोड़ने आयी थी। शरबती का अम्बाला में वही जलवा था, जो डिम्पल का दिल्ली में है। बड़े इलाके में उसका कारोबार है। वैसे तो अम्बाले में कई हिजड़ा मण्डलियाँ हैं, लेकिन वहाँ चलती है शरबती की ही।

डिम्पल को देखकर राजा को अचरज हुआ। भला उसने उसके सिर पर हाथ क्यों रखा? अभी राजा यह सोच ही रहा था कि डिम्पल की मर्दाना आवाज गूँजी, "बाहर से आये हो? काम की तलाश है?"

हिजड़े ऐसे फाकाकशी करनेवाले लोगों को आसानी से ताड़ लेते हैं। इसीलिए डिम्पल ने राजा को ताड़ लिया था। वह डिम्पल को जवाब देता कि उससे पहले उसके दिमाग में बुरे-बुरे सवाल कौंधने लगे—'अरे, यह तो औरत नहीं, हिजड़ा है। हिजड़े तो अच्छे-भले लोगों को पकड़कर हिजड़ा बना देते हैं।'

राजा ने हिजड़ों के बारे में ऐसी कहानियाँ पहले से सुन रखी थीं। उसे कुछ सूझ नहीं रहा था। वह डिम्पल के सवाल पर चुप्पी साध गया। डिम्पल ने फिर अपना सवाल दोहराया, "काम की तलाश है? दुखी बैठे रहोगे तो भूख से मर जाओगे!"

भूख सुनते ही राजा का पेट तालियाँ बजाने लगा। वह सोचने लगा कि इतने बड़े शहर में यह अकेला है, जिसने उसकी सुध ली है। हिजड़ा है तो क्या, खाना तो खिलाएगा ही! कुछ काम-धन्धे में भी लगा सकता है। उसके मन में यह विचार भी आया कि असली हिजड़े तो वे हैं, जिन्होंने मेरी कला की इज्जत नहीं की और मुझे भूख से मरने के लिए छोड़ दिया। हिजड़े भी तो भगवान ने बनाये हैं। यह सब सोचते हुए उसने मन-ही-मन डिम्पल के साथ जाने का फैसला कर लिया। वह बोला, "कुछ काम-वाम दिला सकती हैं? मैं बहुत परेशान हूँ!"

"मेरे पास दो गाय हैं और एक भैंस है। तुम उनको सँभाल लेना। रहने के लिए कमरा भी दे दूँगी।" डिम्पल विनम्रता से बोली।

"मुझे गाय-भैंस का काम नहीं आता।" फिर कुछ सोचकर बोला, "खैर, पेट की आग यह भी सिखा देगी।" कहते हुए राजा उठ खड़ा हुआ।

डिम्पल और राजा टैक्सीस्टैण्ड पहुँचे। टैक्सी से डिम्पल के डेरे तक पहुँचने में एक घंटा लगा। डेरे में डिम्पल की मण्डली के सदस्य नित्यकर्म में व्यस्त थे। डिम्पल के साथ नया मेहमान देखकर सबको कौतूहल हुआ, पर डिम्पल ने उनकी जिज्ञासा बहुत जल्द खत्म कर दी। उसने सबसे राजा का परिचय कराया और मुलाकात की पूरी कहानी सुनाई। राजा को उसका कमरा बता दिया गया। परिचय के दौरान राजा की नजर किसी पर नहीं थी, पर दो आँखें उसे बराबर निहार रही थीं। उन आँखों ने राजा को अपने भीतर ठहरा लिया था और वे आँखें थीं मंजू की, जिस पर जवानी का सोलहवाँ साल अपना रंग दिखा रहा था।

अब मंजू की नजरें हमेशा राजा के इर्द-गिर्द रहने लगीं। राजा इस सबसे बेखबर अपने काम में व्यस्त रहता। यों भी इन लोगों में उसकी दिलचस्पी न होना स्वाभाविक था। वह सिर्फ अपने पेट की आग बुझाने के लिए वहाँ रह रहा था। लेकिन मंजू के भीतर कामुकता की आग इस पेट की आग से ज्यादा दहक रही थी।

राजा ने धीरे-धीरे गाय-भैंस की दुलत्ती खाते हुए दूध दुहना और उन्हें सँभालना सीख लिया। रोज भर-पेट खाना खाता। ढोलकिये और हरमोनिये के साथ कभी-कभी नाचता भी। डिम्पल उसके नाच से खासी प्रभावित थी। एक दिन डिम्पल और मण्डली के सदस्य जब काम-धन्धे के लिए निकले तो मंजू बीमारी का बहाना बना कर डेरे पर ही रह गई। अब डेरे पर मंजू और राजा अकेले थे।

खाना-पीना करने के बाद मंजू ने राजा को अपने कमरे में बुलाया, और जैसे ही वह मंजू के कमरे में दाखिल हुआ, मंजू ने उसे अपनी बाँहों की गिरफ्त में लेकर बेतहाशा चूमना शुरू कर दिया। इतना ही नहीं, राजा का पुरुषांग अपने हाथों में भरकर वह उससे खेलने लगी। राजा को कुछ समझ नहीं आ रहा था। सखी-भाव से ग्रस्त होकर वह अपने इस अंग की ताकत भूल चुका था। उसे समझ

नहीं आ रहा था कि मंजू का वह कैसे प्रतिवाद करे या फिर न करे।

मंजू ने देखते-ही-देखते राजा के पुरुषांग को अपने मुँह में डाल लिया और उसे लालीपॉप की तरह चूसने लगी। अब राजा का सखी-भाव खत्म होने लगा। उसके अन्दर एक तरह की उत्तेजना जागने लगी। मर्दानगी की उत्तेजना। इस अनुभव से वह अनभिज्ञ था। मंजू की आग ज्वालामुखी में तब्दील होती जा रही थी। पहली बार उसे किसी मर्द का स्पर्श मिला था। राजा ने अन्ततः मंजू के आगे आत्मसमर्पण कर दिया। अब राजा के हाथ और होंठ भी इस अहसास में डूबने लगे। राजा ने ऐसा आनन्द पहले कभी महसूस नहीं किया था। दोनों एक-दूसरे के उत्तेजक अंगों के साथ खेलने लगे। दोनों के लिए खेल नया था और नये खिलाड़ियों की तरह दोनों में अनुभव के बजाय जोश ज्यादा था। एक-दूसरे को मात देने की कोशिश में दोनों के भीतर अलग-अलग तरह का जुनून भर उठा था। काफी देर इस खेल की उठा-पटक में जब दोनों का शरीर शिथिल पड़ गया और पसीने से तर-बतर वे एक-दूसरे से अलग हुए, तो काफी देर तक यों ही पड़े रहे—एक-दूसरे की जिस्मानी खुशबू को महसूस करते हुए।

पुरुष-भोग के बाद मंजू में पूरी तरह स्त्रीत्व जाग गया था। उसकी आँखों में एक खास तरह की चमक पैदा हो गई थी। ऐसा सुख उसे कभी किसी चीज से नहीं मिला था। वह उठी और मुँह-हाथ धोकर राजा के लिए एक गिलास दूध ले आयी। राजा कमरे में बेसुध लेटा हुआ था। उसे समझ ही नहीं आ रहा था कि उसके साथ क्या हुआ। लेकिन मंजू को भोगने के बाद उसने यह जरूर महसूस किया था कि यह कोई अलौकिक आनन्द की चीज है। मंजू ने उसे उठाया और दूध पिलाया। प्यार से माथे पर चुम्बन लिया। दूध पीने के बाद राजा की चेतना लौटी। यह सुख उसे भी स्वर्गिक लगा।

इस मिलन के बाद मंजू और राजा की दुनिया ही बदल गई थी। मंजू की नजरों में हर समय खुमार-सा रहने लगा और सीने के उभारों में एक कसमसाहट रहने लगी। उसकी चाल में मोरनी के नृत्य जैसी झंकार रहती। जवानी का नया जोश उसे मदमस्त बनाये रखता। दूसरी तरफ राजा भी अपनी दिनचर्या में रस लेने लगा था। गाय-भैंसों

को चारा खिलाते और उन्हें दुहते हुए वह अजीब-से आनन्द से भर उठता। उनके स्पर्श में वह मंजू को महसूस करता और दोनों एक-दूसरे से मिलने का कोई मौका न छोड़ते या यों कहें कि मौका तलाशते।

उम्र का अल्हड़पन उन्हें जब भी मिलाता, दोनों एक नई ताजगी से भर उठते। मंजू की सुन्दरता और भी नशीली और तीखी हो गई थी। नाचती तो वह बढ़िया थी ही, राजा के साथ उसने सुर में गाना भी सीख लिया था। दोनों की जिन्दगी सुरमय हो रही थी। समय पंख लगाकर उड़ने लगा था।

डिम्पल मंजू में आ रहे इस बदलाव से कुछ हैरान होते हुए भी ज्यादा परेशान नहीं थी, पर मण्डली के साथ धन्धे पर जाने में जब वह अक्सर ही आनाकानी करने लगी, तो डिम्पल का चिन्तित होना स्वाभाविक था। हालाँकि डिम्पल के मन में हमेशा यह चोर रहता था कि मंजू उसकी बिरादरी की नहीं है, पर उसने मंजू को बड़े नाजों से पाला था और उसे हर बुरी नजर से दूर रखने में उसने कोई कसर नहीं छोड़ी थी। हर शनिवार को वह शनि मन्दिर में जाकर उसकी नजर उतरवाती थी। उसके खाने-पीने का भी वह खास ध्यान रखती। सोते वक्त अपने हाथ से दूध पिलाती । मंजू भी डिम्पल को अपनी माँ की ही तरह मानती थी।

रविवार का दिन था। दोपहर का वक्त। मौसम में हलकी-हलकी ठण्ड थी। गुनगुनी धूप अच्छी लग रही थी। सिद्धार्थ एनक्लेव के लोग कॉलोनी के अन्दर बने पार्क में धूप का आनन्द ले रहे थे। बच्चे धमा-चौकड़ी मचा रहे थे। कुछ औरतें स्वेटर बुन रही थीं तो कुछ के हाथ में क्रोशिया थी। कुछेक औरतें चुगली-चर्चा का आनन्द ले रहीं थीं।

डिम्पल एण्ड पार्टी फ्लैट नम्बर 565 की तलाश में जुटी थीं और उसकी गाइड थी आनन्दी आण्टी। वे आगे-आगे चल रही थीं और डिम्पल पीछे-पीछे। दूर से फ्लैट की ओर इशारा करके आण्टी अपने घर की तरफ चल दी।

डिम्पल ने फ्लैट की घण्टी बजाई। सामने एक भरी-पूरी औरत प्रकट हुई। पोपले मुँह वाली। माँग में गाढ़ा सिन्दूर चमक रहा था। तभी इस बीच ढोलकिये और हरमोनिये ने ठेका लगा दिया। हिजड़ों को देखकर वह औरत अन्दर मुड़ी और जोर-जोर से कहने लगी, "हिजड़े आ गये, हिजड़े आ गये।"

घर में हलचल मच गई। फ्लैट बसन्त पुरोहित का था। वे लोहे के व्यवसायी थे। घर की औरतें इकट्ठा हो गयीं। पुरोहित को एक सप्ताह पहले बेटी हुई थी। उनकी बीवी सोहर में थी। सिन्दूरवाली औरत उनकी सास थी। बेटी के घर लड़की की खबर सुनकर मेरठ से आयी थी। हिजड़ों का मोर्चा पुरोहित की सास ने ही सँभाला। वैसे पुरोहित परिवार में हिजड़ों को देखकर मॉडर्न लोगों की तरह कोई मुँह नहीं बनाता था। नाच-गाना शुरू हुआ। मंजू नये से नये फिल्मी गाने पर थिरकती रही। लेकिन अचानक नाचते हुए उसकी आँखों के सामने अँधेरा छा गया। वह नाच रोककर एक कोने में जा बैठी। ढोलक और हारमोनियम की आवाज थम गई। उसे उलटी का अहसास हुआ। उसने बगल की नाली में जाकर उलटी कर दी। उसकी उलटी से डिम्पल के कान खड़े हो गये। उसने मंजू से पूछा, "बेटी, क्या हो गया?"

"लगता है कुछ उलटा-पुलटा खा लिया होगा। हजम नहीं हुआ इसीलिए उलटी हो गई।" मंजू आनेवाले खतरे से बेखबर रहती हुई बोली।

थोड़ी देर नाच-गाना चला। शगुन लेकर मण्डली डेरे पर लौट आयी। वहाँ पहुँचकर डिम्पल ने मंजू से पूछा, "बेटी, ज्यादा तकलीफ हो तो डाक्टर को बुला लेते हैं।"

"नहीं-नहीं। कोई खास बात नहीं है। ठीक हो जाएगा।" मंजू ने बेपरवाही से जवाब दिया।

बात आयी-गयी हो गई, लेकिन डिम्पल के मन का चोर कुलाँचे भरने लगा, "कहीं मंजू गर्भवती तो नहीं हो गई है?"

डिम्पल ऐसी ही ऊट-पटाँग बातें सोचती रही। फिर अपने मन को समझाने के लिए उसने सोचा, "हिजड़ा भी कहीं गर्भ धारण कर

सकता है! हिजड़े के बच्चे की बात जो भी सुनेगा, उसके पैरों तले की जमीन वैसे ही खिसक जाएगी। पूरी बिरादरी में थू-थू हो जाएगी।"

कुछ हफ्ते गुजरे। मंजू का पेट दिखने लगा। उसे वह लाख अपनी साड़ी से छिपाने की कोशिश करती, लेकिन चार महीने के बच्चे का पेट यूँ तो नहीं छिपता। डिम्पल ने उसे बाहर ले जाना बन्द कर दिया। उसके ऊपर सख्त पहरा बैठा दिया गया। वह रात-रात भर सोचती, 'आखिर उसने ऐसा क्यों किया? एक मुकम्मल लड़की को उसने हिजड़ा क्यों बना दिया? सिर्फ अपने थोड़े से लाभ के लिए?' यह सब सोचते हुए वह रोने लगती, 'मैं मंजू को माँ बनाने वाले को नहीं छोड़ूँगी ... मंजू ने बिरादरी में हमारी इज्जत मिट्टी में मिला दी... उसको बच्चा गिरवाना ही पड़ेगा।'

हिजड़ों की बिरादरी में लड़कियों को हिजड़ा बनाने की मनाही है। हिजड़ों की गुरु सन्त आशामाई बराबर कहती हैं—"कुदरत से खिलवाड़ करने का किसी को हक नहीं है। अपने फायदे के लिए किसी को हिजड़ा बनाना पाप है। ऐसा करने पर हिजड़े को सौ बार हिजड़े का ही जनम लेना पड़ता है और फिर भी उसका पाप कम नहीं होता है।"

सन्त आशामाई स्वयं हिजड़ा हैं—हरिद्वार के सन्त शिरोमणि सिद्धेश्वर स्वामी की शिष्या। उन्होंने बाकायदा उनसे संन्यास की दीक्षा ली है। बचपन से ही उनका रुझान भगवान के प्रति था। जब छोटी थीं तो घर छोड़कर हरिद्वार पहुँच गई थीं। वहीं उन्होंने पहली बार भगवा धारण किया और तब से अब तक वे भगवा में ही रहती हैं। लम्बा समय हरिद्वार में गुजारने के बाद उन्होंने कुतुबमीनार के पास महरौली की पहाड़ियों में अपना ठिकाना बना लिया था। अब वहीं ईश्वर-भक्ति में लीन रहती हैं। हिजड़ों की मानी हुई पीठ है उनकी। उनके हर छोटे-बड़े झगड़ों में उनका फैसला अन्तिम होता है। कहते हैं कि वे जिसको श्राप देती हैं, वह पनप नहीं पाता। उनके दर्शन के लिए दूर-दूर से आम आदमी भी आते हैं अपनी सुख-समृद्धि की कामना के

लिए। आम धारणा है कि जिसको उन्होंने दिल से आशीर्वाद दे दिया, उसकी बात बन जाती है।

डिम्पल के जेहन में बार-बार सन्त आशामाई के विचार गूँजते। बावजूद इसके उसने मंजू को गर्भवती बनानेवाले को सजा देने का फैसला कर लिया था। दरअसल, मंजू बचपन से हिजड़ों के साथ रहते-रहते अपने को हिजड़ा समझने लगी थी। उसके हाव-भाव भी वैसे हो गये थे। कभी मण्डली के किसी सदस्य को इस बात का एहसास ही नहीं हुआ था कि वह स्त्री है। असल में मंजू जब पैदा हुई, तो उसके गरीब माता-पिता ने दान-दहेज के डर से उसे थोड़े-से पैसों के लिए डिम्पल को बेच दिया था। डिम्पल का उस वक्त मातृत्व जाग्रत हो गया था। उसे बच्चे की आस थी। बच्चा वह जन नहीं सकती थी। वह कभी-कभी सोचती कि जो जन नहीं सकते, वे बच्चों के ऊपर पड़नेवाले काले साये को दूर रखने का आशीर्वाद देते हैं। बच्ची को लेते वक्त उसका मातृत्व हिलोरें मार रहा था। उसने सोचा था कि वह मंजू को लाड़-प्यार से पालेगी। पढ़ाये-लिखायेगी। बड़ी करके उसकी शादी करेगी। शुरुआत में तो उसकी सोच ऐसी ही थी। लेकिन धीरे-धीरे उसे लगने लगा कि हिजड़े के बच्चे को कौन दाखिला देगा स्कूल में? वह क्या जवाब देगी कि उसे यह लड़की कहाँ से मिली? उसका बाप कौन है? और, सबसे बड़ा सवाल यह कि कौन शरीफजादा हिजड़े की लड़की से शादी करेगा? इन सवालों के आगे जब डिम्पल हार गई, तो उसने मंजू को हिजड़ा बनाने का फैसला कर लिया। उसे नाच-गाना सिखाया और मण्डली के साथ ले जाने लगी। इस बीच उसे यह पता ही नहीं लगा कि वह कब जवान हो गई। वह इस बात से बेपरवाह रहती कि मंजू के भीतर कभी जवानी भी जोर मारेगी। वह जिस राजा को उसके पेट की भूख मिटाने के लिए अपने डेरे पर ले आयी थी, उसने कब उसकी मंजू को पूर्ण स्त्री बना दिया, वह जान नहीं सकी थी। वह ऐसा सोच भी नहीं सकती थी। उम्र के इस उफान पर तमाम पहरे काम न आये। मंजू बिना ब्याहे राजा की पत्नी हो गई। वह अपनी माँग में राजा के नाम का सिन्दूर भी धारण करने लगी। यह सब होता रहा और डिम्पल को कानोकान खबर तक न हुई।

सर्दी की रात थी। गली में कुत्तों के भौंकने की आवाज बीच-बीच में सन्नाटे की एकाग्रता को तोड़ देती थी। कभी-कभी किसी शराबी की लड़खड़ाती पदचाप सो रहे अँधेरे को झकझोर देती थी। जंगल होता तो सियारों की आवाजें डरा सकती थीं। मगर यह दिल्ली का गाँव था। जंगल से भी बर्बर। जंगल के पशु-पक्षियों में एक तालमेल होता है, लेकिन दिल्ली में तो हर बड़ा छोटे को लीलने के लिए तैयार रहता है। तालमेल यहाँ सपना है। जिसकी लाठी उसकी भैंस। कहने को यहाँ आदमी रहते हैं, मगर उनके भेड़ियों जैसे नुकीले दाँत दिखते नहीं हैं। लोमड़ियों की चालाकी उनके रक्त में प्रवाहित रहती है। शेर की तरह आदमखोर होने में भी उन्हें देर नहीं लगती। जिसका दाँव लगा, उसने ही कमजोर को दबोच लिया। अजीबोगरीब है दिल्ली का जंगल।

डिम्पल के डेरे में भी अँधेरा पसरा था, मगर उसके अपने कमरे में छोटी बत्ती जल रही थी और वहाँ मौजूद पाँच लोग शाम से ही दारूबाजी कर रहे थे। डिम्पल कभी-कभी मुसीबत में इनको याद कर लेती थी और काम हो जाने के बाद अच्छे पैसे देकर विदा कर देती थी। लेकिन आज वे लोग दारू पीकर मस्त हो गये थे, निर्वाण की स्थिति में पहुँच गये थे। अब उनके लिए न कुछ अच्छा था न कुछ बुरा। डिम्पल ने सोचा, यही सही वक्त है। वह उठी और सबको अपने पीछे चलने का इशारा किया। सभी उसके पीछे-पीछे आँगन की ओर चल दिये।

राजा के कमरे का दरवाजा उड़का हुआ था। दरअसल, डेरे में कोई भी अन्दर से सिटकनी बन्द नहीं करता था। डिम्पल के हाथ का हलका-सा दबाव पड़ते ही दरवाजा पूरा खुल गया और चाँदनी रात होने के कारण अन्दर का कुछ-कुछ धुँधला-सा दिखाई पड़ने लगा। डिम्पल के साथ वे पाँचों भी अन्दर हो लिये। राजा आराम से सो रहा था। उसके होंठों पर हलकी-सी मुस्कान तैर रही थी। शायद वह कोई हसीन सपना देख रहा था। डिम्पल ने दरवाजा अन्दर से बन्द कर दिया। दो मुसटण्डों ने राजा के हाथ और दो ने उसके पैर अपने हाथों में जकड़ लिए। राजा हकबका गया। हिल न पाया। उसने चिल्लाने की कोशिश की, पर उसके मुँह से आवाज न निकली। तभी डिम्पल

ने राजा से कहा, "चुपचाप लेटे रहो। चीखने-चिल्लाने की जरूरत नहीं है।"

राजा कुछ समझ नहीं पा रहा था कि उसके साथ क्या होनेवाला है। उसके दिमाग में यह बात बिजली की तरह कौंध गई कि कहीं डिम्पल भी मंजू की तरह उसके साथ जोर-जबरदस्ती करके सम्बन्ध तो नहीं बनाना चाहती है! पर उसे इस बात में दम नहीं लगा—उसने सोचा 'अगर ऐसा होता तो मुसटण्डों की उसे क्या जरूरत थी। वह मालकिन थी डेरे की। अन्नदाता। वह उससे कुछ भी करा सकती थी।'

राजा अभी यह सब सोच ही रहा था कि मुसटण्डों ने अपनी पकड़ और मजबूत कर दी। राजा बेचैन हो उठा। इसी बीच डिम्पल ने उसके पैण्ट की चेन खोल दी और उसके पुरुषांग को बाहर निकाल लिया। उसे पकड़ते हुए वह सोचने लगी, 'इसी से उसने उसकी बेटी को गर्भवती बनाया है। अब न रहेगा बाँस और न बजेगी बाँसुरी।'

अचानक एक आदमी ने राजा के पुरुषांग पर वार किया। कमरे में एक चीख उभरी। राजा का हाथ पकड़े एक मुसटण्डे ने उसके मुँह पर हाथ रख दिया। राजा तड़प रहा था, लेकिन कुछ करने में असहाय था। कमरे में खून की गंगा-जमुना बह उठी। मुसटण्डों से अपने को छुड़ाने की राजा की हर कोशिश नाकाम हो गई। अन्ततः पीड़ा से कराहते हुए वह बेहोश हो गया।

अब सजा की बारी मंजू की थी। मगर उसके साथ डिम्पल ऐसा कुछ नहीं करना चाहती थी, जिससे उसे तकलीफ हो। उसने नर्सिंग होम में बच्चा गिराने का फैसला किया। मुनीरका में कई नर्सिंग होम थे, जो अवैध गर्भपात कराने के लिए जाने जाते थे। अगली सुबह डिम्पल एक नर्सिंग होम में जाकर मामला तय कर आयी। गर्भपात के साथ उसके पैकेज में बच्चेदानी भी बाहर निकालने का अनुबन्ध था। बच्चेदानी ही नहीं होगी तो बच्चा कैसे ठहरेगा।

राजा के कमरे के बाहर पहरा लगा हुआ था। मंजू नहा-धोकर निकली, तो उसे राजा जानवरों की सानी-पानी करता नहीं दिखा। उसे बेचैनी होने लगी। सुबह एक बार जब तक वह राजा को जी भरकर

नहीं देख लेती थी, उसे चैन नहीं आता था। उसे देखने के बाद वह अपने सिन्दूर पर हाथ फेरती हुई उसकी सलामती की दुआ करती थी। आज राजा दिखाई नहीं दिया, तो मंजू ने सोचा कहीं वह बीमार तो नहीं हो गया। यह खयाल मन में आते ही वह राजा के कमरे की ओर बढ़ी, लेकिन कमरे के बाहर खाट पर लेटे मुसटण्डे ने उसे रोक दिया। मंजू का माथा ठनका।

डिम्पल आज धन्धे में नहीं गई थी। मंजू को राजा के कमरे के बाहर देख उसने कहा, "राजा तीन-चार दिन के लिए बाहर गया है। मैंने उसे अम्बाला भेजा है।"

डिम्पल की यह बात सुनकर मंजू को इत्मीनान हो गया। उसे क्या पता था कि उसकी दुनिया में क्या होने वाला है... कि उसका मातृत्व का नशा काफूर होनेवाला है। मंजू बच्चा जनने के लिए इतनी उत्साहित थी कि उसके पोर-पोर से खुशी की तरंगें उठती थीं। फुरसत के क्षणों में अपना पेट सोहराते हुए वह अपने बच्चे से बतियाती। पूछती, 'लड़का हो कि लड़की? बोलते नहीं हो... बस, हिलते-डुलते हो! कुछ तो बोलो अपनी माँ से। कम-से-कम भूख लगने पर तो रोकर बताओ।'

मंजू ऐसी न जाने कितनी बातें अपने गर्भस्थ शिशु से किया करती। अगर उसके गर्भवती होने की बात किसी को न पता हो तो वह आसानी से उसे पगलिया कह सकता था। वह और भी सपने बुनती, 'बच्चा पैदा करने के बाद मैं नाच-गाना छोड़ दूँगी, वरना हिजड़ों के बीच रहकर मेरा बच्चा भी मेरी तरह हिजड़ा बन जाएगा। राजा के साथ कहीं अलग घर बसाऊँगी। बच्चे को पढ़ा-लिखाकर बड़ा आदमी बनाऊँगी...' मंजू इस बात से अनजान थी कि डिम्पल उसके सपनों को बदरंग करनेवाली है।

डिम्पल के सामने अब यक्ष-प्रश्न यह था कि मंजू को नर्सिंग होम कैसे ले जाये? उससे क्या बहाना बनाये? अन्ततः उसे एक तरकीब सूझी। मंजू को बुलाकर ममतामयी आवाज में उसने कहा, "बेटी, बच्चा चार माह का हो गया है। डाक्टरनी से चेकअप करा लेते हैं। इस समय डाक्टरनी को दिखाना जरूरी होता है।"

मंजू पर डिम्पल का तीर चल गया था। वह तैयार हो गई चैकअप कराने के लिए। डिम्पल ने झटपट कपड़े बदले और मंजू को साथ लेकर तय नर्सिंग होम के लिए रवाना हो गई। मंजू को इस समय डिम्पल ममतामयी माँ का प्रतिरूप लग रही थी।

दो दिन बीत चुके थे। राजा को होश आ गया था। वह रोये जा रहा था। उसकी मर्दानगी लुट गई थी। वह अब एक पल भी डिम्पल के डेरे में नहीं रहना चाहता था। मौका देखकर डेरे से रफूचक्कर हो गया। उसके कपड़े खून से लथपथ हो रहे थे। ढेर सारा खून निकलने के कारण उससे चला नहीं जा रहा था। कमजोरी ने उसे बुरी तरह घेर लिया था। किसी तरह लड़खड़ाते हुए वह चाणक्यपुरी पुलिस स्टेशन पहुँचा और अपनी आप बीती इंस्पेक्टर को सुनाई। पुलिस पार्टी तैयार होकर डिम्पल के डेरे की ओर रवाना हो गई।

उधर चेकअप के नाम पर मंजू नर्सिंग होम के ऑपरेशन थिएटर में थी। उसको एनेस्थीसिया लगाकर बेहोश कर दिया गया। ऑपरेशन शुरू हुआ और बच्चे को जन्म लेने से पहले ही मार दिया गया। ऑपरेशन कर रही लेडी डॉक्टरों ने देखा कि अजन्मी बच्ची लड़की है। लगे हाथ मंजू की बच्चेदानी भी निकाल दी गई।

डाक्टरनी ने ऑपरेशन थिएटर से निकलकर बताया कि सब ठीकठाक हो गया है, पर मंजू को कुछ दिन अस्पताल में रखना होगा। बच्चेदानी निकालने के बाद की देखभाल जरूरी है। पर डिम्पल के चेहरे पर अब सन्तोष था। वह खुद को विजयी मान रही थी। उसने दोनों को अपनी-अपनी तरह की सजा दे दी थी।

सारा दिन नर्सिंग होम में गुजारने के बाद डिम्पल जब देर शाम को डेरे पर आयी, तो उसने देखा कि वहाँ पुलिस मौजूद है। उसे कुछ समझ नहीं आया। डेरे के अन्दर घुसते ही बाहर खड़े पुलिसवाले ने उससे पूछा, "तू ही डिम्पल है? "

"हाँ, मैं ही डिम्पल हूँ।"

“चल इंस्पेक्टर साहब ने बुलाया है।” पुलिसिये ने कड़कदार आवाज में कहा।

“मैंने कौन-सा जुलुम कर दिया जो थाने में बुलाया है?” डिम्पल हवलदार से उलझते हुए बोली, “हम तो लोगों की खुशियों में गाते-बजाते और नाचते हैं। हम कोई चोर-उचक्के नहीं हैं, जो हमें थाने में बुलाया जाए।”

“सीधे-सीधे चलती है कि जोर-जबरदस्ती से चलेगी?” हवलदार धमकाने के अन्दाज मे बोला।

डिम्पल समझ गई कि थाने जाए बिना काम नहीं चलेगा। मंजू की जिम्मेदारी अपने दूसरे साथियों को सौंपकर वह पुलिस की जीप में बैठ गई। थाने पहुँच कर उसने राजा को बेंच पर बेसुध बैठे देखा तो उसके होश उड़ गये। उसे माजरा समझने में देर नहीं लगी।

दो

सिद्धार्थ एनक्लेव में अन्य दिनों की अपेक्षा आज कुछ ज्यादा गहमागहमी दिख रही थी। दीवारों में पोस्टर-बैनर उग आये थे। जगह-जगह लोगों के झुण्ड आपस में खुसुर-फुसुर कर रहे थे। चुनावी माहौल था। रेजीडेण्ट वेलफेयर एसोसिएशन के चुनाव होने थे अगले दिन। देश की सबसे बड़ी कॉलोनी के चुनाव। पाँच हजार फ्लैट बोले तो कम-से कम पच्चीस हजार की बसाहट। एसोसिएशन के पास माल भी अच्छा था। कई लाख रुपये का फण्ड था। वैसे भी दिल्ली की सोसायटियों में रेजीडेण्ट वेलफेयर एसोसिएशनों के चुनाव पार्लियामेण्ट के चुनावों से कम नहीं होते। हिंसा, बूथ कब्जा, लूटपाट, वोटरों को धमकाना जैसे सारे मसाले इनमें देखने को मिल जाते हैं। देश की सबसे बड़ी कॉलोनी के चुनाव थे, इसलिए झगड़ा-वगड़ा और थाना-पुलिस होना ही था। सुबह-सुबह चौधरी गुट और खुराना गुट के लोगों में मारपीट हो चुकी थी। पुलिस की तीन-चार जिप्सियाँ कॉलोनी में खड़ी थीं। इंस्पेक्टर साहब जज की भूमिका में दिख रहे थे। दोनों गुट अपनी-अपनी सफाई में तकरीरें कर रहे थे।

दोनों गुटों की नजर एनक्लेव में खाली पड़े तीस-चालीस फ्लैटों पर थी। ये फ्लैट डिफाल्टरों के थे। जीतने वाला गुट इन्हें बेचकर करोड़ों की कमाई कर सकता था। दोनों ही गुटों को कॉलोनी के वेलफेयर से कोई लेना-देना नहीं था। खाली फ्लैट, एसोसिएशन का फण्ड और एयरकण्डीशण्ड दफ्तर इनके निशाने पर थे। एसोसिएशन से कालोनी के लोग आजिज आ चुके थे। कई-कई दिन जनरेटर खराब रहें, सीवर जाम रहें, चोरियाँ हों, फेरीवाले अन्दर घुस जाएँ—इस सबसे

इनको कोई लेना-देना नहीं था। कोई कुछ बोलता तो एसोसिएशन उसकी सुनने के बजाय उसी पर चढ़ जाती थी।

इस बार के चुनाव में चौधरी और खुराना गुटों के अलावा एक तीसरा गुट भी मैदान में आ गया था। यह तीसरा गुट एसोसिएशन से दुखी कॉलोनीवासियों का था। इस गुट की अगुवाई रिटायर्ड ब्रिगेडियर सुरेन्द्र नान्दल कर रहे थे। बड़ी-बड़ी मूँछें। भारी डीलडौल। गुण्डों-वुण्डों से वे डरते नहीं थे। बांग्लादेश युद्ध और उसके बाद कारगिल में अपने जौहर दिखा चुके थे। राष्ट्रपति से उन्हें शौर्य चक्र मिला हुआ था। ब्रिगेडियर साहब की इसी शख्सियत के चलते खुराना और चौधरी से डरनेवाले कॉलोनी के साधारण निवासी उनके साथ लामबन्द हो गये थे।

ब्रिगेडियर नान्दल ही थे जिन्होंने खुराना और चौधरी से शुरुआत में अकेले पंगा लिया था। उस समय उनसे निपटने के मामले में दोनों थोड़े समय के लिए आपसी रंजिश भुलाकर एक हो गये थे। इसके बावजूद उन्होंने मोर्चा नहीं छोड़ा और इन्हें कोर्ट तक ले गये, जहाँ सोसायटी निर्माण के समय की गई करोड़ों रुपये की धाँधली का खुलासा हुआ और दोनों को जेल जाना पड़ा। मामला अभी कोर्ट में चल रहा है। होली, दीवाली और दशहरा सभी जेल में मनाने के बाद फिलहाल दोनों कोर्ट से पैरोल में छूटे हुए हैं। तिस पर भी गरमी ऐसी कि बस पूछो मत। ब्रिगेडियर भी कहाँ पीछे हटनेवाले थे। खुराना और चौधरी के जेल जाने के बाद सोसायटी का लगभग सारा काम वे स्वयं देखने लगे थे। उनको दूसरे सहयोग भी कर रहे थे। वे सबसे भिड़ चुके थे। जीत भी चुके थे। बस उन्होंने कहीं हार मानी थी तो हिजड़ों से। वे चाहते थे कि सिद्धार्थ एनक्लेव में हिजड़े आकर लोगों को परेशान न करें। सिक्योरिटी गार्ड्स को हिजड़ों को अन्दर न घुसने देने के उनके आदेश के बावजूद हिजड़े लड़-लुड़कर कॉलोनी में घुस जाते। एक बार ब्रिगेडियर साहब मोर्चे पर खुद आये। लेकिन हिजड़ों के सामने उनकी एक न चली। प्रतिरोध में जब एक हिजड़े ने अपने कपड़े खुलेआम उतारने शुरू किए तो ब्रिगेडियर साहब भी पीछे हट गये। अन्ततः उन्होंने बांग्लादेश युद्ध के समय हार माननेवाले जनरल

नियाजी की तरह हिजड़ों के सामने आत्मसमर्पण कर दिया। बस यही एक मौका था जब ब्रिगेडियर साहब को सोसायटी के सभी लोगों का समर्थन प्राप्त नहीं हुआ था। उसका एक कारण यह था कि कॉलोनी के बड़ी संख्या में लोग हिजड़ों को अन्दर आने से रोकने के पक्ष में नहीं थे। ऐसे लोगों का मानना था कि हिजड़ों का घर में शुभ मौकों पर आना अच्छा होता है। वे आनेवाली बलाओं को अपने सिर पर ले लेते हैं। उन्हें इस बात का भी डर सताता था कि हिजड़ों को रोकने पर वे कहीं सोसायटी को शाप न दे दें और यहाँ रहनेवालों का अमंगल हो जाए। वहीं दूसरी तरफ उन्हें रोकने वालों का तर्क था कि हिजड़े घर के अन्दर का जायजा लेकर चोरों को बता देते हैं। सोसायटी में हो रही चोरियों के पीछे हिजड़ों के अलावा और कोई हो ही नहीं सकता। धमका-धमका कर लोगों से पैसे ऐंठते हैं। वगैरह-वगैरह।

चौधरी और खुराना गुटों ने सुबह जो बवाल काटा था, उसमें दोनों की मिलीभगत थी। झगड़ा-टण्टा कर वे चुनाव को टलवाना चाहते थे। पुलिस भी इन गुटों से मिली हुई थी। लेकिन ब्रिगेडियर तो ब्रिगेडियर ठहरे। उन्होंने कॉलोनी के सैकड़ों लोगों को साथ लेकर पुलिस इंस्पेक्टर को घेर लिया। खूब कहा-सुनी हुई। इंस्पेक्टर समझ गया कि अगर झगड़े की आशंका बताकर वह चुनाव रुकवाता है तो कॉलोनी के लोग पुलिस हेडक्वार्टर को घेर लेंगे। ब्रिगेडियर साहब बातचीत में ऐसी धमकी दे चुके थे। अन्ततः पुलिस ने चुनाव टालने के लिए दबाव नहीं बनाया। उल्टे चुनाव शान्तिपूर्ण हो जाए, इसके लिए उसने कॉलोनी में भारी पुलिस बल का बन्दोबस्त कर दिया। सोसायटी के माहौल से लग रहा था कि इस बार चौधरी और खुराना के हाथ से सिद्धार्थ एनक्लेव की सल्तनत निकलनी तय है।

पूरा सिद्धार्थ एनक्लेव चुनाव के रंग में रँगा था। लोग चौधरी और खुराना को एसोसिएशन से बाहर निकालने के लिए एकजुट हो रहे थे। सैकड़ों लोगों ने इस काम के लिए अपने दफ्तरों से छुट्टियाँ ले रखी थीं। घर-घर जाकर ब्रिगेडियर साहब का प्रचार कर रहे थे। लेकिन आनन्दी आण्टी इस सबसे बेखबर अपने रोज के अभियान में जुटी थीं... शिकार की तलाश में—किसके घर में बच्चा हुआ, किस

फ्लैट में नया मालिक आया, किसकी शादी पक्की हुई, किसने नयी दुकान खोली...।

आनन्दी आण्टी को कॉलोनी के लोग हिजड़ों की एजेण्ट समझते थे। भली महिला थीं। कभी किसी का बुरा नहीं किया। वक्त-जरूरत पर सबसे आगे खड़ी होतीं। धन-धान्य से सम्पन्न। गाँव की खेती से अच्छा-खासा पैसा आ जाता था। पति की हाल में मौत हुई थी। एक बेटा था। वह शादी करके विदेश में जा बसा था। कभी-कभार वह भी उनको पैसे भेज देता था। वैसे उनकी एक बेटी भी थी, ऐसी चर्चा कॉलोनी के लोग दबी जुबान में किया करते हैं। उसको कभी किसी ने देखा नहीं। वह कहाँ गई, यह भी किसी को पता नहीं। यही उनकी एक दबी नस थी।

लम्बे समय से आनन्दी आण्टी इस बात को लेकर परेशान थीं कि आखिर गौतम साहब ने उस दिन हिजड़ों की हायतौबा के बावजूद दरवाजा क्यों नहीं खोला था? वे महीनों से इस बात की जासूसी में लगी थीं। दूसरी तरफ गौतम साहब थे कि कॉलोनी में किसी को हाथ नहीं रखने देते थे। उनकी पत्नी भी घर में कैद रहती थीं। लेकिन आनन्दी आण्टी कहाँ माननेवाली थीं। इधर गौतम साहब में आये बदलाव को वे ध्यान से देख रही थीं। बेटा पैदा होने के बाद गौतम साहब की चाल में जो अकड़ आयी थी, वह ढीली पड़ने लगी थी। मोटे चश्मे के पीछे चमकनेवाली आँखें भी झुक गयी थीं। वे हमेशा झुँझलाये-झुँझलाये से दिखते। अजीब तरह की चिन्ता उनके माथे पर दिखती। बेटा जवान होकर आवारा निकला था या पढ़ने में कमजोर था या उसे नौकरी नहीं मिल रही थी। ऐसी कोई बात नहीं थी। बच्चा तो अभी छोटा ही था। बेतरतीबी ऐसी कि गौतम साहब कभी मोजा पहनना भूल जाते तो कभी उनकी कमीज पीछे से निकली होती या फिर आगे से। ऐसा लगता था जैसे उन पर कोई पहाड़ गिर गया हो। आनन्दी आण्टी इस बदलाव को महसूस कर रही थीं।

जासूसी करते-करते एक दिन आनन्दी आण्टी को गौतम साहब की कामवाली ने सारी बात का खुलासा कर दिया। कामवाली का नाम शन्नो था। हालाँकि शन्नो आनन्दी आण्टी को वह सब नहीं बताना

चाहती थी, जो वह जानती थी। वह नहीं चाहती थी कि गौतम साहब का कॉलोनी में जुलूस निकले। लम्बे समय से वह उनके घर में काम कर रही थी। या यूँ कहें कि जब से गौतम साहब सिद्धार्थ एनक्लेव में आये थे, तभी से वह उनके घर में काम कर रही थी। घर की सदस्य की तरह थी। लेकिन शन्नो घर की भेदिया साबित हुई। वह भी क्या करती! वह गौतम साहब की मदद अपनी तरह से करना चाहती थी। उसे लगा कि पूरी कॉलोनी में आनन्दी आण्टी ही हैं, जो गौतम साहब के काम आ सकती हैं, उन्हें मुसीबत से उबार सकती हैं।

असल में गौतम साहब के घर बेटा जरूर हुआ था, लेकिन कुछ दिनों के अन्दर ही परिवार को पता चल गया था कि वह किसी काम का नहीं है। बढ़ने के साथ उसका पुरुषांग विकसित नहीं हुआ। डाक्टरों के चक्कर लगाए। सबने एक ही जवाब दिया, "बच्चे में स्त्री और पुरुष दोनों के लक्षण हैं। माँ के पेट में ग्यारहवें सप्ताह सेक्सुअल आर्गन को विकसित करने वाले हारमोन्स अपनी भूमिका पूरी नहीं कर पाये।"

इस खबर के बाद से ही गौतम साहब उखड़े-उखड़े रहने लगे थे। इसीलिए उस दिन जब डिम्पल की मण्डली ने उनके घर दस्तक दी थी, तो उन्होंने दरवाजा नहीं खोला था।

शन्नो ने जब आनन्दी आण्टी को यह अन्दरूनी जानकारी दी तो उनके होश फाख्ता हो गये। थोड़ी देर तक वे मूर्ति-सी बनी खड़ी रही थीं। उनके शरीर में कोई हलचल नहीं हुई और वे शून्य में निहारती रही थीं। शन्नो ने जब उनका हाथ पकड़कर हिलाया था, तब जाकर उनमें चेतना लौटी थी। शन्नो को पता था कि ऐसे बच्चों की खबर मिलने पर हिजड़े उन्हें जोर-जबरदस्ती कर अपने साथ ले जाते हैं। इसीलिए शन्नो ने सोचा कि आनन्दी आण्टी के जरिये गौतम साहब की मदद का कोई रास्ता निकाला जाए। बच्चे को घर में तो रखा नहीं जा सकता था। किसी ने नहीं रखा आज तक, तो फिर गौतम साहब ऐसे आधे-अधूरे बच्चे को कैसे रख सकते थे। उन्हें भी तो समाज में रहना था।

"आण्टी, आप गौतम साहब की मदद करो। आपके तो बहुत सारे हिजड़ों से अच्छे सम्बन्ध हैं।"

शन्नो की यह बात सुनकर आनन्दी आण्टी ने कुछ कहना चाहा, लेकिन उनके मुँह से बोल नहीं उभरे।

"कुछ करो न आंटी! गौतम साहब बहुत शरीफ आदमी हैं।" शन्नो ने अपनी बात फिर दोहराई।

इस बार आनन्दी आण्टी के मुँह से बोल उभरे, "देखते हैं क्या किया जा सकता है। तुम गौतम साहब से बात करो। क्या वे अपना बच्चा हिजड़ों को देना चाहेंगे?"

आनन्दी आण्टी यह कहकर तेज कदमों से अपने घर की तरफ चल पड़ीं। उनके अन्दर भूचाल आ गया था। उनकी दबी नस फड़फड़ाने लगी थी। घर पहुँचकर वे अपने पलँग पर बेसुध जा गिरीं। उनकी आँखों से अश्रुधारा बह निकली। आँसुओं की यह धारा गौतम साहब के बेटे के लिए नहीं थी, उनकी अपनी बेटी की याद में थी। लेटे-लेटे वे अतीत में लौट गयीं।

आनन्दी आण्टी ने बड़े नाजों से पाला था अपनी बेटी को। निकिता नाम था उसका। सुनहरे बाल थे। आँखें हिरनी की तरह चंचल। हँसने पर गालों में गड्ढे उभर आते। रंग भी काफी साफ था। गोरी कह सकते थे उसे। हर देखनेवाला उसे एक बार चूमने के लिए लालायित हो जाता था। पढ़ाई-लिखाई में अव्वल नहीं तो ठीकठाक थी। आनन्दी उसकी हर छोटी-से-छोटी जरूरत का ध्यान रखतीं।

बिना किसी बात की परवाह किए आनन्दी आण्टी निकिता को पढ़ाती रहीं। लेकिन छठी कक्षा में दाखिले की बारी आयी तो उनके सामने धर्मसंकट खड़ा हो गया। आखिर वे निकिता को लड़कों के स्कूल में दाखिला दिलाएँ या फिर लड़कियों के स्कूल में? आखिर काफी दिमागी उथल-पुथल के बाद उन्होंने उसे लड़कियों के स्कूल में डालने की कोशिश की। मगर वहाँ उन्हें निराशा हाथ लगी। ऐसा ही लड़कों के स्कूल में भी हुआ। उन्हें दोनों जगह से एक ही जवाब मिला कि जेण्डर स्पष्ट न होने के कारण हम दाखिला नहीं दे सकते हैं... यह स्कूल सामान्य बच्चों के लिए है, बीच वाले बच्चों को दाखिला देने से स्कूल का माहौल खराब हो जाता है। आनन्दी आण्टी ने हर सम्भव कोशिश की, लेकिन निकिता को दाखिला नहीं मिला।

आनन्दी आण्टी हार माननेवाली नहीं थीं। उन्होंने निकिता को घर पर ही पढ़ाने का फैसला किया। आठवीं तक वह घर में ही पढ़ी। उसने प्राइवेट परीक्षा दी। पास हुई। लेकिन अब तक निकिता में हिजड़ोंवाले गुण आकार लेने लग गये थे। कॉलोनी से लेकर रिश्तेदारों तक में निकिता का मजाक उड़ने लगा था। आनन्दी आण्टी को कुछ समझ नहीं आ रहा था। निकिता के जन्म के समय से ही नीलम आनन्दी आण्टी के सम्पर्क में थी। हिजड़े बच्चों को आशीर्वाद देते वक्त देख लेते हैं कि नवजात किस जेंडर का है। उनकी आँखें इस मामले में पारखी होती हैं। सामान्य आदमी को बच्चे का जेण्डर समझने में चार-पाँच साल तक का समय लग जाता है।

नीलम लम्बे समय से आनन्दी आण्टी पर दबाव बनाये हुए थी कि वे निकिता को उसके हवाले कर दें। लेकिन, आनन्दी आण्टी इसके लिए तैयार नहीं थीं। आखिर दुनिया से हारकर एक दिन उन्होंने नीलम को बुलाया और निकिता उसे सौंप दी। निकिता माँ को छोड़ते वक्त दहाड़ें मारकर रोयी थी और इस आश्वासन के बाद ही नीलम के साथ जाने को तैयार हुई थी कि वह उससे मिलने आती रहेगी। निकिता के जाने के बाद आनन्दी आण्टी ने अपना मयूर विहार का फ्लैट बेच दिया और सिद्धार्थ एनक्लेव में रहने आ गयीं।

नीलम के साथ भी अतीत में ऐसा ही कुछ गुजरा था। उसके सामने उसकी अपनी जिन्दगी की पूरी रील घूम गई। निकिता को उसने आगे पढ़ने के लिए किताबें वगैरह ला दीं। लेकिन निकिता का नीलम के घर में मन नहीं लग रहा था। वहाँ एक असामान्य माहौल था। आनन्दी आण्टी बीच-बीच में निकिता से मिलने आतीं और यह देखकर बेहद प्रभावित होतीं कि नीलम निकिता को अपनी बेटी की तरह पाल रही है। असल में हिजड़ों को अगर खुशी मिलती है तो किसी से रिश्ता बनाने में। अतीत के उनके सभी रिश्ते टूट जाते हैं, शायद इसलिए। नीलम निकिता को अपनी बेटी की तरह पाल रही थी, पर निकिता अन्दर-ही-अन्दर छटपटाती रहती। उसे अपना भविष्य अन्धकारमय दिखता था। वह सोचती थी कि मैं चाहे जितना पढ़-लिख जाऊँ, बड़ी होकर पेट पालने के लिए नाच-गाना ही करना पड़ेगा।

नाचने में निकिता की जरा भी रुचि नहीं थी। वह डेरे में गिरिया लोगों के आने-जाने से भी अचम्भित थी।

गिरिया वे होते हैं, जिन्हें हिजड़े अपना पति मान लेते हैं। उनके लिए वे आम महिलाओं की तरह करवाचौथ से लेकर पति के लिए होनेवाले हर तीज-त्योहर मनाते हैं। आमतौर पर गिरिया ढोलक या हारमोनियम बजानेवाले होते हैं या फिर गरीब आदमी। समलैंगिक भी कई बार गिरिया बन जाते हैं। आमतौर पर गिरियाओं की मूँछें जरूर होती हैं। हिजड़े मूँछवालों को ही गिरिया बनाना पसन्द करते हैं। मूँछों से वे उनकी मर्दानगी महसूस करते हैं और उनका अपने स्त्री होने का अहसास भी पुख्ता हो जाता है।

आदमी को आदमी के साथ रहते-सोते देख निकिता विचलित होती। उसने आदमी को कभी आदमी के साथ पति-पत्नी की तरह रहते नहीं देखा था। यह सब देखकर वह अपने होने को निरर्थक मानने लगी थी। अपने को किसी से कम न समझनेवाली निकिता के अन्दर अपने आधे-अधूरे होने का हीन भाव घर करने लगा। उसके दिमाग की खिड़की अभी इतनी बड़ी नहीं थी कि वह ऐसे लोगों से प्रेरित हो पाती जो उसकी तरह ही थे और समाज से मोर्चा लिए हुए थे। पढ़े-लिखे थे। अपना काम करते थे। ब्यूटी पार्लर से लेकर दूसरे अच्छे धन्धों में लगे थे।

निकिता ऐसी बातें सोचते-सोचते एक अजीब से अवसाद से भर चुकी थी। उसे यह बात सबसे ज्यादा डराती कि थोड़े दिनों के बाद नीलम उसे चुनरी पहनाकर मुकम्मल हिजड़ा बना देगी... नीलम की भूमिका अचानक माँ से गुरु में तब्दील हो जाएगी। नीलम की गद्दी के अन्य हिजड़ों की तरह उसे भी नाचना-गाना पड़ेगा।

उस दिन नीलम के डेरे में उत्सव जैसा माहौल था। बलिया से आयी ज्योति को चुनरी पहनाने की रस्म होनी थी। चारों तरफ चहल-पहल थी। कई गिरिया भी वहाँ मौजूद थे। नीलम सजधज कर गद्दी पर आसीन थी। पकवानों की खुशबू आँगन में तैर रही थी। मुर्गावाली माँ की पूजा-अर्चना होनी थी। मुर्गेवाली माँ को हिजड़े अपनी इष्टदेवी मानते हैं। राजस्थान में उनका वास है, ऐसी उनकी मान्यता

है। पूजा के बाद ज्योति को समाज में शामिल किया जाना था। चुनरी रस्म के बिना कोई भी हिजड़ा समाज का हिस्सा नहीं बन सकता। नाच-गाने का धन्धा भी वह नहीं कर सकता।

जश्न अपने पूरे शबाब पर था। निकिता इसमें शामिल नहीं हुई। वह अपने कमरे से ही चुनरी रस्म देख रही थी। थोड़ी देर के लिए उसने ज्योति की जगह अपने को महसूसा। उसके रोंगटे खड़े हो गये। बेचैनी ऐसी हुई कि वह अपने दिमाग का नियन्त्रण खो बैठी और चूहे मारने की दवा की पूरी शीशी उसने अपने हलक से नीचे उतार ली। वह तड़प उठी। नागिन का जहर जैसे उसके खून में उतर गया हो। उसका पूरा शरीर नीला पड़ गया। उसने अपने मुँह में कपड़ा ठूँस रखा था। इसीलिए उसकी चीख नहीं उभरी। रस्म खत्म होने के बाद जब खाना-पीना शुरू हुआ तो नीलम ने निकिता को आवाज लगाई, "बेटी निकिता, आ खाना खा ले।"

निकिता का कोई जवाब न मिला। नीलम ने कई बार आवाज लगाई, पर कोई हलचल निकिता के कमरे में न हुई। इसके बाद नीलम ने रेहाना से कहा कि वह निकिता को बुलाकर लाये। रेहाना जब कमरे में पहुँची तो निकिता का पूरा शरीर नीला पड़ चुका था। उसकी साँसें भी थम चुकी थीं। रेहाना बरबस चीख उठी। उसकी चीख सुनकर सारे लोग ऊपर दौड़े। नीलम अपनी बेटी की हालत देखकर फूट पड़ी। रंग में भंग हो चुका था।

आनन्दी आण्टी जब अपने अतीत से निकलीं, तो शाम हो चुकी थी। आसमान में डूबते सूर्य का एक टुकड़ा बचा था। दूसरी तरफ चाँद भी झाँकने लगा था। लालिमा को कालिमा ढक रही थी। हवा ठहरी हुई थी। पूरा आकाश खाली था। बसेरे की ओर जाते पक्षी भी नहीं दिख रहे थे। शायद ठण्ड के चलते वे अपने बसेरों में पहले ही पहुँच चुके थे। रो-रोकर आनन्दी आण्टी की आँखें सूज गई थीं। खाली आकाश की तरह वे भी अपने अन्दर के खालीपन से जूझ रही थीं। अकेलेपन का अहसास उन्हें अन्दर से चीरे जा रहा था।

तीन

एबीसीडी में जिला परिषद के चुनाव चल रहे थे। आरा, बलिया, छपरा और देवरिया जिलों की शृंखला को यहाँ के लोग एबीसीडी के नाम से जानते हैं। उत्तर प्रदेश और बिहार की सीमाओं में ये जिले स्थित हैं। इनमें तमाम तरह की सांस्कृतिक और सामाजिक समानताएँ हैं। इन जिलों से फौज में भर्ती होने की लम्बी परम्परा रही है। सन् 1857 के पहले स्वतन्त्रता संग्राम में इन इलाकों के फौजियों की अहम भूमिका रही है। इन्हीं के दम पर अंग्रेजों के खिलाफ सैनिक विद्रोह सम्भव हो सका था। उस विद्रोह के जनक मंगल पाण्डे यहीं के थे।

ठाकुर और भूमिहार इन जिलों में दबंग जाति के लोग माने जाते हैं। जमींदारी चली गई, लेकिन यहाँ के पूर्व-जमींदारों की लठैती में आज भी कोई कमी नहीं आयी है। ठाठ-बाट वही हैं। हाथी पालने का शौक अभी भी बचा हुआ है। ठाकुरों और भूमिहारों को यहाँ बाबू साहब कहा जाता है। जमींदारी के दिनों की तरह ये आज भी अपनी अदालत लगाते हैं। न्याय करते हैं। बाबू साहब के फैसले न माननेवालों को बाकायदा सजा मिलती है। इन जिलों के बड़े क्षेत्रफल में आजादी अभी नहीं पहुँची है।

जिला परिषद के चुनावों की गहमागहमी से बाजार गुलजार थे। शराब की दुकानों में लम्बी कतारें लगी हुई थीं। बाबू साहबों की पर्ची दिखाओ और अद्धा-पउवा ले जाओ। चुनाव में खड़े होने वाले ज्यादातर ठाकुर और भूमिहार उम्मीदवार ही थे। एक-आध जगह जरूर दलित या हरिजन मैदान में थे। ये उन इलाकों में थे, जहाँ नक्सली आन्दोलन सक्रिय है। नक्सलियों ने बाबू साहबों की हालत खस्ता कर रखी थी। इन जिलों के दलित-हरिजन प्रभावित इलाकों में अत्याचार करनेवाले

कई बाबू साहबों को नक्सली श्मशान की यात्रा करा चुके थे। खूनी संघर्ष में दोनों तरफ के लोगों को नुकसान हुआ था। पुलिस लाचार थी।

दलितों और हरिजनों पर अत्याचार करने के मामले में ठाकुर और भूमिहार एक जैसे थे। इसीलिए बहुत से मौकों पर इनका गठजोड़ भी बनता। मगर चुनाव में ये आमने-सामने हो जाते और जीत हासिल करने के लिए एक-दूसरे पर चढ़ाई करने से भी पीछे नहीं हटते थे।

बलिया की बात है। बाजार बन्द हो रहा था। दुकानदार अपनी दुकानें समेटने में लगे थे। लिट्टी-चोखा और चाय के होटल जवान होना शुरू हुए थे। इन दुकानों में चुनावबाजों का जमघट लगा हुआ था। राजनीतिक बहस अपने चरम पर थी। सब अपने-अपने उम्मीदवार को जिता रहे थे। उसके लिए पुख्ता तर्क भी थे उनके पास। तू-तू मैं-मैं। लाउड स्पीकरों की काँव-काँव से माहौल में एक अजब सी गरमाहट महसूस हो रही थी।

बाबू श्यामसुन्दर सिंह इलाके के दबंग जमींदार थे। हालाँकि चुनाव-चुनाव में उनकी दिलचस्पी नहीं रहती, मगर उनका समर्थन पाने के लिए उनकी कोठी पर उम्मीदवारों की लाइन टूटती नहीं है। लौण्डों से लेकर तवायफों तक का शौक था उन्हें। दो शादियाँ की थीं। सौ-पचास लठैत उनकी सेवा में हमेशा तैनात रहते। इलाके में उनके हुकुम के बिना पत्ता तक नहीं खड़कता था। कई लौण्डों के अलावा दो तवायफें मुन्नीबाई और जद्दनबाई उनकी रखैल थीं। सब उनकी कोठी में रहते। उन्हें ऐसा करते वक्त समाज की चिन्ता नहीं रहती थी। नैतिकता और अनैतिकता से परे थे बाबू श्यामसुन्दर सिंह।

चुनाव में खड़े रघुवीर राय ने बाजार में भिखारी दास पार्टी के भाण्ड डांस का आयोजन किया था वोटरों को पटाने के लिए। बाबू श्यामसुन्दर सिंह का सबसे चहेता लौण्डा भी बाजार में डांस देखने पहुँचा हुआ था। बलिया में लौण्डों को हाथी कहा जाता है। कहावत है कि हाथी पालना हर किसी के बस की बात नहीं है। हाथी पालनेवाले की हौदा हो जाती है। ऐसी ही बात लौण्डों के लिए भी

थी। हर ऐरा-गैरा नत्थू-खैरा लौण्डा नहीं रख सकता। एक लौण्डे को रखने में हजारों का खर्चा आता है। लौण्डे को तो पालो, साथ में उसके परिवार को भी पालना पड़ता है। नवाबी शौक है। साधारण आदमी के बस से बाहर।

बाबू श्यामसुन्दर सिंह के लौण्डों का ये जलवा था कि जब वे कोठी से बाहर निकलते तो उन पर कोई फब्ती तक नहीं कस सकता था। पर ज्योति नाम के लौण्डे का जलवा तो निराला ही था। बाबू साहब तीनों लौण्डों में उसे ही सबसे ज्यादा चाहते थे। मक्खन था... पूरी तरह से मक्खन। पतली कमरिया, गोरे गाल और लम्बे बाल। जब चलता तो देखनेवालों का दिल मचल उठता। किसी की हिम्मत न होती उसे छेड़ने की। बाबू साहब का लौण्डा जो था! वैसे तो वह मर्दाने कपड़े ही पहनता, लेकिन बाबू साहब के कहने पर कभी-कभी ब्लाउज और साड़ी भी पहन लेता था। सोलह शृंगार करता। होठों में सुर्ख लाल लिपिस्टिक और माथे पर बिंदिया। देखने पर कोई नहीं कह सकता था कि वह लौण्डा है। बाबू साहब के कहने पर वह उनके लिए नाचता भी। बाबू साहब के खास मेहमानों के सामने जब जद्दनबाई और ज्योति की नृत्य-जुगलबन्दी होती तो जद्दन फिचकुर छोड़ देती। उसके पैर लड़खड़ाने लगते। लेकिन ज्योति एक पल के लिए भी न रुकता। हर जुगलबन्दी के बाद बाबू साहब ज्योति की जीत पर उसे सीने से लगाकर उसका माथा चूमते और सौ रुपये का करारा नोट जेब से निकालकर देते।

बाबू साहब ज्योति की हर अदा के दीवाने थे। ज्योति के आगे उन्हें मुन्नीबाई और जद्दनबाई भी फीकी लगती थीं। वैसे वे अब किसी लायक नहीं रह गये थे। अपनी पत्नियों के लिए भी उनकी भूमिका भाई जैसी हो गई थी। साठ पार कर चुके थे। लेकिन जमींदारी की ठसक थी, तो लौण्डे और तवायफ रखना लाजमी था। ऐसा करने से समाज में रुतबा जो बढ़ता था।

एबीसीडी शृंखला के जिलों में लौण्डेबाजी के एक-से-एक किस्से प्रचलित हैं। इलाके के लोगों में फौज के प्रति एक दीवानगी है और फौज में घर से महीनों दूर रहने के कारण उन्हें लौण्डेबाजी का

शौक हो जाता है। इसीलिए खुलेआम लौण्डे रखना यहाँ ज्यादा बुरा नहीं माना जाता था। लेकिन अब इसका प्रतिरोध यहाँ होने लगा है। पहले गरीबी के कारण लोग बाबू साहबों के लौण्डे बन जाते थे, पर अब वे भी लौण्डा बनने में आनाकानी करने लगे हैं। बीच वाला हो तो किसी को कोई परहेज नहीं।

भिखारीदास की मण्डली के भाँड बाजार में बने एक ऊँचे से मंच पर कमरतोड़ डांस कर रहे थे। डांस देखनेवाले ज्यादातर लोग शराब के नशे में चूर थे। चुनावी माहौल में मुफ्त की शराब बह रही थी। मुफ्त की मिले तो पीने में किसे एतराज होता है! नशे में झूमते हुए कोई नोट दिखाकर भाँड को अपने पास बुलाता, तो कोई बन्दूक दिखाकर। बाबू साहब का लौण्डा ज्योति भी डांस का मजा ले रहा था। उसे लग रहा था काश वह भी मंच पर होता, तो अपने नाच से भिखारीदास के भाँडों के छक्के छुड़ा देता। ज्योति अभी यह सोच ही रहा था कि शराब के नशे में धुत एक मनचले ने उसकी पतली कमर को छू दिया। उसने ज्यादा तवज्जो नहीं दी। वह डांस देखने में मशगूल रहा। उसकी तरफ से कोई प्रतिरोध नहीं हुआ, तो मनचले का साहस बढ़ गया। उसने उसे अपनी बाँहों में जकड़कर उसके गाल पर एक चुम्बन जड़ दिया। यह देखकर कुछ और लोग भी ज्योति से चुहलबाजी में जुट गये। ज्योति हड़बड़ाकर खड़ा हो गया। उसने वहाँ से हटने की सोची। मनचले उसकी ओर बढ़े। जोर-जबर्दस्ती करने लगे। नतीजतन वहाँ बावेला मच गया। चारों तरफ से आवाजें आने लगीं, "बाबू साहब के लौण्डे को छेड़ दिया। बाबू साहब के हाथी को पकड़ लिया..."

फिर क्या था। आसपास मौजूद बाबू साहब के लठैतों ने मनचलों को पकड़कर अच्छी तरह ठोंक दिया। लेकिन मनचले भी किसी छोटी-मोटी पार्टी से नहीं थे। भूमिहारों के लड़के थे। छोटे-मोटे जमींदार घरानों के। उनमें से एक रघुवीर राय का बेटा भी था। डांस उसके बाप ने ही रखवाया था। रघुवीर राय जिला परिषद की चेयरमैनी के मजबूत दावेदार थे।

बाबू श्यामसुन्दर सिंह को जब इस घटना का पता लगा, तो उन्होंने लड़कों के बाप को अपनी कोठी पर तलब किया। सब तो पहुँचे बाबू साहब की अदालत में, लेकिन रघुवीर राय ने उनके आदेश की पालना नहीं की। इस पर बाबू साहब लाल-पीले हो गये। किसी ने पहली बार उनका आदेश मानने से इनकार करने की हिम्मत की थी इलाके में। उन्होंने रघुवीर राय को पकड़ लाने के लिए लठैत रवाना कर दिए। रघुवीर राय ने लठैतों को देखकर समझ लिया कि नहीं गये तो मामला गड़बड़ा जाएगा। फिर चुनाव में बाबू साहब का समर्थन भी चाहिए था। फलतः रघुवीर राय लठैतों के साथ हो लिये और बाबू साहब के सामने पहुँचकर विनम्रता दिखाते हुए बोले, "ठाकुर साहब, चुनाव में व्यस्त था... देरी से आने के लिए माफ कीजिए।"

"माफी तो तुम्हें नहीं मिलेगी। तुम्हारा गुनाह बहुत बड़ा है। पहली बार किसी ने मेरी बात मानने से इनकार किया है।" बाबू साहब गुस्से में गुर्राते हुए बोले।

बाबू साहब बेशक साठ के हो गये थे, लेकिन उनकी आवाज में अब भी ठसक थी। मोटी और लच्छेदार मूँछें उनके व्यक्तित्व को ठकुरौती से जोड़ती थीं। काफी देर सोचने के बाद उन्होंने सजा के तौर पर फतवा जारी कर दिया, "पूरे बलिया के लोगों को बता दो कि रघुवीर सिंह की चुनाव में जमानत नहीं बचनी चाहिए।"

रघुवीर राय बहुत गिड़गिड़ाए, लेकिन बाबू श्यामसुन्दर सिंह पिघले नहीं और अपनी अदालत बर्खास्त कर कोठी के अन्दर चले गये।

रघुवीर राय दबे पाँव अपने घर लौटने लगे। वे जानते थे कि बाबू साहब के फतवे का असर तो होना ही है। उन्हें चुनाव मे अपनी जीत मुश्किल लगने लगी... जीता हुआ चुनाव हाथ से निकलता दिखाई देने लगा। वे रास्ते भर बाबू साहब के फतवे की काट सोचते रहे। घर पहुँचने से पहले वे बूथ लुटवाने की योजना बना चुके थे। उन्होंने बेटे से अपने दामाद बी. डी. शाही को बुलवा भेजा। शाही

पहले भी रघुवीर राय के लिए यह काम कर चुके थे और इसी दम पर वे दो बार राज्य विधानसभा में पहुँचे थे। आसपास के इलाके में वे विधायक बाबू के साथ-साथ बूथ-लुटेरे के रूप में भी जाने जाते थे। असलाह वगैरह के इन्तजाम में भी वे माहिर थे। एक बार तो उनकी चौपाल में देशी कट्टा बनाने की फैक्ट्री पकड़ी गई थी। तब वे इस मामले में सीताराम कहार को गिरफ्तार कराकर खुद को बचा पाये थे।

शाही और राय के बीच मन्त्रणा पूरी हो गई। शाही ने अपने सबसे समझदार रणनीतिकार को बुलाया। सुनीलशरण नाम था उसका। वह कायस्थ था। उसके पुरखों की भी जमींदारी थी। लेकिन वे पढ़ने-लिखने वाले नौजवान थे। शाही कभी शरण के पुरखों की शरण में थे। शरण परिवार की वे इज्जत करते थे। शाही ने शरण को सारा खेल समझा दिया—"लठैतों को चुनाव की रात में रम के दो पेग ही दिए जाएँ। काम करके लौटने पर उन्हें दारू की गंगा में नहला देना, लेकिन उससे पहले दो से तीन पेग न होने पाएँ। वरना मुसटण्डे सोते रह जाएँगे।"

शरण को समझने में देर न लगी। पहले भी वह शाही के लिए शौकिया तौर पर यह काम कर चुका था। चुनाव की पूर्व-सन्ध्या पर उसने सारे बूथ-लुटेरों को दो-दो पेग पिलाकर और रोटी-वोटी खिलाकर सुला दिया।

दो बूथ छोड़ दिये गये थे। शाही उनको लेकर परेशान थे। वे सुलतान डकैत के इलाके में थे। उन्होंने शरण से चिन्तित होते हुए कहा, "बाकी मामला तो फिट हो गया है। लेकिन सुल्तनवा के दो बूथ का मामला समझ नहीं आ रहा है।"

"बस इतनी सी बात है! वहाँ सारा मैं सँभाल लूँगा।" शरण ने आत्मविश्वास के साथ कहा।

शरण जानते थे कि सुलतान उनका कुछ नहीं बिगाड़ सकता। उन्होंने सुलतान को जेल की हवा खिलाई थी। शरण पर पैसा वसूली के समय उसने देशी रिवाल्वर तान दी थी। तब शरण चीते की तरह उसके

सामने आकर बोले थे, "चला गोली। अपनी माँ का दूध पिया है तो मार मुझको।"

डाकू तो डाकू ठहरा! वह शरण की बन्दर-भभकी में आने वाला नहीं था। उसके ऊपर वैसे ही दर्जनों केस थे, तो एक और सही। उसने आव देखा न ताव, फायर कर दिया था। लेकिन रिवाल्वर देशी होने के कारण गोली सिर्फ धुआँ देकर फुस्स हो गई। इसके बाद तो शरण ने सुलतान को पकड़कर बहुत धुना था। सुलतान के मोहल्ले के लोग उसे बचाने आ गये थे, लेकिन जब उन्होंने देखा कि शरण घायल शेर की तरह सुलतान को पीट रहा है, तो उनमें से किसी की हिम्मत उसे छुड़ाने की नहीं हुई। शरण के लोग भी तब तक वहाँ पहुँच गये थे, लेकिन सुलतान पहले ही वहाँ से रफूचक्कर हो गया। इसके बाद थाने में दारोगा को एक हजार की रिश्वत देकर उन्होंने सुलतान को गिरफ्तार करवाया था। थाने में खुद उसकी धुनाई की थी। तब से सुलतान अन्दर-ही-अन्दर शरण से डरता था।

हुआ भी वही। शरण जब बूथ लूटने के लिए सुलतान के इलाके में गये, तो कोई प्रतिरोध नहीं हुआ। सुलतान ने शरण को लुटेरों की अगुवाई करते देखा, तो वह वहाँ से नौ-दो-ग्यारह हो लिया। शरण ने ऑपरेशन सुलतान बूथ पूरा कर दिया। लेकिन दूसरे बूथों में गये लोग जब वापस आये तो वे नशे में चूर थे। उनके पैर डगमगा रहे थे। एक-एक कदम चलना उन्हें भारी पड़ रहा था। रात का नशा उतरा नहीं था। डेरे पर वापस लौट कर सारे बूथ-लुटेरे ढेर हो गये। वे एक भी बूथ पर कब्जा नहीं कर सके थे। शराब के कारण वे इस लायक बचे ही नहीं थे।

शाही को जब पूरी घटना का पता लगा तो वे शरण पर टूट पड़े, "मैंने कहा था कि इन्हें दो पेग से ज्यादा नहीं देना, फिर तुमने इन्हें पिला-पिलाकर कायर क्यों बना दिया?"

"विधायक बाबू, हमने तो इन्हें दो ही पेग दिये थे। आपने जितना कोटा दिया था, बाकी का आप चेक कर लें।" शरण ने विनम्रता से बताया।

शरण वैसे तो लूट-फूट की लाइन के नौजवान न थे। शाही का छोटा-मोटा काम वे इस लालच से कर देते थे कि सिविल सर्विसेज के

पेपर परीक्षा से पहले उपलब्ध करा देंगे। अतीत में वे तमाम परीक्षाओं के पेपर आउट कर जिले के तमाम युवाओं को नौकरी दिलवा चुके हैं।

शाही ने दारू का स्टॉक चेक किया तो माल पूरा था। पता करने पर उन्हें जानकारी मिली कि ये दारू तो सियाचिन, कारगिल, द्रास और लाहौल स्पीति जैसी जगहों पर तैनात फौजियों को दी जाती है, ठण्ड से बचने के लिए। इन इलाकों में ठण्ड के दिनों में पारा माइनस के नीचे चला जाता है। बर्फीली आँधी में हाथ-पाँव गल जाते हैं। साँस लेना दूभर होता है। शरीर को एक्स्ट्रा किक देने के लिए इस दारू का प्रयोग वहाँ तैनात फौजी करते हैं। सामान्य परिस्थिति में इसे पीने से आदमी उलटा हो जाता है। वही बूथ लुटेरों के साथ हुआ था। दो पेग में ही वे लम्बे हो गये थे। बूथ लूटना तो दूर, वे अपने को सँभालने लायक भी नहीं बचे थे। मत-पेटियाँ खुली नहीं थीं। लेकिन रघुवीर राय की हार पक्की दिख रही थी।

रघुवीर राय को सजा देने के बाद अब सजा की बारी थी ज्योति की। बाबू श्यामसुन्दर सिंह का दिमाग ठण्डा नहीं हुआ था। ज्योति के गाल पर चुम्बन लिए जाने के बाद से वह बाबू साहब के लिए जूठा हो चुका था। उसके प्रति उनका सारा प्यार धरा-का-धरा रह गया। उन्होंने नौकरों को आदेश दिया कि ज्योति को कोठी से बेदखल कर दो। लेकिन इस सजा के साथ उसे दो हजार रुपये भी दिये, ताकि वह कोई छोटा-मोटा काम करके अपना पेट पाल सके। ज्योति लाख सफाई देता रहा कि उसकी कोई गलती नहीं है, लेकिन बाबू साहब पिघले नहीं। ज्योति बलात्कार की शिकार औरत की तरह बाबू साहब के लिए भ्रष्ट हो चुका था।

बाबू साहब के रहमो-करम के चलते ज्योति का पूरा परिवार मौज में पल रहा था और भर-पेट खाना खाता था, लेकिन ज्योति के पेट पर लात पड़ने के साथ-साथ उसका परिवार भी सड़क पर आ गया।

ज्योति एक दलित लड़का था। पूरा मर्द। नाच-गाना उसे पसन्द था, इसीलिए उसके अन्दर स्त्री-भाव जाग्रत हो गये थे। बाबू साहब के

साथ रहते और सोते वह अपने को स्त्री समझने लगा था। गरीबी उसे बाबू साहब की कोठी तक ले गई थी। अब वह नाच-गाने और दूसरों को खुश करने के अलावा कोई काम नहीं कर सकता था। उसे दूर-दूर तक अँधेरे के सिवाय और कुछ नहीं दिख रहा था।

बाबू साहब भी अजीब थे। ज्योति के साथ किसी ने जरा-सी छेड़खानी कर दी और उन्होंने उसे एक झटके में अपने से अलग कर दिया। यह भी नहीं सोचा कि उसने अपनी पूरी जवानी उनके नाम कर दी थी। लेकिन बाबू साहब ठहरे बाबू साहब! उनकी मूँछ का सवाल था।

देवरिया जिले की बात है। जमींदार जगरूप सिंह के लौण्डे को ठाकुर धीरेन्द्र सिंह के लोग उठा ले गये थे। उस पर कई-कई लोगों ने सवारी की थी—चल मेरे हाथी झूम-झूम। लौण्डा लहूलुहान हो गया था। खूब बावेला मचा था। गोलियाँ भी चली थीं। लौण्डे के बलात्कार की कहानियाँ कई दिनों तक अखबारों की सुर्खियों में छायी रहीं। पूरी घटना को चटखारे लेकर रहस्य-रोमांच की कहानी की तरह भरपूर मनोरंजन के साथ परोसा गया था। टीवी चैनल भी बाइट बटोरते भटक रहे थे। वैसे भी अब टीवी चैनलों और अखबारों में सामाजिक सरोकारों की खबरों को जगह मिलना लगभग बन्द हो चुका है। बाजार में जो बिकेगा, वही छपेगा। वही दिखेगा। लेकिन लौण्डे की इतनी बदनामी के बावजूद जगरूप सिंह ने लौण्डे को बेदखल नहीं किया। उसका इलाज करवाया और अपने ही पास रखा। ये बात दीगर है कि इस घटना के बाद उन्होंने कभी उससे कोई सेवा नहीं ली। यहाँ तक कि तेल-मालिश भी नहीं कराई, पर उसके पेट पर लात नहीं मारी। जगरूप सिंह की यह मिसाल आज भी सबको दी जाती है।

बाबू श्यामसुन्दर सिंह अलग तरह के जमींदार निकले। उन्होंने ज्योति को कहीं का नहीं छोड़ा। धीरे-धीरे उनके दिए हुए दो हजार रुपये खत्म होने लगे। उसने बहुत कोशिश की कि चाय-वाय की दुकान खोल ले। लेकिन सवाल उसके सामने यही उभरता कि दलित

लौण्डे की दुकान में चाय कौन पियेगा। लौण्डे पर सवारी तो की जा सकती है, लेकिन उसके हाथ का खाना-पीना सभ्य लोगों के लिए हराम था। कभी बाबू साहब की सरपरस्ती के कारण सड़क पर उसकी ओर कोई नजर नहीं उठाता था। अब समय बदल गया था उसके लिए। जब ज्योति सड़क पर चलता तो लोग उसे छेड़ते। फब्तियाँ कसते। एक दिन तो रघुवीर राय के बेटे ने उसे खुलेआम सड़क पर पकड़कर उसके गाल पर दस-बीस चुम्बन जड़ दिये थे। इसके बाद वह उससे बोला था, "जा, अपने बाबू साहब से शिकायत कर आ।"

रघुवीर राय के बेटे को ज्योति से भाँड़-डांस वाले दिन से ही खुन्दक थी। उसके कारण ही उसके बाप को श्यामसुन्दर सिंह के सामने जलील होना पड़ा था।

चुनाव खत्म हो चुके थे। रघुवीर राय की जमानत जब्त हो चुकी थी। वह खुन्दक में थे। भूमिहार जमींदारों को एकजुट करके वह बाबू श्यामसुन्दर सिंह की कोठी पर धावा भी बोल आये थे। ठाकुरों और भूमिहारों के बीच इलाके में अच्छी-खासी जंग शुरू हो चुकी थी। दोनों तरफ से लोग मारे जा रहे थे। यह जंग रुकने का नाम नहीं ले रही थी।

ज्योति को इस जंग से कोई लेना-देना नहीं था। गरीबी सिर पर सवार होकर नंगा नाच कर रही थी। भूख से जूझते हुए अब वह गाहे-बगाहे शौकीन लोगों के साथ आने-जाने लगा। इसके एवज में उसे मेहनताना मिल जाता। उसका काम धीरे-धीरे चल निकला। लेकिन वह इस काम से खुश नहीं था। अन्दर-अन्दर वह खीजता। अपने को गरियाता। शरीर बेचने का धन्धा छोड़ने की सोचता। लेकिन बूढ़े माँ-बाप की शक्ल देखकर वह फिर खामोश हो जाता।

ज्योति के अन्दर कई तरह के अन्तर्द्वन्द्व चल रहे थे। एक दिन उसकी मुलाकात बलिया के हिजड़ों की गद्दी के गुरु सोनम से हो गई। ज्योति का किस्सा बलिया के बच्चे-बच्चे की जुबान पर था, इसीलिए सोनम को भी उसकी जानकारी थी। ज्योति ने सोनम के सामने उसे अपनी मण्डली में शामिल करने का प्रस्ताव रखा। सोनम ने प्रस्ताव को गम्भीरता से सुना और बोली, "देख ज्योति, तुझे हम अपनी

मण्डली में नहीं रख सकते। जिले का हर आदमी तेरे बारे में जानता है। हमारा तो धन्धा ही चौपट हो जाएगा।"

यह सुनने के बाद भी ज्योति डटा रहा कि मैं अच्छा डांस कर लेता हूँ, कोई नुकसान नहीं होगा। लेकिन सोनम नहीं मानी और यह उपदेश देकर चलती बनी कि "लौण्डेबाजी का धन्धा बन्द कर दे, वरना एक दिन पछताएगा। उम्र बढ़ जाएगी तो मक्खी भी तेरे ऊपर नहीं बैठेगी। भीख के लिए भी तरस जाएगा। बड़ी जालिम दुनिया है यह।"

ज्योति को सोनम की बात समझ तो आयी, पर वह क्या करे? यह सवाल उसे कई दिनों तक परेशान करता रहा। उसने एक दिन फिर हिम्मत करके सोनम से मुलाकात की। अपने बूढ़े माँ-बाप की कहानी सुनाई। सोनम कहानी सुनकर थोड़ी पसीजी, "तू हिजड़ा तो है नहीं। इसलिए मैं तुझे अपनी मण्डली में शामिल नहीं कर सकती। मण्डली के दूसरे शिष्य उखड़ जाएँगे।"

"तो हिजड़ा बना दो।" ज्योति ने बिना सोचे-समझे जवाब दिया, "बिना हिजड़े के भी तो हिजड़ा बना हुआ हूँ। जो अपने को मर्द कहते हैं, वे कौन से हिजड़ों से कम हैं! गरीब का बेटा हूँ, तो पूरे गाँव की भौजाई बन गया हूँ।"

ज्योति आवेग में बोले जा रहा था। उसने सोनम के जवाब की भी प्रतीक्षा नहीं की, "हिजड़े और आम आदमी में क्या अन्तर है! दोनों को ही तो भगवान ने बनाया है। मैं तो उसे हिजड़ा मानता हूँ, जो सच्चा फैसला नहीं कर पाते हैं और मौके पर पाछा दिखाकर भाग जाते हैं।'

"मैं तुम्हें हिजड़ा नहीं बना सकती। भगवान ने तुम्हें पूरा आदमी बनाया है। वैसे भी हम भगवान से डरते हैं। किसी सही आदमी को हिजड़ा बनाना हमारे समाज में कुफ्र है।" सोनम ने ज्योति को समझाया।

"तो मैं क्या करूँ! अपने बूढ़े माँ-बाप के साथ गंगा मइया की गोद में सो जाऊँ! सीता मइया की तरह धरती भी हमारे जैसे गरीबों

के लिए नहीं फटती, वरना उसी में समा जाते।" कहते-कहते ज्योति की आँखें भर आयीं।

सोनम और ज्योति के बीच सवाल-जवाब का दौर लम्बा खिंचता जा रहा था। ज्योति हिजड़ा बनने पर आमादा था... उसे अपना भविष्य हिजड़ा समाज में ही दिख रहा था। उसके तर्कों का तरकश भरा हुआ था। एक-के-बाद-एक तर्क देकर वह सोनम को समझाने की कोशिश कर रहा था, "माना मैं मर्द हूँ, लेकिन ये समाज मुझसे मर्द का काम लेने के लिए राजी नहीं है। मुझे इस समाज ने मादा की तरह भोग की चीज में तब्दील कर दिया है। मैं मर्द रहूँ, औरत रहूँ या फिर हिजड़ा बन जाऊँ, इससे किसी को कोई फर्क नहीं पड़ेगा, पेट की आग तो बड़े-बड़ों को न जाने क्या-क्या बना देती है।"

ज्योति के तर्कों पर निरुत्तर हो चुकी सोनम ने थोड़ी देर सोचने के बाद उसकी मदद करने का फैसला कर लिया। वह कोई तरकीब खोजने लगी। अचानक उसके दिमाग में नीलम का नाम कौंधा। दिल्लीवाली नीलम। नीलम दिल्ली के हिजड़ों की बड़ी गद्दी की मालकिन थी। गद्दी में काफी धन था। उसके शिष्यों की नजर उसकी गद्दी पर रहती। उसके मरने के बाद कौन गद्दी का वारिस बनेगा? नीलम अपनी सल्तनत किसे सौंपेगी? या फिर प्रथा के अनुसार सबसे उम्रदराज शिष्य को यह गद्दी मिल जाएगी।

सोनम ने कुछ सोचकर ज्योति से कहा, "तुम दिल्ली चले जाओ। वहाँ तुम्हें कोई नहीं पहचानेगा और कमाई भी अच्छी हो जाएगी। वहाँ से पैसे अपने माँ-बाप को भेजते रहना। बीच-बीच में दिल उनसे मिलने के लिए हुड़के तो देख जाना। मैं तुम्हें नीलम के नाम एक चिट्ठी दे दूँगी। वह भली है। हमारी बात नहीं काटेगी।"

दिल्ली जाने की बात सुन कर ज्योति को कुछ अटपटा लगा। बलिया के बाहर कभी वह गया नहीं था। बलिया क्या, बाबू साहब की कोठी के अलावा उसकी कोई दूसरी दुनिया नहीं थी। वह बाबू साहब के लिए जीता था, उन्हीं के लिए वह मरता था। अब बाबू साहब ने उसे सचमुच मरने के लिए छोड़ दिया था। वह कोई फैसला नहीं कर पा रहा था। उसके दिमाग में सवालों के कुकरमुत्ते उग आये—"कैसे

दिल्ली जाएँगे? काम बनेगा कि नहीं? माँ-बाप का क्या होगा? हिजड़ों के बीच वह क्या करेगा?"

तमाम सोच-विचार के बाद ज्योति ने दिल्ली जाने का फैसला कर लिया। उसने सोचा, "मरना तो यहाँ भी है और दिल्ली में बहुत बुरा हुआ तो मरना वहाँ भी होगा।"

ज्योति के लिए जीवन का दूसरा नाम मौत था। मौत से जब कोई बेखबर हो जाए तो जीना उसके लिए आसान हो जाता है। मौत का डर इनसान के लिए सबसे बड़ा डर होता है। ज्योति ने मौत पर विजय हासिल कर ली थी। जिन्दगी को उसने मार दिया था। मौत उसके लिए सबसे बड़ी सच्चाई थी और इसी सच्चाई के चलते वह बेखौफ होकर मौत से रूबरू होने के लिए दिल्ली रवाना हो गया। बलिया से दिल्ली के लिए सीधी कोई ट्रेन नहीं थी। बलिया के लोग देवरिया या फिर बनारस आकर दिल्ली की ट्रेन पकड़ते हैं। ज्योति ने बनारस से ट्रेन पकड़ने की सोची। वह बस में सवार होकर बनारस के लिए रवाना हो गया। देवरिया की जगह बनारस जाने की बात उसने इसलिए सोची कि मरने तो जा रहे हैं, इससे पहले मणिकर्णिका घाट पर क्यों न मौत के दर्शन किए जाएँ। उसने सुन रखा था कि लोग मरने के लिए बनारस आते हैं। जब तक मौत नहीं होती, वे वहीं डेरा डाले मौत का इन्तजार करते रहते हैं। बनारस में मरने से स्वर्ग में डायरेक्ट इण्ट्री मिलती है। बड़ी संख्या में ऐसे लोग मरने की इच्छा लिए मणिकर्णिका घाट के आसपास के इलाकों में बनी छोटी-बड़ी कोठरियों में रहते हैं। इन गलियों में रात-दिन एक ही स्वर गूँजता है—'राम नाम सत्य है।' यहाँ चौबीस घण्टे शवों का आना जारी रहता है। असमय मौत पर विलाप, तो पूरा जीवन भोग चुकी मौत पर खुशी का माहौल होता है। मणिकर्णिका घाट पर स्थित शिव के मन्दिर के सामने मौत का ताण्डव होता है। सुख-दुख से परे है मणिकर्णिका घाट की दुनिया।

मणिकर्णिका घाट के आसपास की गलियों में बंगाली विधवाओं की संख्या काफी है। बंगाल में विधवाओं की स्थिति अच्छी नहीं है। पति के मरने के बाद आज भी उनके साथ परिवार के लोग अच्छा

सलूक नहीं करते। उनके बाल मुड़वा दिए जाते हैं। खान-पान में मांस-मछली और मसाले प्रतिबन्धित हो जाते हैं। उनसे पिण्ड छुड़ाने के लिए उनके घरवाले उन्हें स्वर्ग की आड़ में बनारस छोड़ जाते हैं। हालचाल लेते रहने के वादे के साथ। लेकिन समय बीतने के साथ वे इन विधवाओं को भूल जाते हैं। उन्हें मौत के इन्तजार में बनारस के घाटों में पेट भरने के लिए भीख माँगनी पड़ती है। मरने से पहले भी भूख एक बड़ी सच्चाई है। शायद मौत से भी बड़ी।

ज्योति ने बनारस पहुँचकर मणिकर्णिका घाट में गंगा-स्नान किया। गंगा-स्नान से वह अपने अब तक के पापों से मुक्त होकर एक शुद्ध इनसान की तरह दिल्ली जाना चाहता था। घाट के आसपास उसे मौत का इन्तजार करते ढेरों लोग मिले—औरतें भी और मर्द भी। उनके चेहरों पर माया-मोह के कोई लक्षण नहीं थे। उन्हें न अपने रिश्तेदारों की चिन्ता थी और न ही किसी और चीज की। सबके सब बेखौफ। हरि-कीर्तन में लीन...हरि बोल। यमलोक के रिसेप्शन पर अपनी बारी का इन्तजार... सिर्फ इन्तजार। सबके अन्दर मौत से मिलने की लगन और ललक थी। ज्योति ने ऐसे कई लोगों की आँखों में झाँका। उसके अन्दर मौत को लेकर बचा-खुचा डर भी खत्म हो गया।

ट्रेन का समय हो गया था। दूसरे दर्जे का सामान्य टिकट लेकर वह दिल्ली जाने वाली काशी विश्वनाथ एक्सप्रेस पर चढ़ गया। सामान्य डिब्बा होने के चलते उसमें काफी भीड़ थी। कुली पैसे लेकर सीट बेच रहे थे। डिब्बे में घुसने में भी दिक्कत हो रही थी। छोड़ने आये लोग अपने रिश्तेदारों को उठाकर डिब्बे में घुसेड़ रहे थे। ज्योति भी किसी तरह भीड़ को चीरता हुआ डिब्बे में घुसा था, पर बैठने के लिए उसे कोई जगह नहीं मिली।

इंजन ने सीटी दी। ट्रेन रेंगने लगी। फिर भी लोग डिब्बे में घुसने के लिए जद्दोजहद कर रहे थे। ट्रेन धीरे-धीरे रफ्तार पकड़ रही थी। डिब्बे में घुसने में कामयाब हुए लोग अपनी-अपनी जगह

बनाने में लगे थे। ज्योति ने अपने गले में पड़े लाल अंगौछे को टॉयलेट के बाहर लगी बेसिन के नीचे बिछा दिया था। वह उसी पर बैठ गया।

एक-के-बाद एक स्टेशन छोड़ती ट्रेन आगे बढ़ रही थी। इलाहाबाद, कानपुर, अलीगढ़ पार हो चुके थे। घर से लायी रोटी खाकर ज्योति भी उकड़ूँ बना सो रहा था। दिल्ली आनेवाली थी कि उससे पहले डिब्बे में चहल-पहल शुरू हो गई। ज्योति को बेसिन वाली जगह खाली करनी पड़ी। लोग निपटकर हाथ धोने के लिए वहाँ जमा हो गये थे।

दिल्ली आ चुकी थी। ज्योति की आँखें स्टेशन देखकर फटी-की-फटी रह गयीं। उसने ऐसा लकदक स्टेशन पहले कभी नहीं देखा था। नीलम का पता थामे वह स्टेशन से बाहर आया। तभी स्टेशन पर यात्रियों से माँगकर कमाने-खानेवाले हिजड़ों की एक मण्डली उसे दिखी। उसने सोचा कि इनसे नीलम के बारे में पूछना ठीक रहेगा। उसकी सोच सही थी। उसने एक हिजड़े से पता दिखाते हुए पूछा, "इस पते पर जाना है।"

पता देखकर हिजड़े की आँखें चमक उठीं। उसने ज्योति को ऊपर से नीचे तक देखा। उसमें उसे हिजड़ों वाला कोई तत्त्व नहीं दिखा। उसने सोचा कि ढोलकिया-हरमोनिया होगा। काम की तलाश में दिल्ली आया होगा। उसने ज्योति को इशारे से बसस्टैण्ड दिखाया, फिर बोला, "555 नम्बर पकड़ लो। सीधे वहाँ पहुँच जाओगे।"

ज्योति नीलम के डेरे के बाहर खड़ा था। उसने दरवाजे पर दस्तक दी। सामने नीलम का गिरिया प्रकट हुआ। उसने ज्योति से पूछा, "किससे मिलना है।"

"नीलम से।" उसने सोनम की चिट्ठी आगे बढ़ाते हुए कहा।

गिरिया ज्योति को अन्दर ले गया। आँगन में पड़ी कुर्सी पर बैठने का इशारा करते हुए वह नीलम के कमरे में चला गया।

"मुर्गा आया है। बलिया वाली सोनम ने भेजा है।" गिरिया ने नीलम से कहा।

दिल्ली में इन दिनों नाचने-गानेवाले हिजड़ों का अकाल था। अधिकतर हिजड़े सेक्स बिजनेस में लगे थे। कमाई भी मोटी हो जाती है सेक्स के धन्धे में। फिर किसी गुरु की धौंसपट्टी और समाज से निकाले जाने का डर भी नहीं होता। बिना किसी परवाह के, अपने मन के मालिक। सेक्स के धन्धे में लगे हिजड़े नाचने-गाने को घटिया काम समझते थे।

मण्डली में नया सदस्य जुड़ने की खबर से उत्साहित नीलम फटाफट कमरे से बाहर आयी। उसने उससे सोनम का हालचाल पूछा। फिर उसे दिलासा देते हुए बोली, "तू अब घबरा मत। अब तू नीलम की शरण में है। अच्छे पैसे कमा लेगा दिल्ली में। माँ-बाप को भी भेज सकेगा।"

दो-चार हफ्ते बीते। ज्योति डेरे के माहौल में रमने लगा था। उसे रोज दूध और अफीम की डोज दी जा रही थी। वह एक खास तरह की खुमारी में रहता।

मुहूर्त नजदीक आ रहा था। एक दिन नीलम का फरमान आया कि ज्योति को हिजड़ा बनाने की रस्म की पहली कड़ी पूरी करनी है। ज्योति तो उसके लिए राजी था ही। उसने पहले ही सोच रखा था कि जिस अंग का उसने जीवन-भर पेशाब करने जैसे निरर्थक काम के लिए इस्तेमाल किया, अब उसके लिए उसका होना न होना बेमानी है। बावजूद इसके उसे नहीं पता था कि मर्द के नाते वह उसका आखिरी दिन होगा। डेरे में बुजुर्ग हिजड़े और गुरु एकत्र हो चुके थे। गाना-बजाना हो रहा था। मुर्गदिवी की पूजा हुई। एक मुर्गे की बलि दी गई।

ज्योति को एक तख्त पर लिटा दिया गया। कुछ हिजड़ों ने उसे कसकर पकड़ लिया। उसके अण्डकोष को तार से कसकर बाँध दिया गया, ताकि इनमें रक्त प्रवाह रुक जाये। खतना करने वाला एक्सपर्ट पहले से मौजूद था। उसने ज्योति की पैण्ट खिसकाई और उसके पुरुषांग को एक ही झटके में हलाल कर दिया। रक्त का सोता बहने लगा। घण्टों खून बहता रहा। हिजड़ों में यह मान्यता है कि इस रक्त के बहने के साथ ही पुरुष का पुरुषत्व बह जाता है और उसमें नारीत्व

के गुण प्रवेश कर जाते हैं। इसके बाद लकड़ी के एक गुटके के जरिये घाव को बन्द कर दिया जाता है, ताकि पेशाब का रास्ता खुला रहे। खतना एक्सपर्ट गुटके के आसपास टाँकों के जरिये उस छेद को योनि का आकार दे देता है। इसके बाद जख्म पर गरम तेल डाला जाता है और जड़ी-बूटियों का लेप लगाया जाता है, ताकि जख्म जल्दी भर जाए। हिजड़ा बनाने की यह प्रक्रिया तब तक पूरी नहीं होती, जब तक हिजड़ा बननेवाला पुरुष एक सिल पर बैठकर जोर नहीं लगाता है। वह तब तक सिल पर जोर लगाता है, जब तक उसके गुदा भाग से रक्त नहीं बहता। जब यह रस्म पूरी हो जाती है तो इसे नये बने हिजड़े का पहला रजोधर्म (मेन्सेज) माना जाता है।

ज्योति का संस्कार पूरा हो चुका था। नये मेहमान के डेरे में शामिल होने पर भोज जारी था। उसी वक्त ज्योति को होश आया। उसका हाथ जब नीचे की तरफ गया तो वह पहले तो घबराया, लेकिन फिर सोचा कि उसने ही तो हिजड़ा बनने की ख्वाहिश जाहिर की थी। उसे अपने साथ कुछ गलत हुआ नहीं महसूस हुआ। धीरे-धीरे उसके घाव भर गये। इसके बाद उसे मटककर चलने की ट्रेनिंग दी गई। नाच-गाना तो वह पहले से जानता ही था। धन्धे में निकलने से पहले एक दिन उसकी चुनरी रस्म हुई। नीलम उसकी गण्डाबन्द गुरु हो चुकी थी। लेकिन निकिता की मौत ने ज्योति की चुनरी रस्म में रंग में भंग डाल दिया था। निकिता की मौत से नीलम को उबरने में कुछ समय जरूर लगा, पर वक्त ने उसके इस घाव को भर दिया।

चार

सुविमल भाई को औरतों की गन्ध से भी नफरत थी। गाँधीवादी थे। या यूँ कहें कि वे गाँधीवादी बन गये थे। गाँधी को लेकर वे ज्यादा उत्साहित नहीं थे। उनकी वेशभूषा ने उन्हें गाँधीवादी बना दिया था। दक्षिण भारतीयों की तरह वे खादी की धोती पहनते और कोढ़ियों के साथ काम कर रहे बाबा आम्टे स्टाइल का खादी का कुर्ता। वे यह भी कहते कि कुर्ते और धोती को गाँधी की तरह वे भी स्वयं बुनते हैं। असल में ऐसा था नहीं। वे कभी-कभार दिखावे के लिए चरखे पर जरूर बैठते थे, लेकिन धागा आधा मीटर दूर जाने से पहले ही टूट जाता था। इसलिए कभी भी वह इतना सूत नहीं कात पाते थे कि उससे कुर्ता या धोती बन सके।

दिल्ली में आने से पहले वे टिहरी बाँध के विरोध में आन्दोलन चला रहे मोहनलाल गोयल के सहयोगी थे। आन्दोलन जब अपनी ऊँचाइयों पर था तो देश के तमाम युवा इस आन्दोलन से जुड़े थे। उनमें से एक सुविमल भाई भी थे। अपना घर-बार छोड़कर टिहरी में ही आ बसे थे। फुल टाइमर थे आन्दोलन के।

तमाम विरोधों के बावजूद बाँध अपनी गति से बन रहा था और आन्दोलन भी अपनी गति से चल रहा था। गोयल का आन्दोलन बाँध को नहीं रोक पाया। उसकी ऊँचाई दिन-प्रतिदिन बढ़ती जा रही थी और एक समय वह भी आ गया, जब बाँध में पानी छोड़ा जाने लगा। पुराना टिहरी शहर डूबने लगा। टिहरी का महल पूरा डूब चुका था। डूबते हुए पुराने शहर में सिर्फ घण्टाघर का ऊपरी हिस्सा ही दिख रहा

था। गोयल नदी किनारे एक कोने में अपना आसन जमाये हुए थे। उनका विरोध जारी था। धरने की जगह भी डूबने के कगार पर आ गई थी। वहाँ कभी भी पानी पहुँच सकता था।

एक दिन घण्टाघर की ऊपरी मीनार भी डूब गई। पुराने टिहरी शहर को गंगा ने अपने आगोश में ले लिया था। शहर डूबने के साथ-साथ गोयल के धरने की जगह भी डूब गई और आन्दोलन भी डूब गया।

बाँध की टरबाइनें एक-एक कर चालू होने लगीं। वहाँ बिजली का उत्पादन शुरू हो चुका था। पुरानी टिहरी डूबने के साथ एक नई टिहरी ने जन्म ले लिया था। चमकता हुआ शहर।

इस शहर में सब कुछ नया था। अगर कुछ पुराना था तो उसमें रहनेवाले लोग। पुराने शहर के अधिकांश विस्थापित लोग ही यहाँ बसे थे। जिन्दगी फिर से अपने ढर्रे पर चल निकली थी।

आन्दोलन के बिखरने के साथ ही युवाओं में निराशा छा गई थी। आन्दोलन से जुड़े लोग धीरे-धीरे अपने घरों की ओर प्रस्थान करने लगे थे। कुछ मुट्ठी-भर लोग ही आन्दोलन का झण्डा-डण्डा थामे हवा में मुट्ठियाँ भाँज रहे थे। इसी निराशा के दौर में सुविमल भाई दिल्ली आकर गाँधीवादियों के बीच सक्रिय हो गये थे। लम्बे समय से आन्दोलनों से जुड़े होने के कारण उन्हें आन्दोलन के अलावा और कुछ आता भी नहीं था।

दिल्ली में उन्हीं दिनों नर्मदा बचाओ आन्दोलन की गतिविधियाँ काफी तेज थीं। सरदार सरोवर बाँध के विस्थापितों के पुनर्वास के लिए बीना बेन आन्दोलन चला रही थीं। आन्दोलन में बड़ी-बड़ी हस्तियाँ शामिल थीं। दिल्ली में होने वाली आन्दोलन से जुड़ी गतिविधियों में सुविमल भाई भी शरीक होने लगे। उन्हें आन्दोलन का पुराना अनुभव था। वह भी बाँध-विरोधी आन्दोलन का। अपने कठिन परिश्रम के कारण जल्द ही वे आन्दोलन की नेत्री बीना बेन के नजदीक आ गये। गुजरात, मध्यप्रदेश और महाराष्ट्र की सरकारें आन्दोलन के विरोध में थीं। मीडिया और बड़ी हस्तियों के आन्दोलन से जुड़े होने के कारण आन्दोलन की गूँज देशभर में हो रही थी।

इसी बीच सुप्रीम कोर्ट के फैसले से आन्दोलन को धक्का पहुँचा। फैसले में 'नर्मदा बचाओ आन्दोलन' की बाँध की ऊँचाई बढ़ाने से रोकने की अपील खारिज कर दी गई थी। फैसले में कहा गया था कि बाँध की ऊँचाई के साथ पुनर्वास कार्यक्रम को भी गति दी जाए। इस फैसले ने बीना बेन को तोड़कर रख दिया था। टिहरी बाँध के बाद अब इस आन्दोलन पर गाज गिर चुकी थी। आन्दोलन से जुड़े आदिवासी बीना बेन का साथ छोड़कर मुआवजा देनेवाले कैम्पों में कतारबद्ध होने लगे थे। बहुत सारे आदिवासियों ने गुजरात में जमीन के बदले मिलनेवाली जमीन पर खेती भी शुरू कर दी थी। इस सच से बीना बेन जूझती रहीं।

हताशा के दौर में बीना बेन की पहल पर देशभर के जनान्दोलनों को एक छतरी के नीचे लाने का काम शुरू हुआ। 'जनान्दोलनों का राष्ट्रीय समन्वय' नाम से एक संगठन खड़ा किया गया। इसमें अपना उल्लू सीधा करनेवाले गैरसरकारी संगठन भी घुस गये। सुविमल भाई को इस संगठन का दिल्ली का समन्वयक बनाया गया। सुविमल भाई एक बार फिर बेरोजगारी से बच गये।

दिल्ली के मयूर विहार स्थित ग्रीन एनक्लेव में चार कमरे के एक फ्लैट में इसका दफ्तर बनाया गया। कई हताश-निराश कार्यकर्ता यहाँ एक साथ रहने लगे। सुविमल भाई इस फ्लैट के मुखिया थे। एक दिन वे बीमार पड़े। उनकी दवा-दारू करनेवाला वहाँ कोई नहीं था। फ्लैट में रहनेवाले कार्यकर्ता फील्ड में दिल्ली से बाहर निकले हुए थे। सुविमल भाई अपने अकेलेपन से जूझ नहीं पाये। बीमारी के दौरान ही उन्हें लगा कि शादी कर ली जाए, तो सेवा-शुश्रूषा करनेवाला कोई तो उनके पास हमेशा रहेगा। बीमारी के दौरान उन्होंने शादी करने का मन बना लिया। इस सच्चाई के बाद भी कि उन्हें औरतों की गन्ध से नफरत थी।

लड़की की तलाश में उन्हें ज्यादा दूर नहीं जाना पड़ा। संगठन में ही सक्रिय रति पर उनकी नजर गई। रति दिल्ली के महरौली गाँव में रहती थी। साधारण-सी लड़की थी वह। समाजसेवा की भावना ने उसे संगठन से जोड़ा था। ज्यादा लन्दफन्दवाली नहीं थी। काम से

काम रखनेवाली। वह सुविमल भाई की सादगी से प्रभावित थी। प्रेम-व्रेम जैसी कोई बात नहीं थी उसके मन में। लेकिन सुविमल भाई के मन में रति को लेकर लड्डू फूटने लगे थे। वे उसे संगठन का महत्त्वपूर्ण काम देते। कार्यक्रमों में उसे बाहर अपने साथ ले जाते। इस तरह दोनों के बीच नजदीकियाँ बढ़ने लगीं। लेकिन रति सुविमल भाई के प्रेम से बेखबर थी। उसे अपने काम के अलावा कुछ नहीं सूझता था। सुविमल भाई कभी इधर-उधर की छोड़ते तो भी वह उन्हें काम पर वापस ले आती। उसे समाजसेवा का जुनून था। अपने घर से विद्रोह करके वह समाजसेवा के लिए निकली थी।

सुविमल भाई सोच नहीं पा रहे थे कि रति के सामने किस तरह से विवाह का प्रस्ताव रखें। रति उन्हें एक मेण्टर की तरह मानती थी। वे रति को बिना काम के इधर-उधर घुमाने लगे। समाज को बदलने के अलावा उसे अपने अन्दर छिपी औरत की अभिलाषाओं का पाठ पढ़ाने लगे। उसकी स्त्री की कोमल भावनाओं को कुरेदने लगे। इस तरह कुतुबमीनार के आसपास की पहाड़ियों और रिज के घने पेड़ों के बीच दोनों का प्रेम परवान चढ़ने लगा। दोनों घण्टों बैठकर बतियाते। अब बातचीत में घर, बच्चों और सांसारिकता की बातें भी होने लगीं।

यह सिलसिला लम्बा चला। सुविमल भाई रति के सामने शादी का प्रस्ताव रखने के लिए बेचैन थे। वे डरते भी थे कि कहीं वह मना न कर दे। लेकिन एक दिन उन्होंने हिम्मत करके उसके सामने प्रस्ताव रख ही दिया। रति को थोड़ा अटपटा लगा। इस बारे में और वह भी सुविमल भाई के साथ... उसने कभी सोचा ही नहीं था। उसने विचार करने के लिए सुविमल भाई से थोड़ी मोहलत माँगी।

कुछ दिनों बाद आखिर वह दिन आ ही गया, जब सुविमल भाई और रति ने कोर्ट मैरिज कर ली। रति अपने माँ-बाप का महरौलीवाला घर छोड़कर ग्रीन एनक्लेव में आ गई। सुविमल भाई को हमसाथी मिल गया था। उनका सब कुछ व्यवस्थित हो चला था। समय पर खाना। माड़ी चढ़ी धोती और कुर्ता उनकी एक आवाज पर उनके सामने होता। उनके मन की मुराद पूरी हो गई थी। विवाह तो सुविमल भाई

ने कर लिया था, लेकिन वे औरत की गन्ध को स्वीकार नहीं कर पाये थे।

विवाह के बाद भी वे रति से दूर रहते। दिखाने के लिए एक कमरे में रहते, पर रति की सुहागरात तक नहीं हो पायी। सुविमल भाई के मन की मुराद जरूर पूरी हो गई थी, लेकिन रति विवाह के बाद भी कुँवारी की कुँवारी बनी हुई थी। सुविमल भाई को औरतों की गन्ध से नफरत थी। दोनों ने कभी एक बिस्तर साझा नहीं किया। रति के अन्दर की औरत कई बार हूक भरती। फिर उसे वह यह सोचकर दबा लेती कि मेरे पति को समाजसेवा के आगे शारीरिक सम्बन्ध बनाने के लिए फुर्सत नहीं है। वे हमेशा देश के गरीब-गुरबों के दुख-दर्द के बारे में सोचते रहते हैं। इसीलिए सेक्स के बारे में सोचने का समय उन्हें नहीं मिलता। वैसे रति कई बार सुविमल भाई को आकर्षित करने के लिए सजती-धजती। बातों-बातों में वह उनसे लिपटने-झपटने की कोशिश भी करती, पर सुविमल भाई उसे झटक देते। वे लाख कोशिशों के बावजूद औरत की गन्ध को स्वीकार नहीं कर पा रहे थे।

रति आहत होती। फिर भी वह सब कुछ सह जाती। कभी वह सम्पूर्ण होगी, यह उम्मीद उसे बनी रहती।

रति उन दिनों अपनी माँ के घर गई हुई थी। सुविमल भाई के नथुने मानुष गन्ध से फड़क रहे थे। मुरादाबाद से आये अनिल भी फ्लैट में रहते थे। उसके अलावा और भी कार्यकर्ता वहाँ रहते थे। सुविमल भाई की अनिल से कुछ ज्यादा ही नजदीकी थी। रति जिस तरह उनका ध्यान रखती थी, सुविमल भाई उसी भाव से अनिल का ध्यान रखते थे। अब रति की जगह वे कार्यक्रमों में अनिल को ले जाते। रति का सारा काम उन्होंने अनिल को सौंप दिया था। रति की भूमिका सीमित हो गई थी। वह चौके-चूल्हे तक सिमट गई थी। सुविमल भाई के अन्दर आ रहे इस बदलाव को वह समझ नहीं पा रही थी। इस सबके बाद भी वह अपनी भूमिका से खुश थी।

उस रात तेज सूखी आँधी चल रही थी। पेड़ों के पत्ते फड़फड़ा रहे थे। फ्लैटों की खुली खिड़कियाँ और दरवाजे रह-रहकर भड़भड़ाते। बीच-बीच में आसमान में बिजली चमकती और धरती तक आते-आते कहीं दफन हो जाती। बिजली गुल हो गई थी या फिर बिजलीघरवालों ने किसी दुर्घटना की आशंका में बन्द कर दी थी। आँधी, तूफान का रूप लिए हुए थी। शायद यह आँधी देश के पश्चिमी और दक्षिणी राज्यों के समुद्री इलाकों में आये आइला तूफान का परिणाम थी। आइला बंगाल और केरल में तबाही मचा चुका था। ठण्ड की उस रात में किसी को इस तरह की आँधी आने का अहसास नहीं था। हवा रात के सन्नाटे को तोड़ती और एक डरा देनेवाली चीख पैदा कर रही थी।

सुविमल भाई के अन्दर भी आइला आया हुआ था। खाना-पीना करने के बाद उन्होंने अनिल को भरपूर नजरों से देखा। अनिल अदा के साथ शरमाया और अतीत में चला गया। सुविमल भाई ने उसे अपनी बाँहों में भर लिया। अनिल की बाँहें भी हरकत में आ गई थीं। आग दोनों तरफ से लगी थी। दोनों एक-दूसरे को चूमने लगे। सुविमल भाई की धोती कब उनसे दूर हो गई, यह तो अनिल को भी पता नहीं चला। दोनों आलिंगनबद्ध थे। कभी सुविमल भाई ऊपर होते तो कभी अनिल। हवा के झोंकों से फड़फड़ा रही खिड़की थम गई थी। शायद तूफान निकल चुका था।

अनिल बचपन से ही पुरुष के संसर्ग का आदी हो चुका था। उसे भी औरत की गन्ध गुदगुदाती नहीं थी। शुरुआत में उसे कुछ पता नहीं था। बचपन में वह लड़कों के साथ मम्मी-पापा का खेल खेलता था। इस खेल में वह मम्मी ही बनता था। बाद में जब वह छठी में पढ़ने गाँव से दो किलोमीटर दूर स्कूल में गया तो गुरुजी अक्सर उसकी एक्सट्रा क्लास लगाते। सारे बच्चे चले जाते तो गुरुजी अनिल के साथ घण्टों खेलते। एक्सट्रा क्लास के बावजूद जब वह छठी में फेल हो गया, तो उसके घरवालों का माथा ठनका। एक दिन उसका बड़ा भाई और उसके कुछ दोस्त देर शाम स्कूल पहुँच गये। गुरुजी और अनिल आलिंगनबद्ध थे। गुरुजी अनिल का चुम्बन लिये जा रहे थे। यह दृश्य देखकर अनिल के बड़े भाई को ताव आ गया। इस लड़के

ने तो खानदान की नाक ही कटा दी। गाँव के लोग सुनेंगे, तो हम पर थूकेंगे। आखिर भाई से रहा नहीं गया, उसने वहीं पड़ा फावड़ा उठाकर गुरुजी की गर्दन पर जोर से मार दिया। गुरुजी थोड़ी देर लहूलुहान होकर छटपटाते रहे और उसके बाद परलोक सिधार गये। फलतः भाई को जेल हो गई और अनिल वहाँ से भाग निकला। भागते-भागते वह दिल्ली पहुँच गया। मुरादाबाद से दिल्ली ज्यादा दूर तो थी नहीं। पेट भरने के लिए वह स्टेशन पर भीख माँगने लगा।

अनिल को ग्रीन एनक्लेव पहुँचने की दास्तान भी कम रोमांचक नहीं रही। एक दिन दिल्ली नगर निगम के 'भिखारी पकड़ो' अभियान के दौरान उसे भी पकड़ लिया गया। गिरफ्तारी के बाद उसे नाबालिगों के लिए बनी आदर्श जेल में रखा गया। बेसहारा बच्चों के बीच काम करने वाले एक एनजीओ ने उसकी जमानत कराकर उसकी जिन्दगी सुधारने का बीड़ा उठाया। एनजीओ में काम करते-करते ही वह ग्रीन एनक्लेव पहुँचा था। जब से वह फ्लैट में आया था, तभी से सुविमल भाई की नजरें उस पर थीं।

सुविमल भाई और अनिल का वह तूफानी मिलन पहला नहीं था। रति की आँखों में धूल झोंकते हुए दोनों के बीच यह सिलसिला एक साल से चल रहा था। एक-दो बार तो रति ने दोनों को आलिंगनबद्ध अवस्था में देखा भी था। रति को देख कर तब दोनों सँभल गये थे। पूरे दृश्य को रति देख नहीं पाई थी। इसीलिए उसकी समझ में कोई बात नहीं आयी थी। रति सेक्स की इस विधा से परिचित भी नहीं थी।

ऐसी ही एक रात! रति अपने कमरे से टॉयलेट के लिए निकली थी। सुविमल भाई और अनिल रतिक्रिया करने में व्यस्त थे। दोनों की साँसें फूल रहीं थीं। वे दोनों एक-दूसरे के पुरुषांग को मुँह में डालकर चूस रहे थे। दोनों मदहोश थे। उन्हें रति के पास होने का अहसास ही नहीं हुआ। उसी रात पहली बार रति का माथा ठनका था। उसके लिए आदमी का आदमी के साथ इस तरह का व्यवहार एकदम नया था। उसे समझने में देर न लगी। फिर भी वह लम्बे समय तक अपनी आग दबाये हुए चुपचाप यह सब देखती और सहती रही।

साल-डेढ़ साल इसी तरह गुजर गये। माँ के घर जाने पर जब उसकी भाभियाँ उससे बच्चा पैदा करने की बात पूछतीं, तो उसे कोई जवाब न सूझता। रति को उसके पास रहनेवाले जब बाँझ कहकर पुकारने लगे तो वह मन-ही-मन बहुत दुखी रहने लगी। उसके साथ सुविमल भाई ने कभी सम्बन्ध नहीं बनाये थे। वे उसके लिए अपने नाम की तरह अभी तक भाई ही बने हुए थे। लेकिन एक दिन उसका निर्मल मन विद्रोह कर उठा, "तुम हमसे बात क्यों नहीं करते?"

सुविमल भाई रति के सवाल को टालना चाहते थे, इसलिए वे कागजों के बीच व्यस्त रहे।

सुविमल भाई से जवाब न पाकर रति ने फिर अपना सवाल दोहराया, "तुम मुझसे नफरत क्यों करते हो?"

इस बार सुविमल भाई की जुबान से बोल फूटे थे, "ऐसा नहीं है। मुझे स्त्री-गन्ध और उसका संसर्ग पसन्द नहीं है। मैं पुरुष-स्पर्श से अपने को पूर्ण बनाता हूँ।"

"ऐसा था तो तुमने मुझसे शादी क्यों की?" रति ने तल्खी के साथ पूछा।

इस सवाल का ईमानदार जवाब सुविमल भाई के पास नहीं था। रति के विद्रोह को दबाने के लिए उन्होंने उसे एक सुझाव दिया, "देखो रति, तुम भी किसी स्त्री से सम्बन्ध बना लो। अलग तरह की अनुभूति होगी।"

"स्त्री से सम्बन्ध?" रति आश्चर्य के साथ बोली, "ऐसा मैं सोच भी नहीं सकती। यह प्रकृति के खिलाफ है। स्त्री-सम्बन्ध से मैं माँ कैसे बनूँगी? स्त्री-सम्बन्ध से कोई भी स्त्री पूर्ण स्त्री नहीं बन सकती है।"

"यदि तुम्हें यह पसन्द नहीं है तो तुम अनिल के साथ अपने शारीरिक सम्बन्ध बना सकती हो। अनिल स्त्री और पुरुष दोनों के साथ कमफर्टेबुल है। इस पर मुझे कोई आपत्ति भी नहीं होगी।" सुविमल भाई ने नया प्रस्ताव रखते हुए कहा।

"ये सब तुम्हें ही मुबारक हो। मुझे ऐसे उलटे-पुलटे काम नहीं करने हैं।" कहते हुए रति पैर पटकती अपने कमरे में चली गई।

सोते वक्त वह सोचती रही कि अब इस आदमी के साथ रहना मुश्किल होगा। ये तो मर्द के नाम पर हिजड़ा निकला। उसे कोई रास्ता नहीं सूझ रहा था। उसने सुविमल भाई की शिकायत जनान्दोलनों के समन्वय के लिए बने संगठन में सक्रिय अश्वनी चौबे से करने की सोची। चौबे का कुछ दिनों बाद दिल्ली आने का कार्यक्रम था।

दो हफ्ते बाद जब चौबे दिल्ली आये तो रति ने सारी बात उनके सामने रख दी। चौबे को सुविमल भाई के होमोसेक्सुअल होने की उड़ती-उड़ती खबर थी। रति की सारी बातें सुनकर वे बोले, "दुनिया में ऐसे बहुत लोग हैं, जो समलैंगिक होते हैं। पुरुष तो पुरुष, बहुत सारी औरतें भी ऐसी होती हैं।"

"लेकिन मैं तो ऐसी औरत नहीं हूँ। जब सुविमल भाई को औरत की गन्ध पसन्द नहीं थी, तो उन्होंने मुझसे शादी ही क्यों की?" रति ने चौबे का तर्क खारिज करते हुए कहा।

"हमारे देश में ऐसे सम्बन्ध बनाना गैरकानूनी हैं, इसलिए पुरुष शादी को आड़ बना लेते हैं।"

"इसमें किसी औरत का क्या दोष है? वह बच्चे न जन पाये तो उसे बाँझ क्यों कहते हैं? ये लांछन औरत पर ही क्यों? समाज पुरुष को हिजड़ा क्यों नहीं कहता?" रति ने पूरे आत्मविश्वास के साथ अपनी बात चौबे के सामने रखी।

चौबे लगभग निरुत्तर हो गये थे। कुछ सोचने के बाद उन्होंने रति को सलाह दी, "इस बारे में तुम बीना बेन से बात करो और मामले को जितनी जल्दी हो सके, निपटा लो। वे एक महिला हैं, जरूर कोई बेहतर रास्ता बताएँगी।'

अश्विनी चौबे से भी रति को अपने सवालों के जवाब नहीं मिले। उसे अपना घर टूटना निश्चित लग रहा था। अब वह अक्सर सुविमल भाई से टकराने लगी। दोनों के बीच में जमकर तकरार होती। हद तो तब हो गई, जब एक दिन सुविमल भाई ने रति पर हाथ उठा दिया। इसके बाद से दोनों के बीच संवादहीनता स्थापित हो गई।

बीना बेन के दिल्ली आने पर जब रति ने सारी कहानी उन्हें सुनाई, तो उनके अन्दर का स्त्रीत्व भाव भी नहीं जागा। उन्हें रति से

किसी भी तरह की हमदर्दी नहीं हुई। इसकी वजह थी। सुविमल भाई को छोड़कर यदि वे रति के साथ खड़ी होतीं, तो दिल्ली में उनका सारा काम ठप्प पड़ जाता। औरत होने के बावजूद उन्हें रति पर दया नहीं आयी। आती भी क्यों? औरत और मर्द की सेक्स को लेकर अभिव्यक्ति की आजादी की पक्षधर जो थीं वह। अन्ततः फैसला यह हुआ कि सुविमल भाई रति को तलाक देंगे।

पाँच

सुनयना शेरपा को छेड़ने का कोई मौका नहीं छोड़ती थी। दो-एक बार तो दोनों में अच्छी कहा-सुनी भी हो चुकी थी। हाथापाई तक की नौबत आ गई थी। सुनयना थी कि शेरपा के प्यार में पागल थी। वह उसे हर हाल में अपना गिरिया बनाना चाहती थी। लेकिन शेरपा लँगोट का पक्का था। वह सुनयना के आड़े-तिरछे इशारों की जितनी भी अनदेखी करने की कोशिश करता, सुनयना उसके लिए उतने ही मौके ढूँढ़ती। रानी सब कुछ देखती और एक 'आह' भरकर रह जाती। शेरपा को देखकर उसे अपना 'अतीत' याद आ जाता था। वह सोचने लगती थी कि कैसे उसने डिम्पल को जेल पहुँचा दिया था। उसका अपराध भी तो छोटा नहीं था। उसने एक मर्द को 'नामर्द' बनाया था। अस्पताल में रहकर वह जान चुकी थी कि डिम्पल के जेल जाने से तालियों और हँसी-ठहाकों से गूँजनेवाला डेरा डिम्पल के गम में डूबा हुआ है। हरमोनिया और ढोलकिया भी दूसरी जगह काम की जुगाड़ में जुटे थे। लेकिन काम मिलना आसान तो था नहीं। दूसरी मण्डली के लोगों को आसानी से कोई अपनी मण्डली में शामिल नहीं करता। चाहे वे बजवइए हों या फिर हिजड़े। हिजड़ा-गद्दियों के भी कुछ वसूल होते हैं। वैसे डिम्पल को छुड़ाने की कोशिशें भी जारी थीं। हिजड़ों की मण्डलियाँ ऐसे मौकों पर अपने आपसी झगड़े भूलकर एक-दूसरे की मदद में जुट जाती हैं। थाने पर कई प्रदर्शन हो चुके थे। तारीख पर तारीख पड़ रही थी। लेकिन डिम्पल की रिहाई का रास्ता नहीं दिख रहा था। अभी राजा की गवाही होनी बाकी थी। रानी के आगे 'बाइस्कोप' की तरह पुराने चित्र घूमने लगे, जब वह राजा था और अस्पताल में ठीक हो चुका था। उसकी छुट्टी का दिन नजदीक था।

लेकिन वह कोई-न-कोई बहाना करके अस्पताल में बने रहना चाहता था। अस्पताल से आजाद हो जाने के बाद भला वह कहाँ जाता! उसका अपना कोई ठौर-ठिकाना तो था नहीं। इसी भय से वह बहाना बनाकर अस्पताल में पड़ा हुआ था। दो वक्त खाना मिल रहा था। अस्पताल से निकलकर उसे वह भी नसीब नहीं होनेवाला था। दिल्ली में इतने दिन रहने के बाद वह उसके चाल-चलन को थोड़ा-थोड़ा समझ गया था। वह मर्द होता तो काम-धाम का कोई जुगाड़ कर लेता, लेकिन वह अब हिजड़ा बन चुका था। हिजड़े के लिए सामान्य काम तलाशना आसान नहीं था। उसने एक बार सोचा कि चलो अलीगढ़ वापस लौट जाते हैं। लेकिन वहाँ भी तो कोई उसका इन्तजार करनेवाला नहीं था। वहाँ भी वह क्या करता!

अन्ततः एक दिन राजा के न चाहते हुए भी डाक्टर ने उसकी छुट्टी कर दी। उसने लाख कोशिशें कीं कि उसे अस्पताल से छुट्टी न मिले, लेकिन उसका घाव भर चुका था। वह ठीक से चलने-फिरने लगा था। डाक्टर की गैरमौजूदगी में वह अस्पताल के स्टाफ को हिजड़ों की दुनिया के बारे में बताकर उनका मनोरंजन करता था। इस गप्प-सड़ाका में कभी-कभी वार्डब्वाय उसे छेड़ते भी। आखिर वह भी तो हिजड़ा बन चुका था। वह सोचता कि पुरुषांग कट जाने से क्या आदमी हिजड़ा बन जाता है? उसकी अभी तक यही सोच थी कि समाज में जो अपने कर्तव्य से डिगता है, उसी को हिजड़ा कहा जाता है।

अस्पताल से बाहर आकर चौराहे पर खड़े राजा को कोई सड़क कहीं ले जाती नहीं दिख रही थी। फिर भी बोझिल मन से उसके पाँव बढ़े जा रहे थे। उसे पता नहीं था कि वह कहाँ जा रहा है। लेकिन वह चलता जा रहा था। शाम होने को आयी थी। पेट में चूहे दौड़ रहे थे। डेरे में रहते हुए समय पर खाना मिल जाता था। खाली पेट चलते-चलते वह थक गया। सफदरजंग अस्पताल से उसने अभी सरोजनीनगर मार्केट तक का सफर ही तय किया था। उसने देखा कि मार्केट के पास एक लैम्प पोस्ट के सामने एक छोटी गाड़ी में एक भिखारी उकड़ूँ लेटा हुआ है। उसने मोटा कम्बल ओढ़ रखा था। कम्बल से सिर्फ उसके हाथ ही बाहर थे। दोनों हाथ कोढ़ से थोड़े-थोड़े गल चुके थे।

हाथों के आसपास मक्खियाँ भिनभिना रही थीं। बीच-बीच में उसकी आवाज गूँज उठती, "दे दाता के नाम तुझको अल्ला रखे।"

कुछेक सिक्के भिखारी के आसपास पड़े हुए थे। सिक्के देखकर राजा की नीयत में खोट आ गया। वह भी भिखारी की बगल में बैठ गया। कब शाम गुजरी और कब रात आयी, राजा को पता नहीं चला। वह भी भिखारी के पास लुढ़ककर गहरी नींद सो गया था। ठण्ड से उसके हाथ-पाँव काँप रहे थे। नींद के आगे उसे ठण्ड भी नहीं लगी।

सुबह हुई। सूर्य सिर पर आ गया। गुनगुनी धूप ने राजा की ठण्ड कम कर दी थी। आसपास की चहल-पहल से भी उसकी नींद नहीं खुली। भिखारी की गाड़ी जा चुकी थी। आने-जानेवाले लोगों ने उसे भिखारी समझकर उसके आसपास कुछ सिक्के डाल दिए थे। आँख खुली तो उसने अपने पास पड़े सिक्के देखे। वह अन्दर से खुश हुआ और दुखी भी। सोचने लगा, 'कुदरत ने पहले हिजड़ा बनाया, अब भिखारी भी बना दिया।'

राजा के पास कोई चारा नहीं था। पेट की भूख ने उसे पैसे उठाने के लिए मजबूर कर दिया। वह पैसे लेकर चाय की दुकान की ओर बढ़ा। वहाँ उसने चाय और ब्रेड खायी। पेट की भूख थोड़ी शान्त होने के बाद वह सोचने लगा, 'इस हालत में वह जाए तो कहाँ जाए।' अभी वह सोच ही रहा था कि उसके दिमाग में एक विचार आया, 'अब तो हिजड़ा बन ही गये हैं, तो क्यों न डिम्पल के डेरे पर ही चला जाए। नाच-गाकर कुछ कमाई तो हो ही जाएगी।'

तमाम विचारों में यह विचार उसे सबसे अच्छा लगा, और उसके कदम डिम्पल के डेरे की तरफ बढ़ चले। एक घण्टे के बाद वह डेरे के बाहर था। दरवाजा खटखटाया तो मंजू ने खोला। वह राजा को देखकर हतप्रभ रह गई। फिर उसने राजा को गले लगा लिया और वह फूट-फूट कर रोने लगी। राजा लाचार था। वह उसके रोने का कोई जवाब नहीं दे सकता था। वह उसे डेरे से कहीं और ले जाने लायक भी नहीं बचा था। उसने अपनी आपबीती मंजू को सुनाई। तब तक डेरे में हलचल होने लगी थी। मण्डली के सभी सदस्य अपने कमरों से बाहर आकर राजा के पास जुट गये। हरमोनिया और ढोलकिया के

चेहरों पर खुशी की लहर दौड़ गई। उन्हें लगा कि अब डिम्पल छूट जाएगी। राजा उसके खिलाफ गवाही नहीं देगा। उसे अपनी गलती का अहसास हो गया है शायद।

हुआ भी ऐसा ही। डिम्पल के खिलाफ उसने अपनी शिकायत वापस ले ली। डिम्पल के वकील ने जमानत की अर्जी कोर्ट में दी। राजा की गवाही हुई और डिम्पल जेल से बाहर आ गई।

डिम्पल के जेल से बाहर आते ही डेरे में चहल-पहल लौट आयी। ऊपर से सब कुछ सामान्य हो चुका था, दूसरी मण्डलियों के लोग जेल से छूटने पर डिम्पल को बधाई देने आ रहे थे, लेकिन डिम्पल अन्दर-ही-अन्दर अपने किये पर दुखी थी। उसके चेहरे की रौनक उड़ चुकी थी। उसके अन्दर एक अचीन्हा अपराधबोध घर कर गया था। वह सोचती कि जिसे उसने अपनी बेटी की तरह पाला, उसे ही इतनी बड़ी सजा दी! राजा के साथ शादी कर देती तो वह छोटी न हो जाती। डेरे में दोनों एक तरफ पड़े रहते। वहाँ और मर्द भी तो रहते हैं गिरियाओं की शक्ल में। नानी बनने का सुख मिलता सो अलग। उसकी जिन्दगी पूर्ण हो जाती। शायद इस कर्म के बाद वह इस योनि से मुक्त हो जाती। यह सब सोच-सोच कर कभी वह मंजू को पकड़कर रोती तो कभी राजा को।

रोने-धोने और उदास रहने से डेरे का काम चलना नहीं था। काम-धन्धा शुरू हुआ। मण्डली में राजा रानी बन चुका था और मंजू अपना गर्भाशय खोकर एक आधी-अधूरी औरत। वह तन और मन दोनों से बिखर गई थी। राजा के साथ अपनी जिन्दगी 'सुरमय' बनाने का ख्वाब देखने वाली मंजू का मानो सब कुछ लुट गया था। वह आँसू बहाती रहती। आँगन में खड़ा चम्पा का दरख्त उसका वह सहारा था, जिसके नीचे वह अक्सर बैठ जाती थी। इन दिनों चम्पा के इस दरख्त के सभी पत्ते झड़ गये थे। पत्रविहीन चम्पा का दरख्त ठूँठ बन गया था। राजा भी कभी उसका बिनब्याहा सुहाग था, अब रानी बनकर वह

उसके लिए अजनबी-सा हो गया था। कभी जिन आँखों को देखते ही वह नशीली हो उठती और जिन बाँहों में उसकी पूरी दुनिया सिमट आती, वही राजा अब रानी बनकर उसके जीवन की 'दर्दभरी' कहानी बन गया था।

रानी सोचते-सोचते खुद भी दर्द से भर उठी। यही वजह थी कि शेरपा के प्रति सुनयना का दिनों-दिन बढ़ता प्यार देखकर वह शेरपा के लिए चिन्तित हो जाती। हालाँकि वह जानती थी कि राजा को 'नामर्द' बनाने का अपराधबोध डिम्पल में है, इसलिए शेरपा के साथ वह दोबारा वही काम नहीं करेगी।

इधर सुनयना अपने भीतर दहकती आग पर काबू नहीं कर पा रही थी और उधर शेरपा अपना लँगोट ढीला नहीं कर रहा था। ऐसे में सुनयना को पिंकी की याद आयी, जो डेरा छोड़कर भाग गई थी रेखा चितकबरी के गैंग में। पिंकी पहले भी कई बार सुनयना को रेखा चितकबरी के गैंग में शामिल होने का न्यौता दे चुकी थी। इस बार उसने मन पक्का किया। उसने फैसला किया कि वह डिम्पल को छोड़कर भागेगी नहीं, बल्कि उससे इजाजत लेकर जाएगी। उसकी आँखों में अभी भी डिम्पल को लेकर शर्म थी।

धन्धे से लौटने के बाद डिम्पल अपने कमरे में बैठी थी कि अचानक उसने देखा सुनयना सामने खड़ी है।

सुनयना कुछ कहती कि उससे पहले ही डिम्पल ने कहा, "बोल बेटी, क्या बात है? तबियत-वबियत तो ठीक है न?"

"सब ठीक है अम्मा। एक बात आपको बतानी है!" सुनयना डरती हुई बोली।

"बता बेटी, बता! क्या बात है?" डिम्पल ने लाड़ जताते हुए कहा।

"मेरा मन अब नाच-गाने में नहीं लगता।" सुनयना धीरे से खुली।

"फिर किसमें लगता है मन? क्या करेगी? हम इसके अलावा और कोई काम कर भी तो नहीं सकते।" डिम्पल ने सवाल के साथ जवाब भी दे दिया।

"मैं पिंकी के पास जाना चाहती हूँ। वह अलग घर लेकर आराम से रहती है। जो चाहती है, करती है।" डिम्पल ने साहस के साथ अपनी बात रख दी थी।

पिंकी का नाम सुनते ही डिम्पल का माथा ठनका, "तू पिंकी से मिली थी?"

"नहीं।" डिम्पल ने टका सा जवाब दिया।

"फिर अचानक आज पिंकी की याद कहाँ से आ गई?" डिम्पल ने आश्चर्य के साथ पूछा।

"बस कई दिनों से यह बात मन में आ रही थी, इसीलिए मैंने सोचा कि आपको बता दूँ। मैं भागकर वहाँ नहीं जाना चाहती थी।" सुनयना ने साफगोई के साथ अपनी बात रख दी थी।

डिम्पल मंजू-राजा प्रकरण के बाद डेरे में कोई और बवाल खड़ा करने के पक्ष में नहीं थी। उसके दिमाग में एक तरकीब आयी। वह चाहती थी कि सुनयना के जाने का दूसरों पर प्रभाव न पड़े। पिंकी की तरह सब एक-एक करके भाग जाएँगे, तो उसकी गद्दी ही डगमगा जाएगी। उसने सुनयना का प्रस्ताव मान लिया और उसे सुझाया कि वह रात को भाग जाए। इससे किसी पर कोई बुरा असर नहीं पड़ेगा। थोड़े दिन खोजबीन के बाद हम तुम्हें मरी हुई मान लेंगे। अन्त में उसने कहा, "और बेटी, वहाँ मन न लगे तो बेशक लौट आना अपनी अम्मा के पास।"

सुनयना को उम्मीद नहीं थी कि डिम्पल इतनी आसानी से मान जाएगी। वह भावुक हो उठी, लेकिन अपने फैसले से नहीं डिगी और एक रात योजना के अनुसार वह डेरा छोड़कर पिंकी के पास जा पहुँची।

सुनयना के आने की खबर पिंकी ने रेखा चितकबरी को दी तो उसकी बाँछें खिल गयीं। वह लम्बे समय से समलैंगिक लड़कों और हिजड़ियों की तलाश में लगी हुई थी। बाजार में ग्राहक लड़कियों की जगह लौण्डे माँग रहे थे। लौण्डे लड़कियों की तुलना में सस्ते में भी उपलब्ध थे। विदेशी ग्राहक तो कमसिन लौण्डों की मुँहमाँगी कीमत दे रहे थे। रेखा चितकबरी ने अपने लैपटाप में सुनयना की तसवीर डाल दी।

रेखा चितकबरी दिल्ली के कालगर्ल सरकिट में सबसे बड़ा नाम था। उसके तार इण्टरनेशनल कालगर्ल रैकेट से जुड़े थे। उसे अंग्रेजी का अच्छा ज्ञान था और दूसरी कई विदेशी भाषाओं की कामचलाऊ जानकारी थी। भारतीय लड़के-लड़कियों को वह माँग पर विदेश भी भेजती थी और देश में विदेशी लड़कियों की माँग पर उन्हें यहाँ भी बुलाती थी। उसका पूरा धन्धा इण्टरनेट के जरिये होता था। ग्राहक तय करने से लेकर लड़का-लड़की पेश करने तक। सब कुछ हाइटेक। इसीलिए वह आसानी से पुलिस के हाथ भी नहीं आती थी। इस सबके बावजूद उसके गुर्गे कमिश्नर से लेकर सिपाही तक पैसा पहुँचाते रहते थे।

पिछले काफी दिनों से पिंकी का धन्धा विश्वव्यापी आर्थिक मन्दी की चपेट में था। सुननेवाले को यह बात अजीब लग सकती है और वह सोच सकता है कि वेश्यावृत्ति के धन्धे का मन्दी से क्या सम्बन्ध। लेकिन बात सच थी। पैसों की तंगी के चलते दुनियाभर के लोगों ने अपनी ऐयाशी में कमी कर दी थी। बैंकाक से लेकर बर्लिन तक के वेश्याघर मन्दी की मार झेल रहे थे। ग्राहकों को तमाम तरह के ऑफर दिए जा रहे थे। बर्लिन के एक चकलाघर में विज्ञापन लगा—98 यूरो में छह घण्टे सेक्स (अगर आप कर सकते हैं तो), साथ में सोना बाथ और जो भी खाना-पीना चाहें सब मुफ्त। यहीं के एक अन्य चकलाघर गेजहॉज में स्पेशल आफर दिया जा रहा था—ईस्टर के दिन फ्री सेक्स, बशर्ते कि आप एक खास किस्म के कपड़े पहनकर आये हों या फिर एक सजा हुआ अण्डा लाये हों। मन्दी से पहले इस तरह के आफर कभी ग्राहकों को नहीं दिए गये। वेश्याओं का स्वर्ग माने जानेवाले थाइलैण्ड में पर्यटकों में पैंतीस प्रतिशत कमी दर्ज की गई थी। रेखा चितकबरी की दोस्त बैंकाक की बार-बाला गॉय ने उसे ईमेल करके बताया था कि मन्दी से पहले वह और उसकी सहेलियाँ लोगों से खचाखच भरे बार में पोल डांस करके वेतन के अलावा लोगों के साथ सेक्स कर अच्छी-खासी कमाई कर लेती थीं। उसने बीते गुरुवार का जिक्र करते हुए बताया था कि उस दिन हमारा पोल डांस देखने सिर्फ तीन दर्शक आये थे और गुजरे पाँच दिनों में मुझे एक ग्राहक भी नहीं मिला।

ऐसी ही एक ईमेल रेखा चितकबरी को चेक गणराज्य से उसकी सहेली सिलविया ने भेजा था। चेक गणराज्य के 14 फीसदी से अधिक लोग वेश्याओं के साथ रात गुजारते हैं। बावजूद इसके परागुए के बाहर स्थित आधे चकलाघर बन्द हो गये हैं। इन ईमेलों के साथ दोनों ने भारत आने की इच्छा जाहिर की थी। यह तब हो रहा था जब इन देशों में ग्राहक लाने के लिए शटल और सीनियर सिटिजन को डिस्काउण्ट दिया जा रहा था।

भारत में भी इस मन्दी का असर था। यहाँ ग्राहकों को लुभानेवाले विज्ञापन तो नहीं दिये जा सकते थे, क्योंकि वेश्यावृत्ति यहाँ गैरकानूनी पेशा है। पहले फिल्मों की एक्सट्राज के लिए शौकीन लोग मुँहमाँगी रकम देते थे। लड़कियाँ मुम्बई से हवाई जहाज में आतीं और पाँच सितारा होटलों में ठहरतीं। अब बाजार की हालत यह थी कि हर ग्राहक सस्ती लड़कियों की माँग करने लगा। लड़कियाँ न मिलें तो ऐसे ग्राहक हिजड़ों और लौण्डों से भी काम चलाने के लिए तैयार थे।

इसी के चलते रेखा चितकबरी अपना जाल हिजड़ों के बीच बिछा रही थी। उसे इसमें सफलता भी मिल रही थी। नाच-गाने की तुलना में यहाँ पैसा ज्यादा था। गुरु की किचकिच भी नहीं थी। पिंकी और सुनयना इसी लालच में रेखा चितकबरी से जुड़ी थीं। वैसे उसके लैपटाप में और भी हिजड़ों की तसवीरें थीं। कालगर्ल माफिया जिस तरह से हिजड़ों को इस धन्धे में खींच रहा था, उससे लग रहा था कि शायद भविष्य में शुभ मौकों पर हिजड़ों का आशीर्वाद चाहनेवालों को उनके दर्शन ही न हों। वहीं दूसरी तरफ हिजड़ों की गद्दियाँ अपने को बचाने में लगी हुई थीं। वे अपने यहाँ रहनेवालों की पहले से ज्यादा देखभाल करने लगी थीं। उनके वेतन भी बढ़ा दिए गये थे। कालगर्ल माफियाओं और हिजड़ों के बीच झड़पों की खबरें भी अब ज्यादा बढ़ गई थीं। हिजड़े गद्दी छोड़कर भागते, तो गद्दियों के मुसटण्डे उन्हें पकड़ लाने की कोशिश करते, जिसमें कई बार उन्हें सफलता मिलती और कई बार नहीं मिलती।

छह

सिद्धार्थ एनक्लेव में रेजिडेण्ट वेलफेयर एसोसिएशन के चुनावों में ब्रिगेडियर नान्दल का पैनल जीत चुका था। खुराना और चौधरी गुट हार चुके थे। दोनों की पैरोल भी खत्म हो चुकी थी। लिहाजा वे जेल चले गये। कॉलोनी में ब्रिगेडियर ने फौजी अनुशासन लागू कर दिया। चोरी-चकारी बन्द हो गई। रात को कभी-कभी अचानक ब्रिगेडियर सोते हुए सिक्योरिटी गार्ड को पकड़ते, उसकी लानत-मलामत करते। कार पार्किंग व्यवस्थित हो गई थी। बड़े-से-बड़े तुर्रम खाँ की गाड़ी भी कॉलोनी में घुस नहीं सकती थी। कॉलोनी के पार्क दुरुस्त हो चुके थे। चारों तरफ हरियाली दिखती थी। खुराना और चौधरी से मुक्त हो जाने के बाद सिद्धार्थ एनक्लेव के फ्लैटों की कीमतों में अचानक उछाल आ गया था।

फ्लैटों की कीमतें बढ़ने से पहले गौतम साहब कॉलोनी से जा चुके थे... औने-पौने दाम पर अपना फ्लैट बेचकर। आनन्दी आण्टी ने उन्हें लाख समझाने की कोशिश की थी कि प्रकृति की मार खाये बच्चे को पालना हँसी-मजाक नहीं है... एक-न-एक दिन बेटा हिजड़ों को सौंपना ही पड़ेगा। ये दुनिया ऐसे बच्चों को स्वीकार नहीं करती। मन्द बुद्धि और विकलांग बच्चों को तो समाज बर्दाश्त कर लेता है, लेकिन हिजड़े को नहीं। मगर आनन्दी आण्टी के इन तमाम तर्कों की उपेक्षा करते हुए गौतम साहब सिद्धार्थ एनक्लेव छोड़ चुके थे। उन्होंने बाहरी दिल्ली के एक गाँव में घर ले लिया था।

उधर सुविमल भाई और रति के रास्ते अलग-अलग हो गये थे। तलाक के बाद रति बांग्लादेशी बच्चों के बीच काम करने लगी थी। यहीं उसकी मुलाकात नक्सलियों की पार्टी सीपीआई (एमएल) के

कार्यकर्ता मुनेश्वर से हुई। काम के दौरान दोनों में प्रेम हो गया। रति का बाँझपन भी टूट चुका था। उसके दो बच्चे हुए। दोनों ने बाद में अपना एक एनजीओ भी खड़ा कर लिया और उसी के झण्डे तले बच्चों के बीच काम करने लगे। देशी-विदेशी फण्डिंग भी एनजीओ को मिलने लगी थी। सुविमल भाई भी अनिल के साथ खुलेआम पति-पत्नी की तरह रहने लगे। देश में जनान्दोलन बिखर रहे थे। जनान्दोलनों के समन्वय के लिए बनाया गया राष्ट्रीय संगठन भी ज्यादा कारगर नहीं रह गया था। सुविमल भाई बेरोजगार हो गये थे। आन्दोलन के बिना वे रह नहीं सकते थे। आन्दोलन ही उनका ओढ़ना-बिछौना था। इस दौरान समलैंगिक लोग अपने अधिकारों के लिए आवाज बुलन्द कर रहे थे। समलैंगिकता को अपराध माननेवाली संविधान की धारा 377 खत्म करने की माँग के लिए नाज फाउंडेशन संघर्ष कर रहा था। सुविमल भाई भी इन प्रदर्शनों में शामिल होने लगे। उनकी पहचान का खुलासा न हो, इसलिए वे इन प्रदर्शनों में मुखौटा लगाकर शामिल होते।

समय बीतने के साथ गौतम साहब के बेटे में लड़कियों जैसे गुण पैदा होने लगे। शारीरिक बदलाव भी प्रखर हो गये। गौतम साहब यह सब देखकर चिन्तित थे। विनीत गौतम नाम रखा था उन्होंने अपने बेटे का। विनीत घर से निकलने में कतराने लगा। बाहर निकलता तो उसके साथ खेलनेवाले बच्चे भी उससे किनारा कर लेते। वह अजीब मानसिकता से गुजर रहा था। कई-कई हफ्ते घर के अन्दर बन्द रहता। उसे लगता कि उसके पिता उसे जबरिया लड़का बनाने पर तुले हैं। वह अपनी बहनों की तरह ही अपने को लड़की मानता था। उसे लड़कों के कपड़े पहनने में परहेज होने लगा। घर में जब कोई न होता तो वह अपनी बहनों की पैंटी-ब्रा पहन लेता। बिन्दी लगाता। लिपस्टिक लगाता। शीशे में घण्टों अपने-आपको निहारता।

एक बार गौतम साहब ने विनीत को इस अन्दाज में देखा तो वह ऊपर से नीचे तक काँप गये। उन्हें कुछ समझ नहीं आया। फिर

भी वे चुप रहे। विनीत घर में रहते-रहते परेशान हो चुका था। वह भी अपनी बहनों की तरह पंख लगाकर उड़ना चाहता था। लेकिन उसके पंख गौतम साहब ने काट दिए थे।

विनीत वैसे काफी समझदार था। उसे पता था कि लड़की के कपड़े पहनकर घर से बाहर निकलने में उसके परिवार की बेइज्जती होगी। मोहल्ले के सभी लोग उसे लड़का जो मानते थे। लेकिन वह लड़कों के कपड़ों में अपने को असहज महसूस करता। आखिर एक दिन उसने परिवार को अपने अभिशाप से मुक्त करने का फैसला कर लिया। रात के अँधेरे में वह अलमारी से कुछ रुपये और अपनी बहनों के कुछ कपड़े लेकर हमेशा-हमेशा के लिए घर छोड़कर चला गया।

सुबह हुई तो विनीत घर में नहीं था। उसके न दिखने से किसी को कोई खास परेशानी नहीं हुई। गौतम साहब ने सोचा कि घर में रहते-रहते ऊब गया होगा, तो कहीं टहलने निकल गया होगा। शाम को दफ्तर से वापस आने पर भी जब विनीत उन्हें नहीं दिखा, तो उनके माथे में हलका-सा बल पड़ा। घर के और सदस्यों को उसकी अनुपस्थिति से कोई फर्क नहीं पड़ रहा था। शायद सब मन-ही-मन यह मना रहे थे कि विनीत घर न लौटे तो अच्छा हो। गौतम साहब विनीत को घर में रखने और समाज से जूझने के अपने फैसले पर अफसोस जता रहे थे। इसी के चलते उसकी खोज-खबर भी नहीं ली गई। उसकी गुमशुदगी की रिपोर्ट भी पुलिस में दर्ज नहीं कराई गई। मोहल्लेवालों को यह कहकर शान्त कर दिया गया कि वह अपनी बुआ के घर कानपुर गया है और अब वहीं पढ़ेगा।

कनाट प्लेस दिल्ली का दिल है। दिल्लीवाले इसे प्यार से सीपी बोलते हैं। सीपी के पास ही है कर्जन रोड। लॉर्ड कर्जन के नाम पर इस रोड का नाम रखा गया था। आजादी के बाद गुलामी की निशानी मिटाने के लिए इस रोड का नाम बा के नाम से रख दिया गया—कस्तूरबा गाँधी मार्ग। रोड का नाम कर्जन से कस्तूरबा जरूर हो गया, पर अंग्रेजियत-पसन्द लोगों की जुबान पर कस्तूरबा नाम नहीं चढ़ा। वे

इसे केजी मार्ग बुलाने लगे। केंजी मार्ग के दोनों तरफ जामुन, नीम, अर्जुन और पाकड़ के बड़े-बड़े दरख्त हैं। शाम ढलते ही हिजड़े इन दरख्तों की आड़ में खड़े हो जाते हैं। यह मार्ग वेश्यावृत्ति करनेवाले हिजड़ों का स्वर्ग माना जाता है। वैसे बापू के समाधि-स्थल राजघाट पर भी इनकी अच्छी-खासी संख्या है। पूरी ईमानदारी से ये अपने-अपने इलाकों में रहते हैं।

केजी मार्ग पर हिजड़ों के दीवानों का देर रात तक मेला लगा रहता है। बड़ी-बड़ी गाड़ियाँ रुकती हैं और सौदा कर इनको ले जाती हैं। इस धन्धे को पुलिस का पूरा संरक्षण है। पुलिस को हिजड़े अच्छी-खासी रकम देते हैं। गलत काम खुलेआम हो और वहाँ पुलिस की मौजूदगी न हो, ऐसा इस देश में सम्भव नहीं है। वह कश्मीर की पुलिस हो या फिर कन्याकुमारी की, सब एक जैसी।

विनीत घर छोड़कर खुश था। उसके ऊपर किसी भी तरह का दबाव नहीं था। उसके पंख निकल आये थे। कभी हवा से बात करता तो कभी खड़ा-खड़ा उड़ते पंछियों को देखता रहता। लड़कों के कपड़े उसने उतारकर फेंक दिये थे। आवारगी में उसे मजा आ रहा था। घर से लाए गये पैसे अभी उसकी जेब में बचे हुए थे। दिल्ली-दर्शन का उसका सिलसिला जारी था। एक दिन शाम को वह केजी मार्ग से गुजर रहा था। ऊँची इमारतों को निहारता हुआ। उसने अपनी बहन का सबसे कीमती सलवार-सूट पहन रखा था। अचानक एक लम्बी ब्लैक कलर की स्कोडा कार उसके ठीक बगल में आकर रुकी। कार की खिड़की का शीशा खोलते हुए अन्दर बैठे एक आदमी ने उसे आवाज दी, "चलेगा?"

"कहाँ?" विनीत ने सकुचाते हुए पूछा।

"घूमने-फिरने!" अन्दर बैठे आदमी ने चुहल करते हुए कहा।

विनीत इस धन्धे से वाकिफ नहीं था। उसे समझ नहीं आ रहा था कि इतनी बड़ी गाड़ीवाला आदमी उस पर इतना मेहरबान क्यों है। बड़ी गाड़ी में वह कभी बैठा नहीं था। उसने गाड़ीवाले के साथ चलने की हामी भर दी।

गाड़ी ने रफ्तार पकड़ ली और शंकर रोड होते हुए रिज की तरफ बढ़ने लगी। रात परवान चढ़ रही थी। अँधेरा गहरा होता जा रहा था। अचानक गाड़ी में बैठे आदमी ने विनीत की जाँघों में हाथ फेरना शुरू कर दिया। विनीत को उस आदमी की हरकत पर गुस्सा नहीं आया। सहज भाव से वह बैठा रहा। धीरे-धीरे उसके हाथ उसकी छाती तक पहुँच गये। विनीत को एक अजीब-सी सिरहन हुई। उसके अन्दर की लड़की कुलाँचें भरने लगी। वह उत्तेजित होने लगा। उसे उस आदमी का व्यवहार अच्छा लग रहा था। रिज के मध्य पहुँचकर ड्राइवर ने गाड़ी एक बड़े दरख्त की आड़ में लगा दी और खुद उतरकर दूर चला गया। करीब आधे घण्टे के बाद जब ड्राइवर लौटा तो विनीत पसीने से तर था। उसके चेहरे पर एक प्रकार की सन्तुष्टि दिख रही थी।

अब गाड़ी फर्राटे के साथ सीपी की तरफ लौट रही थी। रास्ते में उस आदमी ने विनीत से उसका नाम पूछा। विनीत के मुँह से अनायास निकल गया—'विनीता।'

एक शाम में ही वह विनीत से विनीता हो चुका था। उसे अपना नाम पसन्द आया। केजी मार्ग आया तो उस आदमी ने विनीत को गाड़ी से उतारते हुए उसके हाथ में एक हजार का नोट रख दिया और बोला, "फिर मिलेंगे।"

रात काफी हो चुकी थी, इसलिए वहाँ मौजूद रहनेवाले हिजड़े नहीं थे। काम-धन्धे में निकल गये होंगे। एक बूढ़े हिजड़े ने विनीत को कार से उतरते जरूर देखा था। नये आदमी को देखकर वह थोड़ा परेशान हुआ। केजी मार्ग इलाके का वह मालिक था। वहाँ धन्धा करनेवाले हिजड़े उसे पत्ती देते थे। पुलिस से भी वही डीलिंग करता था।

विनीता की रात ख्वाबों-खयालों में गुजरी। उसे रात भर अच्छे सपने आये। स्टेशन के प्लेटफार्म पर हालाँकि मच्छर काट रहे थे, लेकिन फिर भी वह गहरी नींद सोया। उसकी अपने को खोजने की खोज पूरी हो चुकी थी। वह मुतमइन हो गया कि वह लड़की ही है।

उसके पिता नाहक उसे लड़का बनाने पर तुले थे। उसके अन्दर की सोयी औरत ने उसके पोर-पोर में प्रवेश कर लिया था।

सुबह हुई तो विनीता अँगड़ाई लेती हुई उठी। सुलभ शौचालय में नहा-धो कर वह फिर घूमने निकल गई। घूमते हुए उसके मन में आया कि आखिर वह स्टेशन पर कब तक रहेगी... उसे रहने का कोई पक्का बन्दोबस्त करना चाहिए। अभी वह इसी उधेड़-बुन में थी कि आइसक्रीम का एक ठेला दिखाई दिया। उसकी जुबान कैण्डी खाने के लिए मचल उठी। उसने वहाँ से एक कैण्डी ली और चूसते-चूसते केजी मार्ग की ओर बढ़ गई। उसके दिमाग में स्कोडा कार वाले आदमी का वाक्य रह-रहकर गूँज रहा था—फिर मिलेंगे। उसी आदमी की तलाश में वह केजी मार्ग पर अपनी अल्हड़ई के साथ बढ़ी जा रही थी।

अचानक रातवाले बूढ़े हिजड़े की नजर उस पर पड़ी। बूढ़े हिजड़े को उसके साथी चाची कहते थे। विनीता को लेकर हिजड़ों के एजलास में पहले ही चर्चा हो चुकी थी। केजी मार्ग पर उसकी मौजूदगी से सबको हैरानी हुई थी। यह सवाल उठा था कि आखिर किसी अजनबी की उनके अपने इलाके में धन्धा करने की हिम्मत कैसे हुई। केजी मार्ग पर ऐसे बाहरी धन्धा करनेवाले आते रहेंगे तो उनके पेट पर तो लात ही पड़ जाएगी। हमेशा की तरह एजलास में यह तय हुआ था कि अगर वह फिर दिखा तो उसकी ठीक से ठुकाई-पिटाई की जाएगी। चाची भी इस बात से सहमत थी।

शाम अभी हुई नहीं थी। सूरज ढलने के लिए तैयार हो रहा था। ठीक वैसे ही, जैसे दफ्तर में बाबू लोग अपना काम निबटाकर फाइलें बाँधकर मेज पर तरतीब से सजा, स्वयं कुर्सी छोड़ देने का मूड बना लेते हैं। सूरज का लाल गोला दिल्ली की इमारतों के बीच ढूँढ़ना मुमकिन नहीं, पर उसकी छितरी हुई लालिमा आसमान पर जरूर दिखाई दे जाती है। अँधेरे में जो हिजड़े शौकीनों को हूर की परी लगते हैं, वही दिन की रोशनी में बदसूरत दिखते हैं। फिर चाहे वे जितने औरताना अन्दाज में हों। इसलिए रात के इन्तजार में मैक्समूलर भवन के सामने एक बड़े पुराने दरख्त की आड़ में वे सब बैठे थे। चाची की

बाँछें खिल गयीं जब शिकार उसे सामने दिखाई दिया। उसने मुमताज से कहा, "यही है कल रातवाला। पकड़ ला।"

चाची का आदेश सुनते ही मुमताज और जरीना उठीं और विनीता को पकड़ लायीं। अभी विनीता कोई प्रतिरोध करती कि उससे पहले ही मुमताज ने उसके गाल पर एक करारा तमाचा जड़ दिया, "क्यों बे, हमारे इलाके में डाका डाल रहा है!"

विनीता को कुछ समझ नहीं आ रहा था।

"कल कितने कमाये? निकाल साले!" इसी के साथ जरीना उसके सलवार की तलाशी लेने लगी। सलवार में जेब तो थी नहीं। उसने विनीता की ब्रा में हाथ डाल दिया। हजार के नोट के साथ तीन-चार सौ रुपये थे। उसने पैसे निकालकर चाची को थमा दिए। इसी बीच कुन्ती की आवाज गूँजी, "साले के माथे पर सिक्का गरम करके चिपका दे... इलाके में घुसने की निशानी तो इसके माथे पर झलकनी ही चाहिए..."

"नहीं-नहीं भड़ुए के बाल काट दो..."

ऐसी ही तमाम आवाजें एक कर्कश कोरस के रूप में फिजा में गूँज रही थीं। विनीता कुछ समझ नहीं पा रही थी। इन आवाजों के बीच उस पर लात-जूतों की बरसात भी शुरू हो चुकी थी। पिटाई से उसकी चीख उभर आयी। अब चोट की पीड़ा से वह जोर-जोर से चिल्लाने लगी थी। हिन्दी फिल्म तो थी नहीं कि थोड़ी देर बाद कोई हीरो प्रकट हो जाए और एक बेसहारा को बचाने के लिए गुण्डों से ढुशुम-ढुशुम करने लगे। यहाँ तो गुण्डों की जगह हिजड़े थे। इनसे तो खुदा भी डरता है। कब कौन-सी नंगई पर उतर आये। आसपास से गुजर रहे लोगों ने भी इनके लफड़े में फँसना उचित नहीं समझा।

विनीता की रुक-रुककर पिटाई जारी थी। वह मार से कराह रही थी। उसके माथे के दाहिनी ओर चप्पल की मार ने एक घाव कर दिया। उससे खून बह रहा था। बीच-बीच में वह अपने को निर्दोष बताने की कोशिश कर रही थी। लेकिन उसकी बात सुननेवाला वहाँ कोई नहीं था। आसपास अब अच्छा-खासा तमाशा जुटने लगा था, पर कोई कुछ बोल नहीं रहा था और न ही विनीता को बचाने की कोशिश

कर रहा था। आटो रिक्शा, स्कूटर वाले, पैदलयात्री सब रुक-रुककर मजा ले रहे थे।

उधर से जा रही पुलिस की पीसीआर जिप्सी ने मजमा देखा तो वहाँ रुक गई। जिप्सी में सब-इंस्पेक्टर शर्मा थे। चाची की उनसे जान-पहचान थी। धन्धे का कमीशन उसी के जरिये ऊपर तक जाता था।

इंस्पेक्टर शर्मा को जिप्सी से उतरता देख चाची उसके पास पहुँच गई, "और छैले, कैसा है?"

"ये सब क्या हो रहा है?" इंस्पेक्टर शर्मा ने सकुचाते हुए पूछा। छैला पुकारे जाने पर उन्हें शर्म महसूस हो रही थी, पर कर कुछ नहीं सकते थे। कमाई के हिस्सेदार जो ठहरे।

उधर से कोई जवाब आता न देखकर शर्मा फिर बोले, "ये क्या तमाशा बना रखा है? लौण्डे को पीट क्यों रहे हो?"

"हमारे इलाके में धन्धा कर रही थी। नई-नवेली है धन्धे में। कानून-कायदा सिखा रही हूँ।" चाची ने जोर-जोर से ताली बजाते हुए जवाब दिया।

पुलिस को देख तमाशबीन वहाँ से हट चुके थे। हटे क्या थे पीसीआर में बैठे पुलिसवालों ने उन्हें खदेड़ दिया था, ताकि चाची के साथ उनकी बातचीत और मिलीभगत का खुलासा न हो।

"इलाके में धन्धा कर लिया, तो उसे मार डालेगी?" इस बार इंस्पेक्टर शर्मा के सवाल में तल्खी थी, "छोड़ इसको। वीआईपी रोड है यह। शान्ति से धन्धा करना हो तो करो, नहीं तो एक भी यहाँ नहीं दिखेगा।"

इसी के साथ इंस्पेक्टर शर्मा ने विनीता को अपने पास बुलाया, "धन्धा करता है? धन्धे में है, फिर भी नहीं जानता कि दूसरे के इलाके में धन्धा करने की मनाही है?"

विनीता ने कोई जवाब नहीं दिया। वह धन्धेबाजी से अनजान थी। उसे बीती रात का वह सुखद अनुभव ही याद था, जब पहली बार अपने लड़की होने का अहसास हुआ था।

इंस्पेक्टर शर्मा ने विनीता को जिप्सी में बैठा लिया और वहाँ से निकल पड़ा। जिप्सी जाती देख चाची जोर से चिल्लाई, "छैले, इसको जमुना में डुबो देना। डूबने से बच जाए तो ताकीद कर देना कि इधर का रुख दोबारा न करे।"

इंस्पेक्टर शर्मा विनीता को कनाट प्लेस थाने में ले आये और उसे थाने में पहले से बैठे दूसरे मुलजिमों के पास बैठा दिया। विनीता इस नई मुसीबत से परेशान थी। इसी परेशानी में उसका गला सूख गया था। माथे से निकल रहा खून भी रुक गया था। खून का थक्का उसके माथे के दाहिने ओर उभर आया था।

शाम ढलने के बाद थाने में एक-एक मुलजिम की पेशी हो रही थी। जेब काटकर आया एक मुलजिम उड़ाये गये माल के बारे में नहीं बता रहा था। वह बार-बार यही कह रहा था कि साहब, हमने जेब नहीं काटी। लेकिन थाने में यह बात कोई भी मानने के लिए तैयार नहीं था। पुलिस मुजरिम और बेगुनाह को एक नजर में पहचान लेती है। ये बात दीगर है कि वह दबाव में मुलजिम को छोड़ दे और बेगुनाह को हवालात दिखा दे। जेबकतरे का पुलिसिया भाषा में कार्यक्रम शुरू हो चुका था। उसकी टाँगों को एक डण्डे के जरिये कैंची बना दिया गया था। दो पुलिसवाले उसकी टाँगों को धीरे-धीरे कसते जा रहे थे। लेकिन जेबकतरे की चीख नहीं निकल रही थी। वह दर्द को बर्दाश्त किये जा रहा था, पर जेब काटने की बात का इकरार नहीं कर रहा था। जेबकतरे की ढिठाई को देखते हुए इंस्पेक्टर शर्मा ने कांस्टेबल पहलवान को बुलाया।

पहलवान सचमुच पहलवान था, वैसे उसका नाम रामराज था। पहलवान को ऐसे ही मौकों पर याद किया जाता था, जब मुलजिम चुप्पी साध लेता हो। बाकी समय पहलवान अपनी बैरक में मस्त पड़ा रहता था।

पहलवान जेबकतरे के सामने चमड़े का टेनिस के आकार का एक बैट लेकर प्रस्तुत हुआ। बैट बेहद लचीला था। चमड़े के उस बैट पर लिखा था—'आन मिलो सजना'। दो सिपाहियों ने जेबकतरे की पैण्ट नीचे कर दी। आन मिलो सजना हाथ में लेकर पहलवान ने

जेबकतरे के चूतड़ों पर चलाना शुरू कर दिया। आठ-दस बार ही उसने पीटा होगा कि जेबकतरे ने सचमुच टट्टी और पेशाब छोड़ दिया। इस मार से जेबकतरा तड़प उठा था। मार से बचने के लिए उसने अपने अण्डकोष के नीचे छिपा रखे हजार-हजार के नोट पहलवान के सामने रख दिये थे।

जेबकतरे का कार्यक्रम 'आन मिलो सजना' खत्म हो चुका था। दो-एक उठाईगीर टाइप के लोगों को डाँटकर भगा दिया गया था। अब बारी विनीता की थी। 'आन मिलो सजना' कार्यक्रम देखकर उसका एक-एक रोयाँ खड़ा हो गया था। उसे समझ नहीं आ रहा था कि उसके साथ अब क्या होगा।

"कब से धन्धा कर रहा है? केजी मार्ग क्यों गया?" इंस्पेक्टर शर्मा ने उससे पूछा।

विनीता को धन्धेवाली बात समझ नहीं आयी। बावजूद उसके उसने घर छोड़ने से लेकर केजी मार्ग तक पहुँचने की दास्तान और कल रात के सारे अनुभव इंस्पेक्टर शर्मा को सच-सच बता दिए।

वहाँ खड़े सभी पुलिसवाले उसकी बात सुनकर सन्न थे।

कांस्टेबल राज चौधरी इस बीच बोल पड़ा, "शरीफ घर का लड़का है। अपने घरवालों को शर्मिंदगी से बचाने के लिए घर छोड़कर निकला है।"

"घर तो अब ये जाने से रहा। आगे की अपनी जिन्दगी इसे अपना शरीर बेचकर ही जीनी पड़ेगी। किसी नाच-गानेवाले के हाथ पड़ गया, तो नाच-गाना करना पड़ेगा।" इंस्पेक्टर शर्मा ने अपनी लम्बी तहरीर दी। फिर विनीता के जरिये कुछ माल कमाने का विचार उसके जेहन में आया। वह कांस्टेबल राज चौधरी से बोला, "लगा रेखा चितकबरी को फोन। उसी के हवाले कर देते हैं इसे। इसकी जिन्दगी बन जाएगी, नहीं तो इधर-उधर पिटता फिरेगा।"

पीसीआर वैनवालों को धक्के के अलावा कुछ नहीं मिलता। रात-दिन जागना अलग पड़ता है। इंस्पेक्टर शर्मा ने सोचा, विनीता को रेखा चितकबरी के हाथों में सौंपकर शाम के दारू-पानी का खर्चा तो मिल ही जाएगा।

दूसरी तरफ कांस्टेबल राज चौधरी को विनीता पर दया आ रही थी। उसके मन में हिजड़ों की चाचियों और रेखा चितकबरियों से उसे बचाने का विचार आया।

वह इंस्पेक्टर शर्मा की बात काटते हुए बोला, "शर्मा जी, लड़का शरीफ है। इसे मैं अपने गाँव में रख लेता हूँ। वहीं पड़ा रहेगा। घर के छोटे-मोटे काम में चौधराइन की मदद कर देगा। यूँ भी आजकल चौधराइन के पैर में गठिया का दर्द रहता है।"

राज चौधरी की बात सुनकर वहाँ खड़े सभी पुलिसवालों के कान खड़े हो गये। पहलवान से न रहा गया तो वह बोल ही पड़ा, "चौधरी, इस उम्र में अब लौण्डे का शौक चर्राया है तुम्हें! चौधराइन से काम नहीं चल रहा है, तो रखैल रख ले। लौण्डा क्यों रखता है!"

राज चौधरी ने पहलवान की बात अनसुनी कर दी और इंस्पेक्टर शर्मा की इजाजत से वह विनीता को साथ लेकर चल पड़ा।

राज चौधरी फरीदाबाद से रोज दिल्ली नौकरी करने आते थे। फरीदाबाद के मेवला महाराजपुर गाँव में उनके पास अच्छी-खासी जमीन थी। घर में कई गायें थीं। गौशाला के पास ही एक छोटा कमरा था, जो बैठक की तरह इस्तेमाल होता था। गाँववाले कभी-कभार बैठक में आकर हुक्का गुड़गुड़ाते हुए ताश खेलते थे। बैठक के बगल में ट्यूबवेल की मोटर के लिए एक छोटा कमरा था।

गाँव पहुँचकर चौधरी ने विनीता को ट्यूबवेलवाला कमरा दिखा दिया। कमरे में एक खाट और उसमें एक बिस्तर लिपटा हुआ था। पुलिस का यह नया अवतार विनीता की समझ से परे था। वह अब कुछ समझना भी नहीं चाहती थी। उसने अपने को नियति के हवाले कर दिया था। इस विश्वास के साथ कि जो होगा देखा जाएगा।

अगली सुबह! विनीता जागी तो उसके आसपास की दुनिया बदली हुई थी। घर छोड़े अभी उसे सात दिन हुए थे। हर दिन उसके लिए एक नया दिन था। सात दिन में उसने सात पहाड़ पार किए थे। उसके अन्दर अब मुसीबतों से जूझने का हौसला बढ़ने लगा था। वह हर हाल

में जूझने के लिए तैयार थी। पर उसे यह नहीं समझ आ रहा था कि चौधरी आखिर उसे अपने घर क्यों लाया है? अब तक मिले लोगों में उसे चौधरी कुछ अलग-सा आदमी लगा था।

सुबह चौधराइन और विनीता आमने-सामने थे। चौधराइन ने उसे देखकर कोई अच्छा भाव प्रदर्शित नहीं किया। विनीता पहली नजर में उसे जँची नहीं। उसे उसके लड़की होने में भी शक हुआ। बेशक उसने सलवार-सूट पहन रखा था। रविवार होने के कारण चौधरी घर पर ही था। रोटी परोसते हुए चौधराइन ने चौधरी से पूछ ही लिया, "ये हिजड़ी कहाँ से उठा लाये हो?"

"ये हिजड़ी दिखती है तुम्हें! अच्छी-खासी लड़की है!" चौधरी ने छाछ का गिलास हलक से नीचे उतारते हुए चौधराइन से साफ झूठ बोल दिया, "बेचारी अच्छे घर की है। माँ-बाप इसके मर चुके हैं। घर के काम में तेरा हाथ बँटा देगी। दो टिक्कड़ खाकर एक कोने में पड़ी रहेगी तो पहाड़ नहीं टूट जाएगा।"

"चौधरी, मुझे बनाओ मत। खाँटी जाटनी हूँ। औरत की चाल से बता दूँ कि उसके पेट में कितने दिन का बच्चा है। आदमी को देख लूँ तो उसके चार पुरखों के बारे में बता दूँ।" चौधराइन ने चौधरी के झूठ को पकड़ लिया था।

फिर तिरिया चरित्तर दिखाती हुई चौधराइन बोली, "चालीस साल की उम्र में बच्चा नहीं जन सकी, तो घर में हिजड़ी उठा लाये। बच्चे का इतना ही शौक था तो किसी ठीकठाक को गोद ले लेते।"

चौधराइन ने चौधरी की कमजोर नस पर हाथ रख दिया था। चौधरी विनीता को इसी भाव से लाया था कि वह घर में बच्चों का खालीपन भर देगी। लेकिन चौधराइन ठहरी पूरी चौधराइन। वो भला कैसे बर्दाश्त करती कि गाँव के लोग उसके बारे में उल्टा-सीधा बोलें!

चौधरी को मानता न देख चौधराइन उस पर चढ़ बैठी, "इस घर में ये हिजड़ी रहेगी या फिर मैं। मैं किसन गुज्जर का किस्सा अपने घर में नहीं दोहराने दूँगी। अगर ये यहाँ से नहीं गई तो मैं जहर खाकर जान दे दूँगी।"

चौधराइन के मुँह से जहर खाने की बात सुनकर चौधरी डर गया। उसे इस बात पर ज्यादा आश्चर्य हुआ कि चौधराइन को भी बगल के गाँव अनंगपुर के किसन गुज्जर के किस्से की जानकारी है।

किसन गुज्जर और बाबी हिजड़ी की कहानी इस इलाके के बच्चे-बच्चे की जुबान पर थी। फिर भला औरतों की पंचायत करने वाली चौधराइन को कैसे न होती। लैला-मजनूँ से कम रोमांचक कहानी नहीं थी किसन और बाबी की। दुनिया की परवाह किए बिना किसन ने बाबी के मामले में पूरी मर्दानगी से काम लिया था। पूरा गाँव हिजड़पन पर उतर आया था। किसी की परवाह किए बिना उसने बाबी का अन्त तक साथ दिया था।

बाबी फरीदाबाद के हिजड़ों की गद्दी की मालकिन थी। खूब पैसा-रुपया था उसके पास। अपने गुरु की चहेती थी, इसीलिए सबको दरकिनार करते हुए गुरु ने गद्दी उसे सौंप दी थी। किसन की मुलाकात बाबी से नये फरीदाबाद के एनआईटी मार्केट में हुई थी। भारत-पाक विभाजन के समय आये पंजाबी शरणार्थियों को यह जगह जवाहरलाल नेहरू की पहल पर दी गई थी। अपनी मेहनत से इन शरणार्थियों ने इलाके की शक्ल बदल दी है। सीमेण्ट की चादरों के शेडवाले घरों की जगह अब यहाँ बड़ी-बड़ी कोठियाँ आकार ले चुकी हैं। इसी इलाके के मार्केट में किसन दूध की सप्लाई करता था। बाबी ने पहली बार किसन को इसी मार्केट में छेड़ा था, "हाय चिकने। पूरा गबरू जवान है। चुम्मी दे दे।"

इसके बाद से तो यह सिलसिला चलता ही रहा। किसन भी बीच-बीच में बाबी से छेड़खानी करता। दोनों धीरे-धीरे नजदीक आ रहे थे। एक दिन बाबी किसन को होटल में ले गई। वहाँ दोनों के बीच वह सब हुआ, जो ऐसे लोगों के बीच होता है। किसन ज्यादा पैसेवाला नहीं था। उसके पास दो-चार भैंसें थीं। उन्हीं का दूध बेचकर वह अपना और अपनी पत्नी का पेट पालता था। बाबी हर जरूरत पर उसकी मदद करती। थोड़ा समय बीता तो बाबी ने एक कमरा ले लिया और किसन के साथ उसमें रहने लगी। रात को किसन अपने गाँव अपनी बीवी के पास चला जाता था और पूरा दिन बाबी के साथ

गुजारता था। कभी-कभार किसन रात को भी बाबी के पास रुक जाता। बाबी दिनभर अपनी मण्डली के साथ बधाइयाँ बटोरती। समय मिलते ही वह किसन के पास पहुँच जाती। रात को कई-कई दिन न आने पर किसन की पत्नी को कुछ शक होने लगा था। वैसे एनआईटी और किसन के गाँव में दोनों के मेलजोल की खबरें चटकारे का विषय बन चुकी थीं। एक दिन किसन की पत्नी ने बाबी के कमरे में छापा मारा। उसने दोनों को नग्न अवस्था में देखा और तूफान खड़ा कर दिया। उस वक्त तो किसन उसे समझा-बुझाकर घर ले आया, लेकिन वह ज्यादा दिन किसन के घर न रुकी। वह किसन को छोड़ कर अपनी माँ के घर चली गई—हमेशा के लिए।

किसन को अपनी पत्नी के जाने का दुख नहीं हुआ। उसने बाबी के साथ खुल्लम-खुल्ला रहने का फैसला कर लिया। वह बाबी को अपने गाँव ले आया। बाबी भी किसन की दीवानी हो चुकी थी। उसी दीवानगी में वह अपने कपड़े-लत्ते, माल-पानी और जेवर-जत्ते के साथ अपने डेरे को हमेशा के लिए टाटा बोलकर गाँव में आ गई।

गाँव में यह खबर बिजली की तरह दौड़ गई। बैठकों और चौपालों में किसन और बाबी की चर्चा होने लगी। चर्चा का लब्बोलुआब यही था कि गाँव में हिजड़ी रहेगी तो गाँव का माहौल खराब हो जाएगा। अन्ततः मामला सरपंच तक पहुँचा। पंचायत बुलाई गई। बाबी और किसन की पेशी हुई। पंचायत ने दोनों को गाँव से बेदखल कर दिया। किसन पंचों से खूब लड़ा, "हिजड़े कोई हिंसक जानवर नहीं हैं, जो गाँव में रहेंगे तो लोगों को मारकर खा जाएँगे। उन्हें भी भगवान ने ही बनाया है। तुम लोगों की तरह वे हुक्का गुड़गुड़ाते और ताश पीटते नहीं बैठे रहते। तुम्हारी जनानियाँ गोरू और खेत पर काम न करें तो भूखे मर जाओ। हिजड़े मेहनत करते हैं। नाच-गाकर कमाते हैं। दूसरों के लिए दुआएँ माँगते हैं। असल में तुम लोगों का मेहनत से बैर हो गया है। तुम कोई भी तुगलकी फरमान जारी करो तो मैं उसे मानने से रहा..."

किसन बोले जा रहा था। वह पंचायत का फैसला मानने के लिए तैयार नहीं था। उसे पता था कि यदि उसने पंचायत का फैसला नहीं माना

तो उसकी खैर नहीं। बावजूद इसके वह पंचों से मोर्चा लिए हुए था।

पंच समझ गये थे कि किसन उनकी बात सुननेवाला नहीं है। जाटों और गूजरों के गाँवों में पंचायत का फैसला भगवान के फैसले से भी बड़ा होता है। गोत्र और जात के नियम तोड़कर प्रेम करनेवाले लड़कों और लड़कियों को पंचायतें पीपल के दरख्त पर लटकाकर फाँसी दे देती हैं या फिर पीट-पीटकर मार डालती हैं। कई जगह तो शादी के बाद बने पति-पत्नी को भाई-बहन बनकर रहने का आदेश दे देती हैं। कानून भी इन पंचायतों के सामने कई बार हिजड़ा बन जाता है।

पंचायत खत्म हो चुकी थी। किसन बाबी को लेकर अपने घर रवाना हो चुका था। दोनों के जाने के बाद पंचों ने आपस में खूब कानाफूसी की और किसन की सजा मुकर्रर कर दी।

रात का समय था। पंचायती आदेश के तहत गाँव के जवान छोरों ने किसन के घर में डीजल डालकर आग लगा दी थी। घर धू-धू कर जल रहा था। किसन और बाबी ने घर से बाहर निकलने की कोशिश की, तो बाहर खड़े पंचायत के लठैतों ने उन्हें निकलने न दिया। थोड़ी ही देर में दोनों की वहीं समाधि बन गई। किसन और बाबी के नाम पर जले हुए घर में उनकी सिर्फ राख बची हुई थी। घर का सारा सामान राख हो चुका था, लेकिन बाबी का सोना-चाँदी तो जल नहीं सकता था। पंचायती लठैतों ने बाबी को ऊपर से नीचे तक सोने से लदे-फदे कई बार देखा था। वे राख में सोने की तलाश में जुट गये। कुछ देर बाद पंचायती लठैतों को एक सन्दूक में उसके जेवर मिल गये थे। उनके चेहरों पर विजय की मुस्कान तैर रही थी। माल लेकर वे वहाँ से नौ-दो-ग्यारह हो लिए।

दूसरे दिन पुलिस-थाना हुआ। पंचों से लेकर गाँव के हर शख्स ने आग को दुर्घटना सिद्ध किया। कोई भी मर्द सामने आकर सच के साथ खड़ा होने की हिम्मत नहीं जुटा सका। किसन सही कहता था कि इस गाँव में सारे हिजड़े रहते हैं।

चौधरी और चौधराइन की खटर-पटर की आवाज इतनी ऊँची थी कि बाहर खड़ी विनीता को सारी बातें साफ सुनाई दे रही थीं। उसके मन

में आ रहा था कि अब वह यहाँ भी ज्यादा समय साँस नहीं ले पायेगी। आने वाले खतरे को भाँपकर वह अन्दर से बाहर तक काँप रही थी।

खा-पीकर चौधरी बाहर निकले तो उन्होंने विनीता को देखा—उसकी आँखें डबडबाई हुई थीं। वे जैसे ही उसके पास पहुँचे, वह उनके पैरों पर गिर गई। उसके मुँह से सिर्फ यही निकला—"बाबूजी।"

बाबूजी का सम्बोधन सुनकर बेऔलाद चौधरी का दिल पसीज गया। उन्होंने विनीता के सिर पर हाथ फेरते हुए कहा, "बेटी, घबरा मत। सब ठीक हो जाएगा। चौधराइन तो ऐसे ही बकबक करती रहती है।"

बात आयी-गयी हो गई। दो-तीन दिन और बीते। चौधरी अपनी पुलिसिया नौकरी से जब दिल्ली से लौटता तो खाने के वक्त चौधराइन विनीता को लेकर उससे जरूर उलझती।

चौधरी को विनीता अपने पिता की तरह मानने लगी थी। वैसे भी उसे अपने पिता गौतम साहब से बहुत प्यार था। वे ही थे, जो उसकी हर माँग पूरी करते थे। बाकी घरवालों के लिए तो उसके होने या न होने का कोई मतलब नहीं था। विनीता नहीं चाहती थी कि उसके कारण चौधरी के घर में कोई कलह हो। उसे एक रास्ता सूझा। चौधरी ड्यूटी से लौटे थे। ड्यूटी से आने के बाद वे एक बार बैठक में विनीता का हालचाल लेने जरूर जाते थे। वे जब बैठक में पहुँचे तो विनीता उनसे कह उठी, "बाबूजी, मैंने ब्यूटीशियन का कोर्स किया है। कई शादी-ब्याहों में भी दूल्हे-दुल्हन के मेकअप का अनुभव है मुझे। आप किसी ब्यूटी पार्लर में मुझे काम पर लगवा दें तो थोड़े दिन में मैं अलग कमरा लेकर रहने लगूँगी।"

चौधरी साहब को बात जँची। उन्हें लगा कि चौधराइन की रोज-रोज की खटपट से अच्छा है कि इसे किसी पार्लर में लगवा दूँ। यह सोचकर उन्होंने विनीता को जल्दी किसी पार्लर में काम दिलाने का आश्वासन दे दिया।

रविवार की सुबह चौधरी पुराने फरीदाबाद की पुलिस चौकी में पहुँच गये। चौकी इंचार्ज रमेश देसवाल मेवला महाराजपुर गाँव का ही था। सो, चौधरी की उससे 'राम-राम' थी। देसवाल से उन्होंने सारी

बात बताई और विनीता की मदद करने के लिए कहा। देसवाल ने चौधरी की बात सुनी और बोला, "चौधरी साहब, जमाना बड़ा खराब है। ब्यूटी पार्लर की आड़ में आजकल वेश्यावृत्ति का धन्धा चल रहा है। दो दिन पहले ही सेक्टर ग्यारह के सरोज पार्लर पर छापा मारकर तीन ग्राहक और पाँच कालगर्ल पकड़ी हैं।"

देसवाल की इस बात का चौधरी पर कोई असर नहीं पड़ा। वह फिर बोला, "ऐसा तो नहीं है कि फरीदाबाद के सारे पार्लरों में रण्डीबाजी ही होती है। कुछ तो ढंग का काम करते होंगे। बड़े घरों की लड़कियाँ इनमें जाती हैं।"

चौधरी को टलता न देख देसवाल ने ब्यूटीशियन की ट्रेनिंग देनेवाले एक इंस्टीट्यूट के मालिक को बुलाने के लिए एक सिपाही भेज दिया। थोड़ी देर में इंस्टीट्यूट का मालिक दिलीप मनचन्दा चौकी में हाजिर था। मनचन्दा वैसे चौकी में न आता, लेकिन इन दिनों पार्लरों पर छापे डाल रही फरीदाबाद की पुलिस से इस धन्धे का हर सही आदमी भी दहशतजदा था।

देसवाल ने मनचन्दा को सारी बात समझाई और विनीता को अपने यहाँ नौकरी पर रखने के लिए दबाव डाला। पहले तो मनचन्दा ने उसके हिजड़ी होने के कारण ना-नुकुर करनी चाही, फिर यह सोचकर मान गया कि चौकी इंचार्ज का आदमी इंस्टीट्यूट में काम करेगा, तो पुलिस की नजर उसके पार्लर पर नहीं पड़ेगी। वैसे वह अपने इंस्टीट्यूट में कोई गलत काम नहीं करता था।

अगले दिन से विनीता पार्लर जाने लगी। थोड़े ही दिन में सीखने आनेवालों में वह लोकप्रिय भी होने लगी। वह लगन से काम सिखाती थी। टाल-मटोल जैसा शब्द उसकी डायरी में नहीं था। स्कूल में जेण्डर स्पष्ट न होने के चलते जब उसे दाखिला नहीं मिला था तो गौतम साहब ने उसे दिल्ली के मशहूर शहनाज ब्यूटीशियन इंस्टीट्यूट से ट्रेनिंग दिला दी थी। गौतम साहब ने यही सोचा था कि मुश्किल समय में यह ट्रेनिंग उसके काम आयेगी। हुआ भी यही। जब सब साथ छोड़ गये तो यही ट्रेनिंग उसके काम आयी।

सात

तीसहजारी कोर्ट। चारों तरफ भारी चहल-पहल थी। दिल्ली में अपराध बढ़े थे। इसीलिए कोर्ट में भी हलचल पहले से ज्यादा ही थी। जेल से आयी पुलिस वैन बैरकों के सामने कतारबद्ध खड़ी थीं। वैन में मुजरिम खचाखच भरे हुए थे। पुलिसवाले बीस आदमियों के लिए बनी बैरकों में पचास-पचास मुजरिमों को जबरिया घुसेड़ रहे थे। उनके रिश्तेदार खाने-पीने की चीजें लेकर बाहर पुलिसवालों को पटा रहे थे। पाँच सौ रुपये फीस थी एक मुजरिम से मिलने की। काले कोट पहने वकील अपने चेम्बरों से निकलकर अदालत की ओर बढ़ रहे थे। मुजरिमों के नाते-रिश्तेदार मिन्नतें करते हुए उनके साथ चल रहे थे। कहीं चाट-पकौड़ा बिक रहा था, तो कहीं फ्रूट-चाट के स्टाल थे।

इसी गहमागहमी के बीच गोलियाँ चलने की आवाज ने सबको दहशतजदा कर दिया था। उत्तर से उठी भगदड़ देखते-देखते पूरे कोर्ट परिसर में फैल गई थी। लोग एक के ऊपर एक गिर रहे थे। किसी को कुछ समझ नहीं आ रहा था। हर तरफ एक ही आवाज गूँज रही थी—भागो-भागो। सब अपनी जान बचाने के लिए ठिकाना खोज रहे थे। हत्यारे गोली दागते हुए उत्तर से दक्षिणी गेट की ओर बढ़ रहे थे। नरगिस लहूलुहान जमीन पर पड़ी मदद की गुहार कर रही थी। पुलिस भी थोड़ी देर बाद हरकत में आयी। तब तक हत्यारे भाग चुके थे। पुलिस जब नरगिस के पास पहुँची, वह दम तोड़ चुकी थी। उसके साथ आये उसकी मण्डली के लोग अपनी जान बचाने के लिए इधर-उधर भाग गये थे। हत्यारों ने नरगिस को टारगेट किया था। वही उनके निशाने पर थी।

नरगिस जमानत पर थी। उस पर दिल्ली की हिजड़ों की सबसे बड़ी गद्दी की मालकिन चन्दाबाई को मरवाने का आरोप था। चन्दाबाई के कत्ल के मुकदमे पर सुनवाई होनी थी। इसीलिए वह अपने चेले-चपाटों के साथ कोर्ट पहुँची थी।

चन्दाबाई की गद्दी पर कब्जे को लेकर उसके चेलों में लम्बे समय से संघर्ष चल रहा था। दिल्ली में चन्दाबाई की गद्दी सबसे बड़ी मानी जाती है। है भी। गद्दी के पास करोड़ों की जमीन-जायदाद है। गद्दी के नीचे तीन उप-गद्दियाँ हैं। चन्दाबाई ने एक गद्दी नरगिस के, दूसरी नीलम के और तीसरी रीना के हवाले कर रखी थी। तीनों गद्दियों के अन्तर्गत बड़ा इलाका आता है। इन इलाकों में रहनेवाले अच्छे-खासे अमीर हैं। रोज तीस-चालीस हजार की कमाई तो सबकी हो ही जाती है। कमाई का एक हिस्सा चन्दाबाई को भी जाता था।

चन्दाबाई की उम्र हो रही थी। बीमारी ने भी उसे घेर रखा था। उसके पैर कब्र में लटके हुए थे। रीना, नरगिस और नीलम में वह नीलम को ज्यादा चाहती थी। इस बात की खबर सभी को थी। इसके साथ यह भी तय था कि गद्दी की अगली मालकिन नीलम ही होगी। यह बात नरगिस के गले के नीचे नहीं उतर रही थी। चन्दाबाई गद्दी के वारिस का ऐलान करती कि उससे पहले ही नरगिस ने उसकी हत्या करवा दी और खुद जबरन गद्दी पर बैठ गई थी।

नरगिस का गिरिया पाण्डवनगर का रहनेवाला गोपाल था। गोपाल ने ही नरगिस के कहने पर चन्दाबाई को निपटवाया था। खुलते-खुलते यह बात रीना और नीलम तक भी पहुँची थी। नरगिस ने गद्दी पर कब्जा करने से पहले यह खबर उड़वाई थी कि चोर चन्दाबाई के घर में चोरी के लिए घुसे थे। घर में लोग जाग गये तो चोरों ने अपने बचाव में चन्दाबाई पर गोली चला दी थी।

हत्या का जब धीरे-धीरे खुलासा हुआ तो नीलम और रीना को यह बात नहीं पची। नरगिस यूँ भी दोनों की रजामन्दी से गद्दी की मालकिन नहीं बनी थी। उसकी गुरु बनने की रस्म भी नहीं हुई थी। इसी चक्कर में नीलम और रीना ने गद्दी को अपनी कमाई से हिस्सा देना बन्द कर दिया था। एक प्रकार से गद्दी टूट चुकी थी। नरगिस ने

गद्दी टूटने की परवाह नहीं की। नीलम और रीना की कमाई से हिस्सा न मिलने से गद्दी की सेहत में कोई खास फर्क नहीं पड़ने वाला था।

नरगिस के गद्दी पर कब्जा करने के बाद नीलम और रीना ने पुलिस में नरगिस के खिलाफ अपने गुरु की हत्या का मामला दर्ज करा रखा था। यही नहीं, नरगिस द्वारा गद्दी पर कब्जे के विरोध में नीलम और नरगिस के साथियों ने कई दिनों तक गद्दी के बाहर जमकर उत्पात किया था। इलाके में कानून-व्यवस्था गड़बड़ा गई थी। आसपास के लोगों ने पुलिस में रिपोर्ट दर्ज कराकर इलाके को हिजड़ों से बचाने की गुहार लगाई थी। हिजड़ों को गिरफ्तार करना कोई आसान बात तो थी नहीं। उनकी संख्या भी तीन-चार सौ के आसपास थी। इनमें हिजड़ों के अलावा उनके गिरिया और ढोलकिये-हरमोनिया सब शामिल थे। सब वहीं धरना दिये बैठे थे।

पुलिस को नरगिस ने मोटी रकम पहुँचाई थी। इसीलिए पुलिस तेजी नहीं बरत रही थी। इलाके के लोगों ने जब पुलिस कमिश्नर तक मामला पहुँचा दिया तो पुलिस हरकत में आयी। उसने वहाँ बैठे हिजड़ों को खींच-खींचकर पुलिस वैनों में भर लिया और थाने लाकर बन्द कर दिया।

नरगिस को गद्दी पर कब्जा किये हुए काफी समय बीत चुका था। मुकदमेबाजी जारी थी। नरगिस की नीयत बदल चुकी थी। वह अपने गिरिया गोपाल से छुटकारा पाना चाहती थी। चन्दाबाई की हत्या में वह उसका राजदार था। इसलिए वह उसे रास्ते से हटाना चाहती थी। उसे इस बात का हमेशा डर रहता था कि कहीं पुलिस के हत्थे चढ़ने पर वह उसका नाम न उगल दे। अब उसके पास पैसे की कोई कमी नहीं थी। गद्दी की अकूत सम्पत्ति की मालकिन जो बन बैठी थी। उसने गोपाल को किनारे लगाने के लिए कालगर्ल माफिया रेखा चितकबरी को सुपारी देने की बात सोची। रेखा चितकबरी के लिए गोपाल जैसे लोगों को निपटाना छोटी बात थी। उसके हाथ बहुत ऊपर तक जाते थे। बड़े पुलिस अफसरों और नेताओं से उसकी जान-पहचान थी।

रेखा चितकबरी से नरगिस का सम्बन्ध पहले से ही था। चिकने हिजड़ों और होमो लड़कों के लिए रेखा चितकबरी की माँग वही पूरी करती थी।

नरगिस ने रेखा चितकबरी को मोबाइल कर उससे मिलने की इच्छा जाहिर की। वह मान गई। दो दिन के बाद का समय तय हुआ। उस शाम झमाझम बारिश हो रही थी। हवा काफी तेज थी। दरख्त डांस कर रहे थे। बिजली कड़क रही थी। चारों तरफ अँधेरा छाया हुआ था। आँधी-तूफान के बाद बारिश शुरू हुई थी। लम्बे इन्तजार के बाद मानसून की यह पहली बारिश थी। मानसून यूँ भी दिल्लीवालों से कई बरसों से रूठा हुआ है। दुनियाभर के प्रदूषण के कारण मानसून का दबाव दिल्ली में बनते-बनते रह जाता है। आसपास बरसकर चला जाता है और दिल्लीवाले आसमान ताकते रह जाते हैं। लेकिन वे सुधरने के लिए तैयार नहीं दिखते हैं। तमाम कोशिशों के बावजूद जमुना जस की तस है। दिल्ली के कई नाले जमुना से ज्यादा साफ हैं। गाड़ियों के धुएँ ने नीले आसमान को काला कर दिया है। आकाश में हमेशा धुएँ की एक चादर चढ़ी रहती है।

बारिश थी कि रुकने का नाम ही नहीं ले रही थी। मूसलाधार बारिश थी। कई बिजली के खम्भे झुक गये थे। कई इलाकों की बिजली गुल थी। इस बीच नरगिस के मोबाइल की घण्टी बजी। उधर रेखा चितकबरी थी—“नरगिस, आज मौसम खराब है। फिर कभी मिलते हैं।”

नरगिस को कुछ सूझा नहीं कि वह रेखा चितकबरी की इस बात का क्या जवाब दे। वह इत्मीनान से बैठी थी कि आज वह गोपाल का काम तमाम करने की सुपारी रेखा चितकबरी को दे देगी। इसीलिए रेखा चितकबरी की बात से उसे थोड़ा झटका लगा। पर कुछ क्षणों में ही वह सँभल गई और उसने रेखा चितकबरी को जवाब दिया, “देखो, आज हमारा मिलना बहुत जरूरी है। कुछ भी करके यहाँ आ जाओ। मोटी कमाई का मामला है। बारिश तो थोड़ी देर में रुक ही जाएगी।”

“ठीक है, मैं कोशिश करती हूँ। लेकिन बारिश बन्द होने के बाद ही अपने घर से निकलूँगी। ड्राइवर को बुलाया था, वह भी अभी

तक नहीं आया है।" कमाई की बात सुनकर रेखा चितकबरी ने हाँ भर दी। पैसा उसका पीर था। इसी पैसे के चलते उसका बचपन अभाव में गुजरा था। अब पैसा क़माने का वह कोई भी मौका नहीं छोड़ती थी। पैसे के लिए वह कुछ भी कर सकती थी।

नरगिस का बदला हुआ व्यवहार गोपाल को धीरे-धीरे समझ आ रहा था। दोनों ने एक साथ जीने-मरने की कसम खाई थी। इसी कसम के चलते वह अपनी पत्नी को छोड़ चुका था। पत्नी को उसने तब छोड़ा था, जब नरगिस इतनी मालवाली नहीं बनी थी। गोपाल को नरगिस की नीयत में खोट दिखने लगा। गोपाल सयाना भी था। उसकी बेवफाई के कारण को समझने की कोशिश करने लगा। उड़ते-उड़ते खबर उसके पास आ ही गई। उसे पता चल चुका था कि नरगिस ने रेखा चितकबरी को उसकी सुपारी दी है। लेकिन उसे यह नहीं पता था कि रेखा चितकबरी ने उसकी सुपारी लेने से साफ मना कर दिया था। मोटी रकम की पेशकश के बाद भी वह गोपाल की सुपारी लेने के लिए तैयार नहीं हुई थी। उसने नरगिस को साफ-साफ मना कर दिया था कि वह हिजड़ों के बवाल में नहीं फँसेगी। हिजड़ों का कोई दीन-ईमान नहीं होता। वैसे भी चन्दाबाई की हत्या के मामले का अखबारों और टीवी में मीडिया ट्रायल चल रहा था। शूटआउट एट तीस हजारी कोर्ट। हिजड़ों के निशाने पर और भी लोग हैं। सावधान, आपके पास हत्यारा हिजड़ा घूम रहा है। ऐसे ही विचित्र शीर्षकों के साथ डरावनी आवाजों और विचित्र वेशभूषाओं में एंकर्स चन्दाबाई की हत्या का राज परत-दर-परत खोल रहे थे। इसी सबके चलते रेखा चितकबरी ने गोपाल की सुपारी लेने से अपने हाथ खींच लिए थे। वह अपने शान्ति से चल रहे धन्धे को हिजड़ों की लड़ाई में क़ुर्बान नहीं करना चाहती थी। कई दर्जन लड़के-लड़कियाँ उसकी दी हुई रोटी खाते थे।

गोपाल अपनी मौत के डर से घबरा उठा था। उसे इस बात पर विश्वास ही नहीं हो पा रहा था कि नरगिस उसकी जान के पीछे पड़ जायेगी। उसने नरगिस के लिए चन्दाबाई को ठिकाने लगवाया था। हालाँकि उसके मन में भी गद्दी की सम्पत्ति को लेकर लालच था।

गोपाल ने नरगिस को रास्ते से हटाने का फैसला कर लिया। उसने सोचा कि वह भला क्यों मरे? मरना है तो नरगिस को मरना पड़ेगा। उसने चन्दाबाई के हत्यारों को काण्टेक्ट किया। उन्हें पहली सुपारी की पूरी रकम गोपाल ने ही पहुँचाई थी। इसलिए दूसरी सुपारी लेते वक्त हत्यारों ने गोपाल से ज्यादा पूछताछ नहीं की। अलबत्ता, यह जरूर कहा कि एक हफ्ते रुकना पड़ेगा। शूटर अभी उपलब्ध नहीं है। उसे आजमगढ़ से बुलाना पड़ेगा। मामला दस लाख में तय हो गया।

चन्दाबाई की हत्या के बाद नरगिस ने प्राइवेट सुरक्षा गार्ड ले रखे थे। उसे रीना और नीलम से डर बना हुआ था। रीना और नीलम के पास भी मवालियों की अच्छी-खासी फौज थी। नरगिस को गद्दी से हटाने के लिए दोनों के बीच गठबन्धन हो चुका था। एक बार नरगिस पर चाकू से वार भी हो चुका था, लेकिन वह बच गई थी। इसी के बाद से उसने प्राइवेट सिक्योरिटी ले ली थी। नरगिस आसानी से घर से नहीं निकलती थी। उसका घर किले में तब्दील हो चुका था। अजनबियों को आने-जाने की मनाही थी।

काण्ट्रेक्ट-किलर नरगिस को मारने के लिए रैकी करने लगे। उन्हें कोई रास्ता नहीं मिल रहा था उसे टपकाने का। घर से बाहर वह निकल नहीं रही थी। गोपाल ने खबर दी कि चन्दाबाई के हत्या के मामले की तारीख पड़नेवाली है। नरगिस को वहाँ हाजिर होना ही पड़ेगा। तय हो गया कि उसे तीसहजारी कोर्ट में ही टपकाया जाएगा। नरगिस पर कोर्ट परिसर में हमला गोपाल की इसी रणनीति का हिस्सा था।

गोपाल नरगिस का गिरिया था, इसीलिए किसी को उसके ऊपर शक नहीं हुआ। उल्टे हत्या का आरोप उसने नीलम व रीना पर लगा दिया। दोनों पहले भी नरगिस पर चाकू से हमला करवा चुकी थीं। गद्दी से बेदखल करने के लिए उन्होंने बवाल भी काटा था। धरना-प्रदर्शन किया था। गोपाल के तर्कों में पुलिस को दम लगा। नतीजतन, पुलिस ने दोनों को रातोंरात उठा लिया और उनसे कड़ी पूछताछ की, लेकिन कुछ भी सामने नहीं आया। हारकर दो दिन बाद उन्हें इस

हिदायत के साथ छोड़ दिया गया कि वे बिना सूचना दिये शहर नहीं छोड़ेंगी।

इस बीच गद्दी खाली हो गई थी। पहले चन्दाबाई, फिर नरगिस। एक-के-बाद एक हत्या! ऐसा लगता था कि गद्दी को शनि की वक्रदृष्टि लग गई है। नीलम और रीना को लग रहा था कि सन्त आशामाई का श्राप गद्दी को लगं गया है। चन्दाबाई के जीते-जी गद्दी के वारिस का मामला आशामाई के दरबार में पहुँचा था। उन्होंने सबको समझाया था—"गद्दी को लेकर झगड़ा करने से दूसरी दुनिया के लोगों पर क्या असर पड़ेगा, कभी सोचा है इस बारे में? वे यही सोचेंगे कि प्रकृति के सताए हुए इस दुनिया के लोग भी दूसरी दुनिया के लोगों जैसे ही हैं। दोनों में कोई अन्तर नहीं है। दोनों में हिजड़पन कूट-कूटकर भरा है। हमें तो ईश्वर ने दूसरों को अपशकुन से बचाने की ताकत दी है। हमारा काम दूसरी दुनिया के लोगों को आशीर्वाद देना है, उनकी तरह लड़ना-झगड़ना नहीं। हमारी मुक्ति का यही रास्ता है। इस योनि से मुक्ति के लिए हमें दूसरी दुनिया के लोगों से अलग दिखना चाहिए।"

चन्दाबाई की मौजूदगी में नीलम, नरगिस और रीना ने आशामाई का यह प्रवचन सुना था। लेकिन अपने अन्दर घुस आये लालच से वे उबर नहीं पा रही थीं। लाख समझाने-बुझाने के बाद भी जब बात नहीं बनी तो आमतौर पर शान्त रहनेवाली आशामाई की आँखों में गुस्सा चमक उठा था। वे श्रापते हुए बोली थीं, "तुम आपस में लड़-भिड़कर मर जाओगे और गद्दी पर दूसरी दुनिया का कोई आदमी कब्जा कर लेगा। तुम लोगों को मुर्गादेवी इस जनम में माफ नहीं करेंगी। तुम्हें और सौ जनम तीसरी योनि में ही पैदा होना पड़ेगा।"

नीलम और रीना को सन्त आशामाई की बात याद आ गई। वे किसी अनजाने भय से काँप उठीं। थाना-पुलिस करने से उनके धन्धे पर बुरा असर पड़ रहा था। सारी कमाई मुकदमेबाजी में लग रही थी। इसी सबके चलते दोनों गद्दी से अलग होने का विचार कर रही थीं।

इस बीच मौका देखकर गोपाल ने गद्दी पर कब्जा कर लिया। नरगिस के कई साथियों को उसने पटा लिया था। उसने अपने को गद्दी का गुरु घोषित कर दिया।

उसके गुरु बनने की रस्म-क्रिया होनी थी। देशी मुर्गे की बलि चढ़ाई जानी थी। घर को सजाया-सँवारा जा रहा था। गद्दी बिजली की झालरों से जगमगा रही थी। हलवाई पकवान बनाने में व्यस्त थे। पूरी दिल्ली के हिजड़ों को न्यौता गया था। नीलम और रीना को भी बुलाया गया था। नरगिस के कई शिष्यों को गोपाल का गुरु बनना अच्छा नहीं लग रहा था। गद्दी पर मुकम्मल मर्द बैठे, यह उनको मंजूर नहीं था। गोपाल के विरोधी हिजड़ों ने नीलम और रीना से मदद की गुहार की। दोनों ने गद्दी के लफड़े में पड़ने से यह कहकर मना कर दिया कि उन्होंने गद्दी से अपना नाता तोड़ लिया है।

दिल्ली के हिजड़ों को यह बात हजम नहीं हो पा रही थी कि इतनी बड़ी गद्दी पर कोई गैर-हिजड़ा बैठे। रस्म-क्रिया शुरू होनेवाली थी। सैकड़ों हिजड़े जमा थे। मुर्गे की गर्दन पर जैसे ही रस्सी बाँधी जानेवाली थी कि एक बुजुर्ग हिजड़ा खड़ा हो गया। उसने सारे हिजड़ों की ओर मुखातिब होकर कहा, "आज यदि तुम मुकम्मल मर्द को गुरु मान लोगे तो तुम्हारे अस्तित्व को पैसे के लालची लोग लील जायेंगे..."

बुजुर्ग हिजड़ा अपनी बात अभी खत्म भी नहीं कर पाया था कि नीलम की मण्डली की चाँदनी सन्त आशामाई का फरमान लेकर वहाँ घुसी। उसने सबसे मुखातिब होते हुए कहा, "सन्त जी ने कहा है कि हिजड़ों की गद्दी का गुरु कोई मर्द नहीं हो सकता। यदि ऐसा हुआ तो धरती पर हर हिजड़े को मुर्गादेवी का कोप झेलना पड़ेगा। वह नाच-गा कर कमाने लायक भी नहीं रहेंगे।"

इतनी देर में वहाँ बैठे हिजड़ों में भी खुसुर-फुसुर शुरू हो चुकी थी। गोपाल को डर लग रहा था कि उसके साथ बदसलूकी न हो जाए। वैसे उसने किराये के हथियारबन्द लोग वहाँ तैनात कर रखे थे। थोड़ी देर में हो-हल्ला शुरू हो गया। रस्म-क्रिया पूरी होने से पहले ही खत्म हो गई। सारे हिजड़े एक-एक कर गद्दी से बाहर आ गये। आशामाई के फरमान से वे डर गये थे। आशामाई के कोप से पूरा दिल्ली का हिजड़ा जगत परिचित था। वे कभी गलत बात नहीं करती थीं।

गोपाल गद्दी का गुरु बनते-बनते रह गया था। गद्दी की सम्पत्ति ने उसे अन्धा कर दिया था। इसी अन्धेपन के कारण पहले उसने नरगिस के कहने पर चन्दाबाई को मरवाया था, फिर नरगिस को। वह किसी भी कीमत पर गद्दी पर कब्जा करना चाहता था। उसने काफी सोचने-विचारने के बाद हिजड़ा बनने का मन बना लिया। वह एक नर्सिंग होम में पहुँचा और मोटी रकम देकर उसने अपना पुरुषांग कटा दिया। उसने अपना नाम गोपाल से बिन्दू रख लिया।

गोपाल हिजड़ा बन चुका था। उसने मर्दों का लिबास उतार दिया था। हिजड़ा बनने के बाद उसने ब्यूटी पार्लर में अपना महिलाओं की तरह शृंगार कराया था। उसके माथे पर बिन्दी और होंठों पर सुर्ख लाल लिपस्टिक ने जगह बना ली थी। गद्दी जाते वक्त आईटीओ चौराहे पर गजरा बेचनेवाली औरत से दो गजरे खरीदे थे। एक को उसने बाल में करीने से लगा लिया था और दूसरे को अपनी कलाई में बाँध लिया था। देखने में तो वह औरत की तरह हो गया था, लेकिन उसकी चाल में मर्दोंवाली ठसक बनी हुई थी।

नये अवतार में जब गोपाल गद्दी पहुँचा, तो वहाँ मौजूद सभी उसे देखकर हक्के-बक्के रह गये। सबके सामने उसने अपनी धोती उठा दी, "देखो, अब मैं हिजड़ा बन गया हूँ। देखता हूँ अब मुझे गद्दी से कौन बेदखल करता है।"

इसके बाद गोपाल औरत की तरह रहने लगा। नये-से-नये फैशन की साड़ियाँ पहनता। हफ्ते में दो-एक बार ब्यूटी पार्लर जाकर शृंगार करवाता। धीरे-धीरे उसकी चाल में औरतपन भी छलकने लगा। ताली तो पहले से ही वह ठोंक लेता था। कभी-कभी मण्डली के साथ गाने-बजाने के लिए भी निकलता। इस तरह वह गद्दी पर काबिज हो गया।

आठ

डिम्पल इन दिनों बुझी-बुझी रहती थी। डेरे में भी एक प्रकार की मनहूसियत छाई हुई थी। सुनयना की शैतानियों को सभी मिस करते थे। मंजू अपने गर्भपात के बाद धन्धे में निकलती तो थी, लेकिन उसका नाच अब यान्त्रिक हो गया था। बच्चे की उसे हमेशा याद आती। हमेशा उसके बारे में सोचती। एक-एक दिन जोड़ती कि आज वह होता तो इतने दिन का हो गया होता, उतने दिन का हो गया होता। उसे नहलाती। दुलराती। दूध पिलाती। बार-बार उसकी बलइयाँ लेती। सजाती-सँवारती। दूसरों की नजर से बचाने के लिए उसके माथे पर बड़ा-सा काजल का टीका लगाती। वगैरह-वगैरह। उसकी दिनचर्या में गली के बच्चों ने जगह बना ली थी। वहाँ खेलते बच्चों में वह अपने बच्चे को भी देखती। एक बड़ी-सी गुड़िया उसने खरीदी थी। बार्बी डॉल। अकेले में वह उससे चिपट कर रोती। अपने अधूरे मातृत्व को कोसती। यह बात सोचकर वह और भी सिहर उठती कि अब वह कभी माँ नहीं बन पायेगी। कहने को तो उसकी बिरादरी और डेरे में मौसी, बुआ, ताई सब थे। नहीं थे तो पिता। वह अपने बच्चे को पिता का सहारा देना चाहती थी। रीना ने एक गरीब बच्चे को गोद ले रखा था। उसके पास सब रिश्ते थे, पर पिता उसके पास भी नहीं था। राजा में वह अपने बच्चे का पिता देखती थी, लेकिन उसके रानी बनने के बाद उसका वह सपना चूर हो चुका था। सब टूट चुका था। नहीं टूटा था तो उसका मातृत्व।

अचानक उस दिन आयी तेज आँधी से काली मन्दिर के बगल का चम्पा का दरख्त टूटकर गिर गया था। उसे देखकर मंजू बिलख उठी। उसे लगा कि उसकी ही तरह चम्पा भी बेसहारा और लाचार

होकर जमीन पर पड़ा है। वह अपने को तो बचा नहीं सकी, लेकिन उसने चम्पा को फिर से बचाने की कोशिश की। तमाम लोगों से उसने उसे फिर से खड़ा करने की मिन्नतें कीं। किसी ने उसकी न सुनी। इस बीच दह चम्पा की जमीन से बाहर निकल आयी जड़ों में रोज पानी डालती रही उसे बचाने के लिए। उसने हार नहीं मानी। वह माली को पकड़ लाई। उसने माली से पेड़ को बचाने की गुहार की। माली ने एक हजार रुपये माँगे। डिम्पल से उसने रुपये लेकर माली को दिये। माली ने पेड़ के ऊपरी हिस्से को काट दिया और बचे हुए जड़वाले हिस्से को फिर से जमीन में गाड़ दिया। इसके बाद वह रोज उसमें गोबर की खाद और पानी डालती रही। लम्बा समय बीत जाने के बाद उसमें कोंपल फूट पड़े। इसी के साथ वह खुशी से झूम उठी। चम्पा के पेड़ में उसे अपना वजूद नजर आया। उस दरख्त को फिर से खड़ा देखकर उसके दिल में जिन्दगी की शुरुआत एक बार फिर से करने की इच्छा जन्म लेने लगी थी। वह रोज उस दरख्त के पास आती। उस पर प्यार से हाथ फेरती। उसे निहारती और अपने को नये सिरे से पहचानने की कोशिश को आगे बढ़ाती।

राजा भी रानी बनने के बाद से मंजू से कटा-कटा रहने लगा था। उसका पुरुषत्व खत्म हो चुका था। उसकी सारी इच्छाएँ मर चुकी थीं। पितृत्व भाव को उसके पेट की आग ने कहीं ढक दिया था। अब वह मुकम्मल हिजड़ा था। नाचने-गानेवाला। इस सबके बावजूद डिम्पल अपना प्रायश्चित्त करने के लिए राजा और मंजू की शादी का विचार रखती थी। लेकिन उसके मन में यह बात नहीं आती थी कि मंजू लड़की है। हिजड़े से उसकी शादी कराना एक और भूल होगी। मंजू मातृत्व की भूलभुलैया में अपने स्त्री होने की बात भूल-सी गई थी। लेकिन रात के अँधेरे में कभी-कभी उसके अन्दर आग जरूर धधकती थी।

उधर गोपाल बिन्दू बनकर चन्दाबाई की गद्दी में अपनी सरदारी कायम किए हुए था। डिम्पल और रीना ने गद्दी से नाता तोड़ लिया था। गद्दी की कमाई कम हो गई थी। लेकिन गद्दी के पास पुरानी काफी सम्पत्ति थी। गोपाल गुरु तो बन चुका था, पर उसकी गुरु के

तौर पर गद्दी में ताजपोशी नहीं हुई थी। एक-एक कर गद्दी से जुड़े लोगों को वह अपने बस में करता जा रहा था। लेकिन अभी कई बुजुर्ग और अन्य हिजड़े उसे गुरु मानने को तैयार नहीं थे। कोई खुलकर उसका विरोध नहीं कर पा रहा था, सबको पता था कि वह गद्दी के लिए दो हत्याएँ करवा चुका है और अपनी मर्दानगी भी खत्म कर चुका है। गद्दी के लिए वह कुछ भी कर सकता है। ऊपर से देखने में गद्दी का सब कुछ ठीक लगता था। गोपाल को भी इत्मीनान हो चला था कि अब उसे गद्दी से कोई बेदखल नहीं कर सकता।

दिल्ली का दिन-प्रतिदिन नया विस्तार होने के चलते नयी-नयी कॉलोनियाँ आकार ले रही थीं। इन कॉलोनियों को गोपाल अपनी दादागिरी के दम पर गद्दी के अधीन करता जा रहा था। कई इलाके उसने डिम्पल, रीना और नीलम के भी कबजिया लिए थे। गोपाल की नंगई के आगे सब बेबस थे। सन्त आशामाई के दरबार में भी शिकायतें हुई थीं। पर गोपाल था कि उसे किसी का डर नहीं सताता था। सन्त आशामाई का भी नहीं। गोपाल गद्दी के इलाके में विस्तार तो कर रहा था, लेकिन उसके पास उसे सँभालने के लिए लोग नहीं थे। दूसरी मण्डली के लोग भी उससे जुड़ना नहीं चाहते थे। वैसे भी हिजड़ों के सेक्स रैकेट में रुचि लेने के कारण अब बधाई माँगनेवाले हिजड़ों की खासी कमी हो गई थी।

खाली इलाकों में बेरोजगार, गरीब और कंजर जाति की लड़कियाँ हिजड़ा बनकर नाच-गाकर बधाइयाँ वसूल रही थीं। बेरोजगारों को इस धन्धे से अच्छी कमाई हो रही थी। कई बार गोपाल ने ऐसे लोगों को अपनी गद्दी से जोड़ने की कोशिश की थी, लेकिन उन्होंने यह कहकर मना कर दिया था कि वे हिजड़े नहीं हैं, मजबूरी में हिजड़े बने हुए हैं। पढ़े-लिखे हैं। नौकरी और दूसरा काम-धन्धा मिलने पर वे इस काम को छोड़ देंगे। गोपाल हिजड़ों पर तो अपना शासन चला सकता था, लेकिन नयी किस्म के इन हिजड़ों ने उसकी गुलामी से मना कर दिया था। कई बार गोपाल और ऐसे लोगों के बीच घमासान भी हुआ।

लेकिन गोपाल के लोगों को हर बार मुँह की खानी पड़ी। पुलिस में भी कई बार मामला गया। वहाँ भी इन बेरोजगारों को सजा नहीं हुई। उनका तर्क होता कि वे कोई चोरी-चकारी तो कर नहीं रहे हैं, किसी की जेब में हाथ डालकर पैसा नहीं निकाल रहे हैं, नाच-गाकर मेहनत करके पैसा कमा रहे हैं। नाचने-गाने पर तो प्रतिबन्ध है नहीं और हिजड़ागीरी किसी की बपौती नहीं है। हिजड़ा तो कोई भी हो सकता है। समाज में कितने लोग हैं, जो हिजड़ों से भी बदतर हैं।

इस सबको देखते हुए गोपाल को लगने लगा कि अगर उसे हिजड़ों की बिरादरी में रहना है तो मिलजुलकर चलना होगा, नहीं तो दूसरी दुनिया के लोग हिजड़ा बनकर उसके धन्धे को चाट जाएँगे। यह विचार उसके अन्दर इसलिए भी आया कि जब दूसरी मण्डलियाँ गद्दी से जुड़ी थीं तो वह इलाका पाने पर कमाई का एक हिस्सा गद्दी को देती थीं। आज गद्दी के पास इलाके हैं, लेकिन उनमें काम करनेवाले नहीं है।

गोपाल दूसरी मण्डलियों को जोड़ने की तरकीबें सोचने लगा। उसने एक दिन बुजुर्ग अन्ना मौसी से इस बारे में राय माँगी। अन्ना मौसी भला उसे क्या बतातीं! बेचारी बूढ़ी हो गई थीं, इसलिए गोपाल की हाँ-में-हाँ मिलाकर डेरे में बनी हुई थीं। वैसे उन्हें भी गोपाल का गद्दी का गुरु बनना अन्दर से मंजूर नहीं था। फिर भी उन्होंने गोपाल से कहा कि बिरादरी को एक साथ लेकर चलो, उसी में फायदा होगा। उन्होंने सन्त आशामाई से मिलने की सलाह भी दी। लेकिन गोपाल सन्त आशामाई से मिलने के लिए तैयार नहीं हुआ। वह उसे पहले ही श्राप चुकी थीं। गद्दी बर्बाद होने का श्राप दे चुकी थीं। उसे दूसरी मण्डलियों को जोड़ने की एक तरकीब सूझी। उसने सोचा क्यों न एक बड़ी पार्टी दी जाए, जिसमें दिल्ली में रहनेवाले बिरादरी के सभी लोगों को बुलाया जाए। वह मौका तलाशने लगा। उसे अन्ततः तरकीब समझ आ ही गई।

उसने सोचा कि गद्दी पर अभी उसकी ताजपोशी विधिवत नहीं हुई है। गुरु की रस्म-क्रिया के नाम पर बिरादरी के सभी लोगों को बुलाया जाए। एक तीर से दो निशाने! गुरु के तौर पर उसकी

ताजपोशी भी हो जायेगी और इसी बहाने बिरादरी के लोगों से मेल-मिलाप का बन्द सिलसिला भी शुरू हो जाएगा।

गोपाल ने ताजपोशी की तारीख तय कर दी।

उसने अपने करीबियों को बुला कर कहा, "जाओ, गुरु रस्म-क्रिया की तैयारी करो। कार्ड में छपवाओ कि बिन्दू की गद्दी की रस्म-क्रिया होनी है।"

कार्ड छप गये। बँटने भी शुरू हो गये। रस्म-क्रिया की तैयारी एक बार फिर शुरू हो गई। कार्ड पर बिन्दू का नाम देख कर बिरादरी के सभी लोग चकित थे। आखिर ये बिन्दू कहाँ से पैदा हो गई? धीरे-धीरे गोपाल के बिन्दू बनने की बात सबको पता लग ही गई। उधर नरगिस और चन्दाबाई के वफादार, गोपाल को हिजड़ा मानने के लिए तैयार नहीं हुए। शहर के और हिजड़ों ने भी रस्म-क्रिया में शामिल न होने का फैसला किया। गोपाल था तो जिद्दी। दो हत्याएँ करवाने के बाद से तो वह अपने को अफलातून समझने लगा था। सबको अपने जूते की नोक पर रखता था।

रस्म-क्रिया की तारीख सामने आ गई थी। जश्न के एक दिन पहले गद्दी में एक अजीब तरह की खामोशी छाई हुई थी। गोपाल के कुछ चमचों को छोड़ कर उसके गुरु बनने से कोई खुश नहीं था। पूरी बिरादरी भी नाराज थी। सन्त आशामाई का फरमान आ चुका था उसकी रस्म-क्रिया में शामिल न होने के लिए।

रात हो चुकी थी। अगली सुबह गोपाल गद्दी का गुरु बननेवाला था। उसे रोकने का फैसला दिन में ही चन्दाबाई के शिष्यों ने कर लिया था। जब सब सो रहे थे, तो घर में एक कमरे में हलकी-सी हलचल हुई। दो-तीन साये गोपाल के कमरे की ओर बढ़े।

अचानक गोली चलने की आवाज आयी। धाँय-धाँय गोलियाँ चलती रहीं। गोपाल के प्राइवेट सुरक्षा गार्ड गोलियों की आवाज से उठते और अपनी पोजीशन लेते, तब तक कई गोलियाँ गोपाल की छाती चीर चुकी थीं। गोली चलानेवाले चन्दाबाई के शिष्य थे। कमरे की लाइट जलाकर उन्होंने गोपाल के मरने का इत्मीनान किया। कमरे

से बाहर निकलते हुए उनमें से एक ने रिवाल्वर में बची गोलियाँ भी उसके जिस्म पर दाग दीं।

डेरे में अफरा-तफरी मच गई। गोपाल के सुरक्षा गार्डों ने अपनी पोजीशन ले ली। गोपाल पर गोली चलानेवाले भागे नहीं। रोशनी हुई तो गोली चलाने वालों के चेहरे साफ दिख रहे थे। उन चेहरों को देखकर सबके चेहरों के रंग उड़ गये। उन तीन बुजुर्ग हिजड़ों में एक पोपले मुँहवाली अन्ना मौसी भी थीं। उनके चेहरे पर विजय भाव साफ-साफ पढ़ा जा सकता था। वह कह रही थीं, "मैंने गद्दी को दूसरी दुनिया के लोगों से बचा लिया। अब बाकी बुढ़ापा जेल में भी कट जाये तो गम नहीं।"

थोड़ी देर बाद सायरन बजाती पुलिस जिप्सियाँ वहाँ पहुँच गयी थीं। पुलिस ने अन्ना मौसी और अन्य दोनों बुजुर्ग हिजड़ों को अपनी गिरफ्त में ले लिया। अन्ना मौसी को डेरे से ले जाने में पुलिस को थोड़ी मशक्कत करनी पड़ी। उन्हें ले जाने का वहाँ मौजूद डेरे के लोगों ने विरोध किया। लेकिन बाद में समझाने-बुझाने के बाद सब मान गये।

एक-आध को छोड़कर डेरे में रहनेवाले सभी हिजड़े गोपाल की मौत से अन्दर से खुश थे। गद्दी को मुक्ति मिल चुकी थी। सन्त आशामाई की बात सच हो गई थी—'दूसरी दुनिया के लोगों के छूने के बाद यह गद्दी अस्तित्व में नहीं रहेगी।'

गोपाल की मौत के बाद गद्दी टूट चुकी थी। नीलम और रीना ने भी गद्दी पर दावेदारी नहीं की। वैसे दावा तो नीलम का ही बनता था। चन्दाबाई उसे ही अपना वारिस बनाना चाहती थीं। लेकिन आशामाई के श्राप के आगे किसी की हिम्मत नहीं पड़ी।

बाद में सन्त आशामाई के कहने पर बिरादरी की एक बड़ी बैठक बुलाई गई, जिसका एजेण्डा था गद्दी की जायदाद का बेजा इस्तेमाल न हो और उससे जुड़े लोग भुखमरी के शिकार न हों। बिरादरी के सभी लोग जुटे थे। गद्दी से जुड़े कुछ लोगों को नीलम, रीना और डिम्पल ने अपनी मण्डलियों में शामिल कर लिया। अचल सम्पत्ति को लेकर तय हुआ कि एक ट्रस्ट बनाकर गरीब बच्चों के लिए

अनाथालय और एक स्कूल खोला जाए चन्दाबाई की याद में।

वैसे गद्दी के युवा हिजड़ों पर रेखा चितकबरी की नजर भी थी। उसने अपने एजेण्टों के जरिये उन्हें लालच भी दिया था। गद्दी में चन्दाबाई के जमाने से ही उसकी एक एजेण्ट घुसी हुई थी—श्रीदेवी। श्रीदेवी चन्दाबाई के जिन्दा रहते उनकी नजर बचाकर कहीं जाने का बहाना बनाकर कई बार रेखा चितकबरी के कस्टमरों के पास जा चुकी थी। उसको ऊपर से कमाने की आदत थी। चटोरी जो थी। मोतीमहल का बटर-चिकन उसे बहुत पसन्द था। कभी-कदार दारू मिल जाए तो कहने ही क्या थे। अपनी यही ख्वाहिशें पूरी करने के लिए वह रेखा चितकबरी से जुड़ी हुई थी। रेखा चितकबरी ने श्रीदेवी के जरिये भी गद्दी से जुड़े युवा हिजड़ों को तोड़ने की कोशिश की थी, पर वह कामयाब नहीं हुई। श्रीदेवी ने भी उसका ऑफर ठुकराते हुए कहा था, "कभी-कभी की बात और है, लेकिन हम परमानेण्ट तौर पर तुम्हारे साथ नहीं जुड़ सकते हैं।"

इसके अलावा सन्त आशामाई का खौफ भी गद्दी से जुड़े लोगों में था। गद्दी से जुड़ा हर हिजड़ा डरता था कि कहीं कोई गलत काम करने से उसे बुरे दिन न देखने पड़ें। गोपाल की मौत के बाद तो सबमें ज्यादा ही दहशत छा गई थी।

रेखा चितकबरी फिर भी कहाँ माननेवाली थी! वह जुगाड़ में लगी रही। उसके धन्धे का पूरा तिलस्म इन्हीं तिकड़मों के दम पर जो टिका था। कस्टमर हर बार नये लौण्डों, नयी लौण्डियों की माँग करते हैं। इसी बीच रेखा चितकबरी के एजेण्टों ने मंजू के बारे में उसे बताया। सुनते ही वह हतप्रभ रह गई। हिजड़े की शक्ल में असली औरत! उसे विश्वास ही नहीं हुआ। उसने पिंकी और सुनयना से इस बात की सच्चाई जाननी चाही। उन्होंने भी हाँ में उत्तर दिया। इसके बाद वह मंजू को पटाने के अभियान में जुट गई, सुनयना और पिंकी की ड्यूटी उसने मंजू को घेरने के लिए लगा दी।

नौ

विनीता के ब्यूटी पार्लर 'गे वर्ल्ड' में उत्सव जैसा माहौल था। पार्लर फरीदाबाद एनआईटी पाँच के मार्केट में था। अपने तरह का एण्ट्री पार्लर था। इस पार्लर में सिर्फ समलैंगिकों और हिजड़ों की ही एण्ट्री थी। काम करनेवाले भी इसी बिरादरी के थे। दिल्ली में भी ऐसा पार्लर नहीं था। इसलिए दिल्ली से भी समलैंगिक इसमें आते थे। धूम से चल रहा था पार्लर। विनीता ने मनचन्दा के इंस्टीट्यूट में नौकरी करते हुए फ्री लांसिंग से अच्छे खासे रुपये कमा लिए थे। पार्लर खोलने में उसकी मदद उसके नये पिता कांस्टेबल राज चौधरी ने भी की थी। टीवी में इसकी खूब चर्चा हुई थी, इसलिए कमाई करने में यह पार्लर अन्य पार्लरों से बहुत आगे निकल चुका था। टीवी न्यूज चैनलों में यहाँ आनेवाले लोगों के इण्टरव्यू दिखाये गये थे। आनेवालों का कहना था कि वे यहाँ आकर कमफर्टेबल महसूस करते हैं। दूसरे पार्लरों में उनके जाने पर नाक-भौं सिकोड़ी जाती है।

पार्लर को चलते हुए एक साल से ज्यादा हो चुका था। उस दिन उसकी नयी ब्रांच की घोषणा होनी थी। यह ब्रांच साउथ दिल्ली में खुलनी थी। इसके साथ विनीता को अपने जीवित माता-पिता की तेरहवीं भी करनी थी—उन माता-पिता की, जिन्होंने उसे नाकारा समझा था। हालाँकि वह अपने पिता गौतम साहब से उतनी नफरत नहीं करती थी जितनी अपनी माँ से, लेकिन उसे इस बात का मलाल था कि उसके जाने के बाद उसके पिता ने उसकी खोज-खबर क्यों नहीं ली? पुलिस में उसके खोने या भागने की रिपोर्ट क्यों नहीं कराई? वह अपने अतीत के जुए को हमेशा के लिए उतारकर फेंक देना चाहती थी। नयी दुनिया में नये लोगों के साथ वह खुश थी। अब तो

चौधराइन भी उससे ठीक से बोलने लगी थी। पुराना घर नये रिश्तों के बावजूद उसे याद आता था। इसीलिए उसने उस याद को तिलांजलि देने के निमित्त अपने जीवित माता-पिता की तेरहवीं करने का मन बनाया था। पुरानी याद को भूलने से ज्यादा इस आयोजन के पीछे उसकी अपने परिवार से प्रतिशोध लेने की भावना अधिक थी। वह अपना पुत्र-धर्म निभाना चाहती थी, ताकि गौतम साहब को जीते-जी शान्ति मिल सके। उन्होंने उसे कभी लड़की नहीं माना। लड़के के नाते तो तेरहवीं का अधिकार उसका बनता था। फिर गौतम साहब के कोई लड़का था भी नहीं। वह यदि तेरहवी नहीं करेगी तो फिर कौन करेगा!

इस मौके पर विनीता नये अवतार में सबके सामने आनेवाली थी। उसके अन्दर के पुरुषत्व के सब लक्षण खत्म हो चुके थे। कई कारण एक साथ इकट्ठा हो गये थे, यह उत्सव आयोजित करने के लिए। वह जब नये पार्लर की घोषणा के लिए मंच पर आयी तो सब उसे देखकर हक्के-बक्के रह गये। बेंगलौर से कल ही लौटी थी। उसने वहाँ अपने वक्षस्थलों की कॉस्मेटिक प्लास्टिक सर्जरी कराने के साथ वेजाइना रिकंस्ट्रक्शन भी करा लिया था। ऊपर से नीचे तक वह औरत हो गई थी। सुन्दर तो पहले ही थी वह। चेहरे में बाल के हारमोन्स उसके पहले भी नहीं थे। मेकअप के बाद तो उसकी खूबसूरती देखते ही बन रही थी। आँखों में काला चश्मा था। किसी सेलीब्रेटी से कम नहीं दिख रही थी वह। उसके मंच पर आते ही वहाँ इकट्ठा हुए पार्लर के दर्जनों समलैंगिक कस्टमरों ने उसका जोरदार स्वागत किया। उसने हाथ हिलाकर सबका अभिवादन किया और नये पार्लर की घोषणा की। इसके बाद मंच के बगल में बने हवन-कुण्ड में अपने माता-पिता की तेरहवीं की।

शाम को सबके लिए कॉकटेल पार्टी का न्यौता भी था। जमकर धूम-धड़ाका हुआ। एक बार फिर विनीता के नये पार्लर की फुटेज टीवी चैनलों ने दिखाई—समलैंगिकों का स्वर्ग... 'गे वर्ल्ड'।

यह अचानक ही था कि रिमोट घुमाते-घुमाते गौतम साहब की नजर एक चैनल पर थम गई। उन्होंने अपने मोटे चश्मे से सामने दिख रही

तसवीर को ध्यान से देखा। उन्हें सूरत जानी-पहचानी सी महसूस हुई। विनीता नये अवतार में थी, तो उन्हें पहचानने में थोड़ा वक्त जरूर लगा, मगर उनकी आँखों ने धोखा नहीं खाया। उनके अन्दर खुशी का ज्वालामुखी फूट पड़ा और उन्होंने सारे घरवालों को जोर से आवाज लगाकर बुलाने की सोची, मगर फिर उनकी हिम्मत जवाब दे गई।

मोटे चश्मे के पीछे उनकी आँखें नम हो गई थीं। चश्मा उतारकर आँखों की कोरें पोंछते हुए वे सोचने लगे—काश उन्होंने विनीता पर विनीत बनने का दबाव न डाला होता। बेटे की चाह में वे अन्धे हो गये थे, वरना चालीस की उम्र पार करने के बाद इस युग में लड़का पैदा करने की कोशिश न करते। उस रात वे एक पल के लिए भी सोये नहीं और सोचते रहे कि विनीता से मिलकर प्रायश्चित्त करें। लेकिन इसके लिए भी वे अपने को तैयार नहीं कर सके।

धीरे-धीरे विनीता का साउथ दिल्ली का पार्लर नाज फाउण्डेशन का छोटा-मोटा अड्डा बनता जा रहा था। फाउण्डेशन ने समलैंगिकों को कानूनी अधिकार देने की जो याचिका दिल्ली हाईकोर्ट में दाखिल की थी, उसकी सुनवाई जोरों पर थी। फाउण्डेशन लम्बे समय से समलैंगिकों के अधिकार के लिए लड़ रहा था। वह उन पर रोक लगानेवाली धारा 377 को संविधान से हटाने की माँग कर रहा था। इस धारा की आड़ में पुलिस समलैंगिकों को परेशान करती थी। विनीता का पार्लर भी पुलिस के निशाने पर था। लेकिन फाउण्डेशन की सक्रियता के कारण वह उस पर हाथ नहीं डाल पा रही थी। पार्लर में बड़ी-बड़ी हस्तियाँ आती थीं। फैशन डिजाइनर से लेकर टीवी कलाकार और बड़े उद्योगपतियों के बच्चे तक। पार्लर के बाहर लम्बी गाड़ियों से उतरनेवाले लोगों को पार्लर में जाते देखकर बड़ों-बड़ों के होश फाख्ता हो जाते थे। फैशन डिजाइनर सुमित बल, फिल्म-निदेशक वरुण जौहर, फिल्म स्टार मशरूख खान, उद्योगपति बिन्नी मल्होत्रा, फिल्म हीरोइन रेहाना काजमी। और भी न जाने कौन-कौन। अक्सर नामचीन हस्तियों को देखने के लिए पार्लर के बाहर भीड़ लग जाती थी। भीड़ से सिक्योरिटी गार्ड्स को जूझना पड़ता था।

पार्लर की सफलता के बाद विनीता पेज थ्री सर्किल में आ गई थी। फैशन शो में जज बनकर जाने लगी थी। पार्लर की लोकप्रियता को देखते हुए उसने फैसला किया कि वह देश के हर प्रमुख शहर में अपना पार्लर खोलेगी। पहले उसने मुम्बई में पार्लर खोला, फिर बेंगलूर में। दूसरे शहरों से भी माँग आयी, तो उसने पार्लर की फ्रेंचाइजी देनी शुरू कर दी। इस तरह विनीता ब्यूटी की दुनिया की क्वीन बन गई। पैसा उसके कदमों में लोटने लगा। शोहरत उसकी दासी बन गई। पेज थ्री की मुम्बई और दिल्ली की पार्टियाँ उसके बिना पूरी नहीं होती थीं। अंग्रेजी अखबारों के पेज थ्री में उसकी तसवीरें अब आम हो गयी थीं। पहले तो ये तसवीरें उसे रोमांचित करती थीं और वह तसवीरें छपवाने के लिये पार्टियों में बड़ी हस्तियों के आसपास मँडराती थी। लेकिन अब दूसरे अपनी तसवीर छपवाने के लिए उसके आसपास मँडराते थे। कैमरामैन उसे 'मैडम प्लीज' कहकर पोज देने के लिए रोकते। वह बहुत दूर निकल चुकी थी।

बेशक वह दूर निकल गई थी और प्रतिशोध में अपने जीवित माता-पिता की तेरहवीं भी कर चुकी थी, मगर सब कुछ के बावजूद वह अकेली थी। वह जितनी ऊपर जाती, उतनी अकेली हो जाती। शराब के बिना उसे नींद नहीं आती थी। रात के अँधेरे में उसे अपना पुराना घर दिखता। माथे पर बल लिए पिता दिखते। वह कितना भी अपने घर से पीछा छुड़ाती, उसके सपनों में वह हर रोज आता। पुरानी यादों से निकलने की जंग में वह हर बार हार जाती।

सुबह का सूरज अपनी चमक से विनीता की कामयाबी में नित नया उजाला भरता, दोपहर-भर उसकी उष्णता उसके काम में ऊर्जा भरती, पर शाम ढलते-ढलते ही थके सूरज की तरह, वह मानो अपने लिए ही बेमानी हो जाती थी। विनीता के भीतर का द्वन्द्व उसे बेचैन बना जाता।

बीते कई दिनों से साउथ दिल्लीवाले पार्लर में एक बूढ़ा आता था। बाहर खड़ा होकर घण्टों किसी का इन्तजार करता और फिर चला

जाता। यह क्रम कई दिन से चल रहा था। आते वक्त उसकी आँखों में चमक होती थी, लेकिन जाते वक्त उसकी आँखें बुझ जातीं। उसका इन्तजार था कि खत्म नहीं हो रहा था। बूढ़ा भी हिम्मत नहीं हार रहा था। रोज नियत समय पर आकर खड़ा हो जाता। एक दिन काले रंग की बीएमडब्लू कार पार्लर के बाहर रुकी। सिक्योरिटी गार्ड चौकन्ने हो गये। एक गार्ड ने लपककर गाड़ी का दरवाजा खोला। बालों को लहराते कार से उतरनेवाली औरत विनीता थी। उसे देखकर बूढ़े की आँखें चौंधिया गयीं। उसे अपनी आँखों पर भरोसा नहीं हो रहा था। उसकी टाँगों में थिरकन हुई। लेकिन कदम आगे बढ़ नहीं पाये। विनीता लम्बे कदमों से पार्लर में दाखिल हो गई।

बूढ़ा बाहर खड़ा कुछ सोचता रहा। आखिर में उसने फैसला किया कि वह विनीता से मिलेगा। उसने सिक्योरिटी गार्ड से विनीता से मिलने की इच्छा जाहिर की। लेकिन पार्लर में समलैंगिकों के अलावा दूसरे लोगों के जाने की मनाही थी। फलतः बूढ़े की दाल नहीं गली। फिर भी विनीता से मिलने के लिए वह सिक्योरिटी गार्ड से जूझता रहा। उसके अन्दर न जाने कहाँ से इतनी ताकत आ गई कि वह सिक्योरिटी गार्ड से लगभग दो-दो हाथ करने की स्थिति में आ गया। उसने जबरिया पार्लर में घुसने की कोशिश की। पार्लर के बाहर तमाशा खड़ा हो गया। विनीता सिगरेट का कश लगाती हुई अपने चैम्बर में खड़ी होकर काले शीशों से बाहर देख रही थी। उसे लगा कि बाहर कोई झगड़ा हो रहा है।

उसने सिक्योरिटी गार्ड को तलब किया, "बाहर क्या हो रहा है?"

"मैडम, एक बूढ़ा आपसे मिलने की जिद कर रहा है।" सिक्योरिटी गार्ड ने जवाब दिया।

"बुजुर्ग को अन्दर ले आओ।" विनीता ने थोड़ी देर कुछ सोचने के बाद सिक्योरिटी गार्ड से कहा और खत्म हो रही सिगरेट का अन्तिम कश ज़ोर से खींचा।

बुजुर्ग विनीता की कमजोरी रहे हैं—चाहे वह गौतम साहब हों या कांस्टेबल राज चौधरी या फिर और कोई। वह बुजुर्ग में अपने पिता

को तलाशती है। गौतम साहब से वह कितनी ही नफरत करती हो, लेकिन उसके मन में बार-बार यह बात कौंधती है कि उसके पिता ने उसे ब्यूटीशियन की ट्रेनिंग न दिलाई होती तो आज वह इस मुकाम तक न पहुँचती। असल में उसकी नफरत के पीछे उसका प्यार था ... पिता से बिछुड़ने की पीड़ा थी। इस बात को वह किसी से बाँट नहीं पाती थी। अन्दर-अन्दर वह प्रतिशोध और प्यार के द्वन्द्व से जूझती रहती थी। उसे यह समझ ही नहीं आता था कि वह अपने पिता से प्यार करती है या नफरत।

थोड़ी देर बाद बुजुर्ग विनीता के चैम्बर में था। दरवाजा खुलने की आहट से विनीता ने पीछे पलटकर देखा, तो उसकी आँखें फटी-की-फटी रह गयीं। उसके होंठ सिल गये। उसके मुँह से एक भी बोल नहीं फूटा। बूढ़ा भी मूर्तिवत खड़ा रहा। उसकी जुबान पर भी मानो ताला लगा हो। पार्लर के बाहर भिड़नेवाला बूढ़ा चैम्बर में विनीता को देखने के बाद लाचारगी के साथ खड़ा था।

चैम्बर में कुछ मिनट यही दृश्य बना रहा, जैसे सीडी प्लेयर में चलती कोई फिल्म अचानक रुक गई हो। या फिर कोई अतीत का फोटो-एलबम देख रहा हो और अचानक कोई तसवीर देखकर नजरें वहाँ ठहर गई हों। फोटो इतना पुराना हो गया हो कि उसे पहचानना मुश्किल हो रहा हो। सब धुँधला! इतना धुँधला कि पल-भर के लिए कुछ दिखाई न पड़े। याददाश्त पक्की हो तो फोटो में उँगलियाँ घुमाते हुए तसवीर की पहचान की जा सकती है।

बूढ़ा और विनीता ऐसी ही तसवीर को पहचानने की कोशिश कर रहे थे। बूढे के मोटे चश्मे के पीछे छिपी आँखों में नमी उभर रही थी। विनीता की आँखों में नीली झील का दरिया कुलाँचें भर रहा था। दरिया तटबन्ध को तोड़ने की कोशिश कर रहा था, लेकिन प्रतिशोध उसे ऐसा करने नहीं दे रहा था। विनीता के दिमाग में जद्दोजहद थी। प्रतिशोध और प्रेम की जद्दोजहद। प्रतिशोध शाश्वत नहीं है, इसलिए प्रेम की जीत हुई। उसकी आँखों से खारे पानी की झील फूट पड़ी। बाबूजी कहते हुए उसने बूढ़े को गले से लगा लिया। असल में बूढ़ा और कोई नहीं, गौतम साहब थे।

विनीता पिता से चिपटकर बच्चे की तरह रोई। गौतम साहब उसके सिर पर हाथ फेरते रहे। आँखों के दरिया की रवानी जब थमी तो वह एकदम हलकी हो चुकी थी। उसके अन्दर का खालीपन भर गया था।

विनीता ने गौतम साहब को कुर्सी पर बिठाया और खुद उनके पैरों के पास बैठ गई। गौतम साहब ने उसे बार-बार कुर्सी पर बैठने के लिए कहा, लेकिन वह नहीं मानी। वह बरगद की छाँव का सुख महसूस करना चाहती थी। तरक्की की दौड़ में वह धूप-छाँव सब भूल चुकी थी और अब बरगद के नीचे बैठकर अपनी थकान दूर करना चाहती थी। इसी बीच गौतम साहब ने एक पैकेट विनीता के आगे बढ़ाया। विनीता ने सोचा कि वे उसके खाने के लिए कुछ लाये हैं। उसने पैकेट को खोलने के बजाय लगभग फाड़ डाला। उसमें एक बनारसी साड़ी थी, कुछ चूड़ियाँ, बिन्दी के पैकेट और सस्ती किस्म की कुछ लिपिस्टिक व मेकअप का सामान। साड़ी देखकर विनीता भावुक हो गई। गौतम साहब विनीता को साड़ी भेंट करके प्रायश्चित्त करना चाहते थे। शायद वे उससे यह कहना चाहते थे कि तुम विनीत नहीं थे... तुम्हें विनीत बनाने की मेरी कोशिश झूठी थी। विनीता ने साड़ी का पल्लू अपने सिर पर रखकर पिता को निहारा। पिता ने आँखें बन्द कर लीं। सूखी आँखों में बची-खुची आँसू की बूँदें भी बह निकलीं। उस शाम का सूरज विनीता के आँचल में समा जाने को आतुर था। रात हुई, तारों ने लोरी सुनाई, विनीता की आँखों में शबनम उतरी और तकिये को भिगोती रही। देर तक।

दस

यास्मीन और जुलेखा... दोनों बचपन की दोस्त थीं। उनकी दोस्ती से लगता था कि दोनों एक-दूजे के लिए ही बनी थीं। वैसे तो दोनों चचेरी बहनें थीं, लेकिन बहन से ज्यादा वे दोस्त थीं। यास्मीन के वालिद सूरत में रहते थे और जुलेखा के मुम्बई के बोरीवली इलाके में। दोनों परिवारों के बीच अच्छा तालमेल था। मुम्बई सूरत से ज्यादा दूर न होने के कारण दोनों परिवार छुट्टी में मिलने का कोई मौका नहीं छोड़ते थे। इसीलिए यास्मीन और जुलेखा की मुलाकात भी जल्दी-जल्दी होती थी। स्कूल की होली-दीवाली और ईद-रमजान की लम्बी छुट्टियों में कभी यास्मीन सूरत में होती तो कभी जुलेखा मुम्बई में। दोनों जवान हो रही थीं। कालेज में दोनों का दाखिला हो चुका था। दोनों जैसे-जैसे बढ़ रही थीं, उनके अब्बाओं के चेहरे पर भी बल पड़ने शुरू हो गये थे। रिश्तेदारी में आना-जाना होता तो नजरें छिपाकर दोनों के वालिद यास्मीन और जुलेखा के लिए लड़कों की जाँच-परख में जुट जाते।

घर में चर्चा के दौरान शादी का नाम सुनते ही यास्मीन और जुलेखा भड़क उठतीं। सुविमल भाई को जिस तरह औरत की गन्ध पसन्द नहीं थी, ठीक वैसे ही यास्मीन और जुलेखा पुरुष-गन्ध से नफरत करती थीं।

इनमें पुरुष से घृणा करने का जुलेखा का किस्सा अलग था, जबकि यास्मीन पक्की औरतखोर थी। औरत को पाते ही वह उसे निचोड़ लेती थी। खूबसूरत औरत देखते ही उसके नथुने फड़फड़ाने लगते... उसकी गन्ध को सूँघने के लिए। उसके शरीर में एक अलग तरह की सनसनी फैल जाती थी। हालाँकि औरत को भोगने का उसका अनुभव सिर्फ जुलेखा को लेकर ही रहा है... उसे वह बिस्तर पर

इस तरह पस्त करती थी कि अच्छे-अच्छे मर्द तौबा कर उठें। इसके बाद दोनों मस्त होकर बिस्तर से उठतीं। दोनों के चेहरों पर एक अजीब तरह का सुकून दिखता।

जुलेखा की पुरुषों से नफरत की यह वजह नहीं थी। वह औरतखोर भी नहीं थी। यास्मीन के साथ रहते-रहते उसे पुरुष की जरूरत कभी महसूस नहीं हुई। यास्मीन के सामने वह हमेशा आत्मसमर्पण की मुद्रा में रहती। जैसे जुलेखा की माँ उसके पिता के सामने आत्मसमर्पण की मुद्रा में रहती, कुछ-कुछ वैसे ही वह यास्मीन के सामने रहती। वैसे उसका पुरुषों की तरफ भी आकर्षण रहा है। शादी-ब्याह की बात भी शुरुआत में उसके मन में आती रही थी। लेकिन बाद में वह पुरुषों की परछाईं से भी नफरत करने लगी। इस नफरत की वजह उसका बाप और उसका भाई था। बाप कौसर खान माँ को हर वक्त जलील करता रहता था। गाहे-बगाहे वह उसकी कुटाई भी कर देता था। हिंसक था पूरी तरह। अपने बाप को देखकर जुलेखा को लगता था कि पुरुष बुनियादी रूप से हिंसक होता है। उसकी माँ मुँह बन्द किये सब सहती रहती, इसलिए उसे लगता था कि स्त्री पुरुष से हर हाल में बेहतर होती है। यास्मीन से उसके प्यार की एक वजह यह थी, लेकिन एक दूसरी वजह भी थी... पहली से बड़ी।

नया साल आने में दो दिन बाकी थे। पूरी मुम्बई दुल्हन की तरह सजी हुई थी। गेटवे ऑफ इण्डिया और उसके सामने ताज होटल में गजब की लाइटिंग की गई थी, नये साल के स्वागत में। हर छोटा-बड़ा रेस्तराँ नये साल की अगवानी के लिए पूरी सजधज के साथ तैयार था। मुम्बई रोशनी में नहाई हुई थी। रात में भी दिन का अहसास होता था। वैसे भी मुम्बई के लोग उत्सवधर्मी हैं। खुशी का कोई भी मौका मौजमस्ती मनाये बिना जाने नहीं देते। ऐसे मौकों पर अक्सर मुम्बई के आम लोग मैरिन ड्राइव पर जमा होते हैं। नरीमन प्वाइण्ट से गिरगाँव चौपाटी तक का दृश्य अद्भुत लगता है। गोल्डेन नेकलेस की तरह। हाई टाइड का समय हो तो अरब सागर दैत्य के रूप में लीलने

के लिए दौड़ता है। हजारों लोग समुद्र से दूर रहने की मौसम विभाग की चुनौती के बावजूद वहाँ जमा होते हैं। समुद्र का हाहाकार चाहे जितना मुम्बई को लीलने के लिए बढ़े, लेकिन मुम्बई है कि डूबती नहीं है। समुद्र भी सदियों से मुम्बई की दीवारों से टकरा रहा है, लेकिन वह उसे एक इंच भी नहीं खिसका पाया है। अलबत्ता, इनसान ने समुद्र को पीछे खदेड़ा है और उसके हिस्से की जमीन पर ऊँची इमारतें खड़ी कर दी हैं।

यास्मीन के घर उसका ममेरा भाई आलम आया हुआ था। वह मुम्बई में नया साल मनाने आया था, अहमदाबाद से। यास्मीन के पिता पैसेवाले थे। इसलिए किसी बड़े होटल में टेबिल बुक करवाना उनके लिए कोई बड़ी बात नहीं थी। कई बढ़िया आफर थे। जुहू स्थित सेण्टूर होटल में बिपाशा बसु लाइव, तो कहीं रशियन बैले, तो कहीं अरेबियन म्यूजिक ग्रुप के विज्ञापनों से अखबार अँटे पड़े थे। हर जगह फुल होने के चलते आखिर में होटल सन एण्ड सैण्ड के कैण्डल लाइट डिनर की बमुश्किल दो सीटें मिलीं।

31 दिसम्बर की शाम थी। आलम और यास्मीन घर से होण्डा सिटी कार से निकल पड़े। इधर-उधर तफरीह करने के बाद वे दोनों सन एण्ड सैण्ड पहुँच गये। यास्मीन ने काली पतली शिफॉन की साड़ी पहन रखी थी। उसकी कमर का गोरा हिस्सा और उसके ब्लाउज से उसके वक्ष के बीच का कट साड़ी के भीतर से साफ दिख रहा था। गोरे और काले का मिलाप तो पानी में भी आग लगा देता है। यास्मीन का सौन्दर्य देखनेवालों में ऐसी ही आग पैदा कर रहा था। कैण्डल की रोशनी में उसकी बड़ी-बड़ी आँखें अलग से चमक रही थीं। आसपास की टेबिलों पर बैठे लोग नजरें चुराकर उसकी ओर देख ही लेते थे। आलम की भी बार-बार निगाहें उसके ब्लाउज के कट पर जा टिकती थीं। पूरे माहौल को कोलम्बियन गायिका सकीरा के गीत और उस पर नाचती अर्धनग्न डांसर ने और उत्तेजक बना दिया था। आलम स्कॉच के पेग-पर-पेग हलक के नीचे उतारे जा रहा था। यास्मीन ने भी उसके

कहने पर व्हाइट वाइन चखने की हामी भर ली थी। उसने वाइन का एक ही सिप लिया था। उसे अच्छा नहीं लगा तो वह गिलास पकड़े बैठी रही। लेकिन आलम की पीने की रफ्तार बढ़ती जा रही थी। एक-आध बार यास्मीन ने उसे कम पीने के लिए टोका भी, लेकिन वह नहीं माना।

रात के बारह बजने वाले थे। यास्मीन बुफे से अपनी पसन्द की इटेलियन डिशेज ले आयी। उसने सालटेनबोक्का, रावियोलीडीआरोगोस्ता और स्टीक पिज्जा अपनी प्लेट में रखा था। सालटेनबोक्का चिकेन डिश थी, जिसे आलिव आयल में प्रासीउट्टा सॉस डालकर बनाया जाता है और ऊपर से पारमीगिआनो चीज ग्रेड की जाती है। इसी तरह रावियोलीडीआरोगोस्ता जो एक प्रकार का भरा हुआ झींगा होता है, इसमें स्टफिंग के नाम पर ओनियन, गार्लिक, जिंजर भरा जाता है और सॉसेज के साथ उसे रोस्ट किया जाता है। स्टीक पिज्जा रोस्ट बीफ, कटे हुए मशरूम, ग्रीन पीज, प्याज, वरचेस्टरशायर सॉस और काली मिर्च से बनाया जाता है। इटैलियन शौकीनों की ये खास डिशेज हैं। यास्मीन को भी इटैलियन फूड बेहद पसन्द था। वह खाने में जुट गयी। इसी बीच घड़ी की सूइयाँ बारह पर थम गयी थीं। अचानक पास खड़े वेटरों ने टेबिलों पर लगी कैण्डलें बुझा दीं। एक सेकेण्ड के लिए म्यूजिक थम गया। इसी के साथ सब की धड़कनें मानो रुक गयी हों। हॉल के बीच से एक रोशनी आकार लेने लगी। रोशनी के साथ अँधेरे में जगह-जगह दीवारों पर अंकित हो गया—हैप्पी न्यू ईयर। होटल के बाहर पटाखे छुड़ाकर नये साल का स्वागत किया जा रहा था। लोग एक-दूसरे से गले मिलकर नये साल की बधाई देने में जुट गये। आलम को भी मौका मिल गया। उसने भी यास्मीन के गाल पर एक जोरदार चुम्बन जड़कर लड़खड़ाते हुए उसे हैप्पी न्यू ईयर कहा। यास्मीन को आलम का यह अन्दाज पसन्द नहीं आया, लेकिन वह बर्दाश्त कर गई और उसने भी मुस्कुराते हुए आलम को न्यू ईयर विश कर दिया।

जश्न खत्म हो गया था। आलम नशे में धुत हो चुका था, लेकिन उसे होश था... पूरा होश। उसे अपना आज का टारगेट याद

था। गाड़ी होटल के पोर्च पर लगी तो इस बार यास्मीन की जगह आलम ड्राइवर की सीट पर बैठ गया। यास्मीन उस हालत में उसे गाड़ी नहीं चलाने देना चाहती थी, पर वहाँ तमाशा न हो इसलिए वह चुपचाप बगल की सीट पर बैठ गई। आलम ने होटल से बाहर निकलकर गाड़ी बलराज साहनी मार्ग से होते हुए पृथ्वी थिएटर, जानकी कुटीर की तरफ मोड़ दी।

यास्मीन ने पूछा उधर गाड़ी क्यों मोड़ी है, तो उसने जवाब दिया, "शराब ज्यादा हो गई है। थोड़ी देर समुद्र के किनारे बैठते हैं।"

आलम ने गाड़ी समुद्र से थोड़ी दूर रेत पर खड़ी कर दी। रात को समुद्र यूँ भी ज्यादा हाहाकार करता है। उसका शोर न्यू ईयर के हल्ले पर भारी पड़ रहा था। उसकी लहरें ऊँची उठ रही थीं। कई बार तो लहरें कार को छूकर लौट गयीं। आसपास ज्यादा चहल-पहल नहीं थी। इक्का-दुक्का लोग इधर-उधर आ-जा रहे थे। समुद्री तूफान आलम के अन्दर भी उठ रहा था। उसने अपना एक हाथ उठाया और यास्मीन के कन्धे पर रख दिया। यास्मीन ने तुरन्त उसका हाथ झटक दिया। आलम को यह अच्छा नहीं लगा। उसने इस बार दोनों हाथों से यास्मीन को अपनी बाँहों में भरने की कोशिश की। उसके होठों को छूना चाहा। यास्मीन ने पूरा प्रतिरोध किया। आलम ने जोर-जबर करनी चाही। आलम ने यास्मीन की साड़ी के अन्दर अपना हाथ डाल दिया। इस बार यास्मीन ने कार का दरवाजा खोलकर बाहर निकलने की कोशिश की, लेकिन तब तक आलम यास्मीन को जकड़ चुका था। उसने अपना हाथ ब्लाउज में डालने की असफल कोशिश की, तो यास्मीन ने डैशबोर्ड पर लगा एशट्रे निकालकर आलम के सिर पर दे मारा। आलम के सिर से खून बह निकला। वह अब अपनी पर आ चुका था। खून देखकर उसकी हालत आदमखोर शेर जैसी हो गई। उसने यास्मीन के शरीर से खून निकालने के लिए उसके वक्षस्थल को अपने नाखूनों से चीर दिया। यास्मीन का ब्लाउज खून से तर होने लगा। इस बीच यास्मीन किसी तरह कार से बाहर निकलने में कामयाब हो गई। उसकी छाती में दर्द हो रहा था। वह किसी तरह वहाँ से भाग निकली। यह दूसरी घटना थी यास्मीन की पुरुषों की

गन्ध से नफरत करने की और जुलेखा से प्यार करने की। उसके लिए पुरुष एक हिंसक पशु था, जो औरत के जिस्म को चबाना जानता था, सहलाना नहीं। जबकि जुलेखा के साथ उसका शरीर किसी कोमल अहसास से जुड़ जाता था, दोनों एक दूसरे से लिपटते, खेलते और मस्त हो जाते थे।

दिल्ली हाईकोर्ट की संगमरमरी इमारत का दूधियापन धूप की रोशनी में बीच-बीच में चमक उठता था। आकाश में बादल थे और बादलों के बीच से सूर्य आँख-मिचौली खेल रहा था। पास में ही इण्डिया गेट की लॉन पर देर से सोकर उठे जॉगर दौड़कर अपने शरीर का पसीना बहा रहे थे।

सुबह के नौ बजे होंगे। इण्डिया गेट सर्किल पर तेज रफ्तार कारें दौड़ रही थीं आम दिनों की तरह। आज कुछ नया था तो हाईकोर्ट के बाहर तीसरी दुनिया के लोगों का जमावड़ा। अनहोनी की आशंका से भारी पुलिस बन्दोबस्त किया गया था। हाईकोर्ट के बाहर जगह-जगह बैरिकेटिंग की गई थी। वैसे भी कुछ हो या न हो, वीआईपी इलाके में कोई गतिविधि हो तो पुलिस ज्यादा ही सतर्क हो जाती है। इण्डिया गेट का इलाका वीआईपी हद में आता है। आम आदमी लुट जाए, पिट जाए, लेकिन वीआईपी को कुछ नहीं होना चाहिए। यही है दिल्ली पुलिस का मन्त्र। वैसे दिल्ली पुलिस का दिखाने के लिए मन्त्र दूसरा है—दिल्ली पुलिस आपके साथ, आपके लिए, सदैव। इसकी सच्चाई तो दिल्ली के नागरिक समझते हैं। वे खाकी रंग से भी डरते हैं।

खाकी से अगर कोई नहीं डरता, तो वे हैं तीसरी दुनिया के लोग। इसीलिए ये लोग पुलिस बैरिकेटिंग को तोड़कर हाईकोर्ट की इमारत के मुख्य द्वार तक पहुँच गये थे। पुलिस इनके सामने लाचार थी। इनमें हिजड़े, समलैंगिक मर्द तथा औरतें सब शामिल थे। कुछ विदेशी नागरिक भी इस भीड़ में दिख रहे थे। सुविमल भाई और अनिल अपनी खादी में थे। सुविमल भाई को इसलिए भी आसानी से

पहचाना जा सकता था कि आज उनके चेहरे पर मुखौटा नहीं था अपनी पहचान छुपाने के लिए। पहले वे ऐसे प्रदर्शनों में आते जरूर थे, लेकिन मुखौटा पहनकर। रति से तलाक के बाद से उनके सर्किल के सभी लोगों को पता चल चुका था कि वे गे हैं। अब उन्हें भी अपने गे होने में कोई शर्म नहीं थी। उन्होंने समाज के सामने इस सच को स्वीकार कर लिया था।

इमारत के बाहर जमा ये लोग गीत गा रहे थे—'हम होंगे कामयाब एक दिन।' मौका था नाज फाउण्डेशन के मुकदमे में फैसले का। सभी उत्साहित थे। फाउण्डेशन के वकीलों ने जमकर दलीलें दी थीं, धारा 377 को खत्म करने की। दुनिया के कई देशों के उदाहरण पेश किये गये थे, जहाँ समलैंगिकता अपराध नहीं थी। उनके बीच हुई शादियों को मान्यता थी... चर्च से लेकर मस्जिदों तक में उनके विवाह होते थे। योरोप में तो ऐसे लोगों के हर दो साल में ओलम्पिक खेल भी होते हैं। सामूहिक विवाह के आयोजन सिडनी से लेकर डेनमार्क तक में होते हैं। दलीलों में जान थी। सरकार में इस मसले को लेकर मतभेद था। मिनिस्टरों की इस मामले में अलग-अलग राय थी। सामाजिक और धार्मिक संगठन समलैंगिकता को अपराध से बाहर निकालने के खिलाफ थे। उनका मानना था कि यदि समलैंगिकता को कानूनी मान्यता मिल गई तो धरती में भूचाल आ जाएगा। मानव-सभ्यता नष्ट हो जाएगी। बच्चे पैदा नहीं होंगे तो धरती से मानव-जाति का अन्त हो जाएगा। सरकार के तमाम संशयों के चलते सरकारी वकील मुकदमे में धारा 377 के खिलाफ पुख्ता बहस नहीं कर पाये थे। इसीलिए हाईकोर्ट के बाहर फैसले के इन्तजार में जमे लोग कुछ ज्यादा ही खुश दिख रहे थे। उन्हें जीत की पक्की उम्मीद थी।

एक सौ पाँच पन्नों का अपना फैसला सुनाते हुए जब जज ने स्थापित मान्यताओं से हटकर कहा कि समलैंगिकता को अपराध करार देनेवाली धारा 377 मौलिक अधिकारों का हनन है... मानवीय गरिमा के खिलाफ... समानता के अधिकारों की गारण्टी के खिलाफ है, इसलिए इस धारा को यह अदालत अवैध घोषित करती है। फैसला सुनते ही समलैंगिकों से खचाखच भरी अदालत में उन लोगों ने

एक-दूसरे को चूमकर खुशी का इजहार किया। कोर्ट के बाहर खड़े समलैंगिकों ने अपने-अपने पार्टनर को अपनी बाँहों में भर लिया। बेंगलौर की लिण्डा और दिल्ली की सबीना सहगल ने एक-दूसरे के होठों को अपने मुँह में भरकर खुशी जाहिर की। शिकागो के समलैंगिक कार्यकर्ता ब्रियान ने कहा—यह अद्भुत है। दक्षिण अफ्रीकी निकिता टायसन भी अपनी खुशी छिपा नहीं पा रही थी। वह अपने कूल्हे को बीच-बीच में हिला देती थी। सुविमल भाई तमाम आन्दोलनों से जुड़े, लेकिन उन्हें कभी किसी आन्दोलन में सफलता नहीं मिली थी। टिहरी से लेकर सरदार सरोवर बाँध तक हर आन्दोलन में उन्हें निराशा ही हाथ लगी थी। यह पहला मौका था जब किसी आन्दोलन में उन्हें कानूनी जीत हासिल हुई थी। वे भी बहुत खुश थे। बार-बार अनिल को अपनी बाँहों में भरकर खुशी जता रहे थे।

इस फैसले से देश के समलैंगिकों में खुशी की लहर दौड़ गई थी। चोरी-छिपे रहनेवाले ऐसे लड़के-लड़कियों को अब किसी का डर नहीं था। पुलिस का भी नहीं। धीरे-धीरे चोरी-छिपे होने वाली गे-पार्टियाँ अब सार्वजनिक हो गयीं। चाणक्यपुरी के डिस्कोथिक में मंगलवार को गे और गुरुवार को लेसबियन पार्टी हर सप्ताह होने लगी। कुछ जोड़े तो और भी आगे निकल गये। ऐसे कई जोड़ों ने देश की अदालतों में बाकायदा शादी के आवेदन कर दिये। यह जानते हुए भी कि कानून ने उन्हें शादी के लिए मान्यता नहीं दी है, उन्होंने ये आवेदन प्रतीकात्मक तौर पर किये थे।

विपरीत इसके दूसरी दुनिया में हाईकोर्ट के इस फैसले के खिलाफ बवण्डर खड़ा हो गया। मुल्ला-मौलवी, पण्डित-पुजारी, फादर-पादरी, नेता-अभिनेता अपने बिलों से बाहर निकल आये। लम्बी-लम्बी तकरीरें करने लगे। समलैंगिकता को वैध करार देनेवाले कानून को वे नहीं मानेंगे। खून की नदियाँ बहा दी जाएँगी। इस मसले पर देश की राजनीति गरमा गई। चर्चों, गुरुद्वारों, मन्दिरों, मस्जिदों ने ऐलान कर दिया कि वे समलैंगिक शादियों की अपने यहाँ इजाजत नहीं देंगे। इस मसले पर सबकी अपनी-अपनी राय थी। कुछ का मानना था कि इस फैसले से बच्चों के यौन शोषण तथा एचआईवी व

एड्स के संक्रमण के मामले बढ़ जाएँगे... पूरा समाज बजबजा उठेगा। कुछ का मानना था कि ऐसा होने से भारतीय संस्कृति मिट्टी में मिल जाएगी। कोई भी धर्म समलैंगिकता को मान्यता नहीं देता। दिलचस्प बात यह थी कि छोटी-छोटी बातों पर मार-काट करनेवाले चर्च, मस्जिद, मन्दिर और गुरुद्वारे इस मुद्दे पर एकमत हो गये थे।

दूसरी ओर समलैंगिक भी जवाबी हमला करने के मूड में आ गये। नाज फाउण्डेशन ने सुविमल भाई और अनिल की शादी कराने का फैसला किया और यह जानते हुए भी कि यह शादी नहीं हो सकती है, कोर्ट में आवेदन कर दिया गया। यह आवेदन सिर्फ धारा 377 का विरोध करनेवालों को चिढ़ाने के लिए किया गया था। कठमुल्लों और नैतिकता के ठेकेदारों ने इस शादी के खिलाफ कोर्ट के बाहर धरना-प्रदर्शन का फैसला किया। फाउण्डेशन के कार्यकर्ता भी जवाबी कार्रवाई के लिए अपने को तैयार करने लगे।

यास्मीन और जुलेखा के परिवारवाले दोनों के लिए योग्य शौहर की तलाश में जुटे हुए थे। जुलेखा को तो कई लड़के देख भी चुके थे। जब दोनों की शादियों के लिए उनके शौहरों की तलाश हो रही थी तो योजना के अनुसार यास्मीन और जुलेखा ने घर से भागने का फैसला कर लिया। वे किसी भी कीमत पर शादी नहीं करना चाहती थीं। शादी करना ही चाहती थीं तो एक-दूसरे से। रणनीति के अनुसार रमजान के दिनों में यास्मीन मुम्बई पहुँची और एक रात दोनों अलमारी से अच्छी-खासी रकम लेकर घर से फरार हो गयीं। दोनों पहले दिल्ली आयीं और फिर अजमेर होते हुए जयपुर पहुँच गयीं। उधर दोनों के परिवारों में हड़कम्प मच गया।

पुलिस में उनकी गुमशुदगी की रिपोर्ट दर्ज कराई गई।

परिन्दे तो उड़ चुके थे अपने घरौंदे की ओर।

दोनों को बाहर निकलने का अनुभव नहीं था। फिर भी बड़े शहरों की रहनेवाली लड़कियाँ थीं, तो ज्यादा परेशानी नहीं हुई। जयपुर में दोनों ने वर्किंग वुमेन हॉस्टल में कमरा ले लिया। पैसे कई महीने तो चलने नहीं थे, इसलिए दोनों ने नौकरी करने का फैसला किया। दौड़-भाग के बाद एक अखबारी विज्ञापन के जरिये दोनों एक फैक्ट्री

में काम करने लगीं। दोनों की दुनिया धीरे-धीरे बस रही थी। दोनों पति-पत्नी की तरह रहते। यास्मीन शौहर की भूमिका में थी तो जुलेखा बीवी की। यास्मीन मर्दों जैसे कपड़े पहनती थी। कलर प्लस की शर्ट और ली की जीन उसकी खास पसन्द थी। जुलेखा को घरेलू औरतों की तरह साड़ी पसन्द थी। उसकी ब्राण्ड में कोई रुचि नहीं थी। कुछ दिनों बाद दोनों ने अपनी विधिवत गृहस्थी बसाने की सोची, तो जयपुर के सिविल लाइंस में एक फ्लैट किराये पर ले लिया। सब ठीकठाक चल रहा था। दोनों खुश थीं। मर्दों की दुनिया से मुक्त। इसी बीच दिल्ली हाईकोर्ट के फैसले की खबर दोनों ने अखबार में पढ़ी, तो फैसला किया कि वे कानूनी शादी करेंगी और दुनिया के सामने खुल्लम-खुल्ला रहेंगी। उनका वनवास खत्म हो जायेगा। शादी के बाद उन्हें कोई जुदा भी नहीं कर पायेगा।

यास्मीन और जुलेखा ने जयपुर के बाहर शादी करने का फैसला किया। उन्हें अखबार से ही पता चला था कि ऐसी एक समलैंगिक शादी भोपाल में हुई है। बाकायदा वहाँ की अदालत में उसकी नोटरी भी हुई है।

यास्मीन जुलेखा से ज्यादा तेज थी, इसलिए उसने अकेले भोपाल जाने का निर्णय लिया। भोपाल पहुँचकर उसने एक वकील से सम्पर्क साधा और सारा मामला बताया। वकील को क्या! उसे तो अपनी फीस से मतलब होता है। चाहे हत्यारे को बचाने के मामले में उसे इंगेज कर लो या फिर उसे सजा दिलाने के मामले में। दस हजार की फीस तय हुई। अगले दिन एसडीएम की अदालत में वकील ने यास्मीन की शादी की अर्जी लगा दी। पेश होने की तारीख एक हफ्ते के बाद की मिली।

तय तारीख के मुताबिक यास्मीन और जुलेखा भोपाल पहुँच गयीं। अरदली ने दोनों को पेश होने की आवाज लगाई तो वे मजिस्ट्रेट के सामने थीं। दोनों विवाह सम्बन्धी शपथपत्र न्यायालय में अर्जी के साथ पेश कर चुकी थीं।

मजिस्ट्रेट ने पूछा, "लड़का कहाँ है।"

"सर, लड़का नहीं, मैं लड़की से शादी कर रही हूँ और यह है जुलेखा।" यास्मीन ने आत्मविश्वास के साथ मजिस्ट्रेट को जवाब दिया।

एक बार तो मजिस्ट्रेट को झटका लगा, लेकिन अगले पल सँभलते हुए उसने जुलेखा से पूछा, "तो तुम यास्मीन के साथ शादी करना चाहती हो?"

"जी सर, हम दोनों बचपन से एक-दूसरे को प्यार करती हैं और साथ रहना चाहती हैं। वैसे भी बीते एक साल से हम साथ ही रह रही हैं। लेकिन अब हम अपनी शादी को कानूनी मान्यता दिलाना चाहती हैं।" जुलेखा ने मजिस्ट्रेट के सवाल का जवाब दिया और एक माँग भी उनके सामने रख दी, "सर, हमें अपने परिवारवालों से खतरा है, इसलिए हमें पुलिस सुरक्षा भी मुहैया कराई जाये।"

यह दृश्य देखकर अदालत में सब अचम्भित थे। पुलिस भी सकते में आ गई थी। एक कांस्टेबिल ने तो दूसरे के कान में फुसफुसाया था, "कैसा जमाना आ गया है कि अब लड़की लड़की से शादी करने लगी है। ऐसा होने लग गया तो देश के सारे लड़के कुँवारे ही मर जायेंगे।"

यास्मीन और जुलेखा का इकरार सुनकर मजिस्ट्रेट ने कहा, "दोनों बालिग हैं और उन्हें अपनी मर्जी से जीवन यापन करने की पूरी आजादी है, लेकिन कानून के हाथ बँधे हुए हैं। वह ऐसी शादी की इजाजत नहीं देता। हाँ, मैं ऐसी व्यवस्था जरूर कर सकता हूँ कि साथ रहने के लिए तुम्हारे परिवारवाले तुम्हें परेशान न करें।" इतना कहकर मजिस्ट्रेट ने उन्हें पुलिस सुरक्षा मुहैया कराने का आदेश दे दिया।

शादी न होने के बावजूद बाद में दोनों ने अपने विवाह की वकील से नोटरी कराकर अपनी शादी को स्टाम्प पेपर पर शपथ के साथ मान्यता दे दी। शपथपत्र में दोनों ने आजीवन साथ रहने का एक-दूसरे को वचन दिया।

दोनों की शादी में दिलचस्प पेंच तब आ गया, जब दोनों अपनी शादी की नोटरी करा कर अदालत से बाहर निकल रही थीं। यास्मीन

के पिता कौसर खान और जुलेखा के पिता बहादुर खान दोनों बाहर इन्तजार कर रहे थे। असल में वकील ने पैसों के लालच में उनके पिताओं को सूचित कर दिया था। लेकिन पिताओं ने अदालत के बाहर तमाशा नहीं किया। मजिस्ट्रेट दोनों को पुलिस सुरक्षा मुहैया कराने का फरमान जारी कर चुके थे। वैसे भी वे बखेड़ा करने के पक्ष में नहीं थे। दोनों ने एक साथ अपनी बेटियों से कहा, "बेटी, घर चलो। हम तुम्हारी शादी को मान्यता देते हैं।"

दोनों ने पिता की बात मान ली और जुलेखा यास्मीन के घर उसकी पत्नी की तरह रहने लगी। जुलेखा के पिता बहादुर खाँ ने बाकायदा उसकी विदाई की और दान-दहेज भी दिया।

इस शादी के बाद तो देश के हर हिस्से से ऐसी खबरें आने लगीं। सुविमल भाई और अनिल की भी शादी आर्यसमाज रीति से हो गई। कोर्ट में तो दोनों की शादी होनी नहीं थी। समलैंगिक क्लब सामूहिक विवाह के आयोजन करने लगे। हिजड़ों में तो ऐसे आयोजन पहले से होते थे। अब समलैंगिकों के भी ये आयोजन तड़क-भड़क के साथ होने लगे।

ग्यारह

कानपुर में बेमौसम हिजड़ों की बरसात हो गई थी। एक साथ शहर के लोगों ने इतने हिजड़े कभी नहीं देखे थे। उत्तर से लेकर दक्षिण और पूरब से लेकर पश्चिम तक के सभी हिजड़े कानपुर में जमा हुए थे। कानपुर सेण्ट्रल पर रुकनेवाली हर गाड़ी से हिजड़े उतरते थे। ये लोग चावल मण्डी की माहेश्वरी धर्मशाला में रुके थे। जिन्हें धर्मशाला में जगह नहीं मिली, वे मूलगंज के आसपास के होटलों और लॉजों में ठहरे हुए थे। रिक्शेवालों की चाँदी हो गई थी। शहर का हर रिक्शेवाला हिजड़े को ही अपने रिक्शे में बैठाना चाहता था। हिजड़े रिक्शेवालों से मोलभाव नहीं कर रहे थे। रिक्शे से उतरते ही सौ रुपये का पत्ता देकर बिना पैसे वापस लिए आगे बढ़ जाते थे। ऐसा नजारा कनपुरियों ने पहली बार देखा था।

अपने में रोते इस शहर में बहुत दिनों के बाद इस तरह की हलचल हुई थी। कभी यह शहर इण्डिया का मैनचेस्टर कहलाता था। कॉटन बनानेवाली एक-से-एक बड़ी मिलें यहाँ थीं। इसकी रौनक का पूरे मध्य-भारत में लोहा माना जाता था। अब स्वदेशी कॉटन मिल से लेकर कानपुर टेक्सटाइल तक सब भंगार में बदल गई हैं। सड़कें धरती में समा गई हैं। या यूँ कहें कि गड्ढों में सड़कें बन गई हैं। शहर के बीचोबीच बहने वाली गंगा भी शहर की बदहाली से नाराज होकर दूर चली गई है। बारिश के दिनों में पहले तो गंगा शहर को भिगो जाती थी। अब कनुपरियों को बम्बे तव स्नानार्थ मुक्ति का ही सहारा है।

ऐसे ही कानपुर में हिजड़ों का जमावड़ा हुआ था। मौका था हिजड़ों के गुरु हाजी रहमतउल्ला और उनकी शिष्या गुलाबबाई के

श्राद्ध का। वैसे दोनों को मरे एक साल से ज्यादा हो गया था। कच्ची तेरहवीं पहले की जा चुकी थी। लेकिन जब बिरादरी में किसी मौज्जिज या बुज़ुर्ग की मौत होती है तो देश भर के हिजड़े एक जगह जमा होते हैं। इस मौके पर वे आपसी समस्याओं और देश-दुनिया के बारे में भी बातें करते हैं। नाच-गाना होता है। उनका यह समागम एक प्रकार का सम्मेलन होता है। सम्मेलन का एजेण्डा भी पहले से सबको पता होता है।

आमतौर पर इन सम्मेलनों में इस बिरादरी की भारी भीड़ जुटती है। कानपुर सम्मेलन में उतनी भीड़ नहीं जमा हुई थी। एजेण्डे को लेकर इनमें बड़ा विवाद हो गया था। बिरादरी दो फाड़ हो गई थी। इसीलिए इस सम्मेलन के समानान्तर एक सम्मेलन हिजड़ों की गद्दियों का विरोध करनेवाले माडर्न हिजड़ों ने भोपाल में श्यामला हिल्स में स्थित कम्युनिटी हाल में किया था। बिरादरी में विवाद का कारण था धारा 377 का विरोध और हिजड़ों की राजनीति में हिस्सेदारी का। परम्परावादी गद्दी को मानने वाली हिजड़ा बिरादरी चाहती थी कि धारा 377 का विरोध किया जाये और हिजड़ों को राजनीति से दूर रखा जाये। कानपुर का सम्मेलन परम्परावादियों का था और भोपाल का सम्मेलन हिजड़ों के राजनीति में जाने का पक्षधर था। वह हिजड़ों की एक अखिल भारतीय पार्टी भी बनाना चाहता था। दोनों के अपने-अपने तर्क थे।

माहेश्वरी धर्मशाला में उत्सव का माहौल था। किन्नरों की वापसी पर विदाई में दी जानेवाली कीमती साड़ियों का ढेर मंच के दूसरी ओर लगा हुआ था। सम्मेलन के लिए शहर में किसी से भी कोई चन्दा नहीं लिया गया था, राजनीतिक सम्मेलनों की तरह। इसलिए भी शहर के लोग आश्चर्य में थे कि इतने बड़े आयोजन के लिए धन आया कहाँ से! सबकी अपनी चिन्ताएँ थीं, लेकिन सम्मेलन में भाग लेने आये लोग आयोजन से काफी खुश थे। बड़ोदरा से आयी आशा का कहना था कि हमारे कोई बेटे-बेटी तो हैं नहीं कि उनकी शादी होगी, तो सब इकट्ठा होंगे। हमारे तो ये सम्मेलन ही हैं, जहाँ हमारे सारे अरमान पूरे हो जाते हैं। सम्मेलन में हम माँ, बहन, बेटी जैसे सभी रिश्ते आपस में बना लेते हैं।

सम्मेलन की कार्रवाई शुरू होनी थी। मंच पर बुजुर्ग हिजड़े बैठे थे। इस मौके पर सबसे पहले भोपाल में हो रहे सम्मेलन को गैरकानूनी और परम्पराविरोधी बताया गया। जोधपुर से आयी सत्तर-वर्षीय मीना बुआ ने तकरीर करते हुए कहा कि अगर सरकार धारा 377 जैसे कानून को अवैध घोषित कर देगी, तो लोग बच्चे पैदा करना बन्द कर देंगे। ऐसे में हमारे पेट पर तो लात पड़ जायेगी... हमारा पेशा ही खत्म हो जायेगा। इसी मसले पर सम्मेलन की आयोजक मीना बुआ का कहना था कि समाज में आदमी आदमी से और औरत औरत से खुल्लम-खुल्ला प्यार-मोहब्बत करेंगे तो समाज का क्या होगा! हम भगवान के मारे हैं, लेकिन ऐसा तो हमारे समाज में भी नहीं होता।

राजनीति के एजेण्डे पर जब चर्चा हुई तो वहाँ मौजूद अधिकांश हिजड़ों ने इसका विरोध किया। चेन्नई से आयी हिजड़ों की गुरु कलावती का कहना था कि हम राजनीति में घुस जायेंगे तो शादियों में गाना कौन गायेगा! राजनीति एक-दो साल! उसके बाद तो हमें तालियाँ ही बजानी हैं। उन्होंने शबनम मौसी का उदाहरण देते हुए कहा कि उसकी विधायकी धरी-की-धरी रह गई। चुनाव में हारने के बाद अब पेट भरने के लिए तालियाँ ही पीट रही है। इसी तरह इलाहाबाद से आयी रम्मोबाई का कहना था कि हमें अपनी परम्परा का पालन करना चाहिए... हमें राजनीति से कोई लेना-देना नहीं है। अलबत्ता, इस सम्मेलन में इस बात पर आम सहमति थी कि बिरादरी को नकली हिजड़ों से बचाने के लिए ठोस उपाय करने चाहिए। बनारस की पूजा ने सरकार से हिजड़ों को पहचानपत्र देने की माँग रखी। लेकिन आगरा की सुसुविमला ने इसका यह कहते हुए विरोध कर दिया कि हम तो खुद अपनी सरकार हैं। हमें किसी सरकार के पहचानपत्र की जरूरत नहीं है। उसने यह भी कहा कि सरकार तो हिजड़ी है। वह गरीबों का ध्यान नहीं रखती, तो हम पर क्या ध्यान देगी। सरकार में बैठे अधिकांश नेता हिजड़ों से भी बदतर हैं। संसद में महँगाई पर बहस होनी हो तो अपने को गरीबों का रहनुमा और समाजवादी बतानेवाले पूँजीपतियों की दलाली करते नजर आते हैं। जनता महँगाई से मरे तो मरे, उन्हें क्या! उन्हें सिर्फ दलाली से मतलब

है। हमें सरकार-वरकार से कोई मदद नहीं चाहिए। सम्मेलन के आखिरी दिन चन्दाबाई की गद्दी को अपवित्र करनेवाले गोपाल की हत्या करनेवाली अन्ना मौसी की रिहाई के लिए जोरदार कोशिश करने के सम्बन्ध में भी एक प्रस्ताव पारित किया गया। रिहाई को सुनिश्चित करने के लिए दिल्ली की डिम्पल, रीना और नीलम की एक कमेटी भी बनाई गई।

कानपुर के बरक्स जर्दा, गर्दा, पर्दा और नामर्दा के लिए मशहूर भोपाल में भी हिजड़ा बिरादरी की गहमागहमी जारी थी। वैसे हिजड़े नवाबों और बेगमों के जमाने से भोपाल की जिन्दगी का हिस्सा रहे हैं। नवाबों के समय ये उनके जनानखानों के अहम हिस्सेदार थे। बेगमों के शासन में इनकी भूमिका जनानखाने के बाहर भी महत्त्वपूर्ण हो गई थी। शहर के मंगलवारा इलाके की उजाड़ बस्ती में ये अभी भी बड़ी संख्या में रहते हैं। शासन के हिस्से तो अब रहे नहीं, इसलिए अब ये न्यू मार्केट और हबीबगंज में ताली ठोंकते घूमते रहते हैं। भोपाल भी अब इनकी उजड़ी बस्ती की तरह हो गया है। भोपाल की पहचान में रियासतों के अलावा कभी उसकी सोलह पहाड़ियाँ और नौ तालाब चार चाँद लगाते थे, अब उसकी पहाड़ियाँ और तालाब विकास की आँधी में दफन हो गये। विकास ने ऐसा विनाश किया कि यूनियन कारबाइड गैस लीक काण्ड ने शहर के बीस हजार लोगों को लील लिया, पचास हजार लोगों को विकलांग बना दिया। माफिया डॉन अबू सलेम और मोनिका बेदी के फर्जी पासपोर्ट बना कर भी इस शहर ने ग्लोबल शोहरत कमाई है। अतीत का वैभव खँडहरों में तब्दील हो चुका है। इसी शहर में सम्मेलन से पहले देश के कोने-कोने से आये करीब तीन हजार हिजड़ों ने शहर की प्रमुख सड़कों पर कलश-यात्रा निकाली, नाच-गाकर लोगों का मनोरंजन किया। शाम को जब सम्मेलन शुरू हुआ तो धारा 377 को लेकर यह राय बनी कि जिसको जो करना हो करे। आखिर हम लोग भी तो गिरिया रखते हैं। वह भी तो एक प्रकार की समलैंगिकता है। हमें समाज में सबकी बराबरी चाहिए। इसी क्रम में जब राजनीति पर चर्चा शुरू हुई तो बहस ने भारतीय राजनीति का चरित्र उजागर कर दिया। गुजरात के अहमदाबाद की

शाहपुर विधानसभा सीट से रिपब्लिकन पार्टी आफ इण्डिया के टिकट पर चुनाव हारी सोनिया मौसी की तकरीर ने सबको हिला दिया। सोनिया वैसे ज्यादा उम्रवाली नहीं हैं, फिर भी अपने को मौसी कहलाना उन्हें अच्छा लगता है। सोनिया मौसी अच्छे परिवार से ताल्लुक रखती हैं। उनका दावा है कि उनकी माँ आईएएस अधिकारी और पिता भी बड़े सरकारी पद पर हैं। उनकी दो बहनें ब्रिटेन में और एक अमेरिका में रहती हैं। वे पढ़ी-लिखी हैं। अंग्रेजी भी धुआँधार बोलती हैं। परिवार से बेदखल किये जाने का उन्हें दुख है।

उन्होंने कहा कि देश की दोनों बड़ी पार्टियों कांग्रेस और भाजपा ने धर्म के नाम पर देश को बाँट दिया है। भाजपा सामने से मारती है और कांग्रेस पीछे से। साम्प्रदायिकता की आड़ में सत्ता पर कब्जा किया जाता है। एक हमारी बिरादरी है, जिसमें सभी धर्मों को माननेवाले एक साथ रहते हैं। होली-दीवाली, ईद-बकरीद एक साथ मनाते हैं। हज करने जाते हैं तो चारों धाम की यात्रा भी करते हैं। चर्च में भी हमें सिर झुकाने में शर्म नहीं आती। राजनेताओं पर बरसते हुए उन्होंने कहा कि हममें और उनमें कोई फर्क नहीं है। वे पर्दे की पीछे के हिजड़े हैं और हम सामने के।

हिसार से आयी वहाँ की स्थानीय निकाय की पार्षद शोभा नेहरू जब मंच पर पहुँची तो हाल तालियों की गड़गड़ाहट से गूँजने लगा। शोभा एक गरीब परिवार से है। पीले पंजाबी सूट में वह खिलीखिली दिख रही थी। बालों की एक लट बार-बार उसके माथे पर आ गिरती थी। जन्म के बाद शोभा के परिवार ने उसे कूड़े के डिब्बे में फेंक दिया था। उसका पालन-पोषण हिसार की हिजड़ा बिरादरी ने किया था। आठवीं तक उसने पढ़ाई भी की है। महिलाओं के लिए सुरक्षित वार्ड नम्बर नौ से जब वह चुनाव लड़ी तो शहर में एक भूचाल-सा आ गया। उसके नाम के आगे लगे नेहरू ने सबको चौंकाया। असल में शोभा के नाम के आगे पहले नेहरू नहीं जुड़ा था। राजनीति में उतरने के लिए उसने अपने नाम के आगे नेहरू जोड़ लिया था। वैसे शोभा की कोई जाति नहीं थी। शोभा का चुनाव ऐसा धुआँधार हुआ कि हिजड़ा मानसिकता वालों को शहर में वार्ड नम्बर

नौ के नाम से पुकारा जाने लगा था। कई शहरों के हिजड़े उसके चुनाव-प्रचार के लिए हिसार आये। आम लोगों ने भी उसके जलसे-जुलूस में हिस्सा लिया। नेताओं के हिजड़पन से ऊबी जनता ने अन्ततः उसे जिता दिया। इसके बाद से तो शहर में उसकी माँग बढ़ती गई। उसने मन लगाकर लोगों का काम किया। फिर तो वह सामान्य वार्ड से भी लड़ी और जीती। दूसरे वार्ड के उम्मीदवारों के समर्थन में यदि शोभा चली जाती तो उसकी जीत पक्की मानी जाती थी। शोभा ने जब मंच पर आकर अपने विचार रखने शुरू किए, तो हॉल में सन्नाटा छा गया। उसने कहा कि नेता और भ्रष्टाचार एक-दूसरे के दो नाम हैं। हम हिजड़े ही समाज को दीमक की तरह चाट रहे नेताओं से बचा सकते हैं। हम ही भ्रष्टाचार को दूर कर सकते हैं। उसने कहा कि हमारें न तो कोई रिश्तेदार हैं और न ही इसकी सम्भावना। हमें तो पैदा होते ही गटर में फेंक दिया जाता है। ऐसे में हम भ्रष्टाचार किसके लिये करेंगे! इसके बाद गोरखपुर की मेयर आशादेवी, कटनी की मेयर कमलाजान और अन्य लोगों ने अपनी बातें रखीं।

अन्त में सम्मेलन की अध्यक्ष पूर्व-विधायक शबनम मौसी की बारी थी। देश की किसी विधानसभा में पहली बार कोई हिजड़ा अगर विधायक बना था तो वह थीं शबनम मौसी। उसका विधायक बनना भारतीय राजनीति और वर्षों से सामन्ती ताने-बाने में अकड़े-जकड़े समाज के लिए कोई मामूली घटना नहीं थी। जिन हिजड़ों को भारतीय समाज दया, उपेक्षा और इन सबसे बढ़कर घृणा का विषय मानता हो, उन्हीं में से एक को जब लाखों लोग अपना प्रतिनिधि चुन लें, तो इसे किसी भी हालत में आम घटना नहीं माना जा सकता। मध्यप्रदेश के सोहागपुर विधानसभा क्षेत्र से शादी-ब्याह में नाच-गाकर बधाई देकर रोजी-रोटी का जुगाड़ करनेवाली शबनम मौसी ने जब विधायक बनने के लिए अपना परचा भरा था तो किसी को विश्वास नहीं था कि वे अपनी जमानत भी बचा पाएँगी। लेकिन वे चुनाव जीत गयीं, वह भी पूरे अठारह हजार वोटों से। भारतीय राजनीति में इस तरह एक नया अध्याय जुड़ा था, जो यह बताता था कि भारतीय राजनीति का कितना पतन हो चुका है कि अब लोग नेताओं की जगह हिजड़ों से

सन्तोष करना चाहते हैं... लोगों का भरोसा उनसे उठ चुका है। लोगों ने शबनम मौसी को शायद इसलिए जिताया था कि उन्हें भारतीय लोककथा का वह मिथ याद आया होगा, जिसमें कहा गया है कि युग की समाप्ति पर एक ऐसा समय आयेगा, जब हिजड़े शासन सँभालेंगे।

शबनम मौसी का अध्यक्षीय भाषण शुरू तो निराशा के साथ हुआ, लेकिन लगा कि अब भी वह हार माननेवाली नहीं हैं। उन्होंने कहा, "हमने लोगों के इतने काम कराए, गाँव-गाँव में जाकर लोगों के दुख-दर्द में भागीदार बनी, लेकिन दोबारा जीत न सकी। फिर भी इससे हमें घबराने की जरूरत नहीं है। उन्होंने कहा कि चुनाव में उन्हें हराने के लिए शराब, मुर्गा, दादागीरी और नोट से वोट लेने का काम नेताओं ने किया। लोगों को भड़काया। लिंग-भेद के आधार पर राजनीति का सामन्ती पाठ पढ़ाया और मैं चुनाव हार गई। ठण्डी साँस भरते हुए उन्होंने कहा कि अब ये दीवारें हैं और मैं हूँ। अकेलापन काट खाने को दौड़ता है।"

उन्होंने कानपुर सम्मेलन का जिक्र करते हुए कहा, "अपनी ही बिरादरी के कुछ लोग अब भी हाशिये में रहना चाहते हैं। उन्हें समझाये जाने की जरूरत है। आप लोगों के उत्साह को देखकर मुझे लगता है कि अभी आखिरी जंग लड़नी बाकी है। मेरी अब कोई महत्वाकांक्षा नहीं है। बस इतना चाहती हूँ कि लोग हिजड़ों के साथ सम्मानजनक व्यवहार करें। इसलिए मैं फिर से राजनीति में सक्रिय होना चाहती हूँ। हमें लोगों के बीच जाकर बताना होगा कि हम असली हिजड़े नहीं हैं। असली हिजड़े तो वे हैं जो जनता के वोटों से संसद और विधानसभा में जाकर उन्हीं का खून चूसने की योजनाएँ बनाते हैं और अपना पेट भरते हैं। हमें अपनी पार्टी बनानी होगी। हमारी पार्टी का नाम होगा—तीसरी योनि और नारा होगा—'नकली को परखा, अब असली को परखो।'

शबनम मौसी ने जैसे ही पार्टी के नाम की घोषणा की, पूरे हॉल में तालियों की गड़गड़ाहट लम्बे समय तक गूँजती रही।

भीड़ से नारा उठा—मौसी तुम संघर्ष करो, हम तुम्हारे साथ हैं।

बारह

गोपाल की हत्या करने के बाद पोपले मुँहवाली अन्ना मौसी बिरादरी में हीरो बन चुकी थीं। चन्दाबाई की गद्दी की मुक्ति के लिए उन्होंने अपने को जेल की सलाखों के पीछे पहुँचा दिया था। पूरी बिरादरी उनकी रिहाई के लिए जुटी हुई थी। दिल्ली के बड़े-बड़े क्रिमिनल वकीलों को उनकी पैरवी के लिए इंगेज किया गया था। सभी मण्डलियाँ दिल खोलकर मुकदमे के लिए धन दे रही थीं। पैसे की कोई कमी नहीं थी। जब भी मुक़दमे की तारीख पड़ती, पूरी बिरादरी सब काम-धाम छोड़कर कोर्ट में जमा होती। उन्हें हर तरह से ढाढस बँधाती। डिम्पल, रीना और नीलम, मौसी की रिहाई के लिए रात-दिन एक किये हुए थीं। जेल में भी वे मिलने जाती थीं। जेल में मौसी को जनाना वार्ड की बजाय मर्दाना वार्ड में रखा गया था। वहाँ वे साधु का जीवन व्यतीत कर रही थीं। दोनों वक्त रामायण, गीता और कुरान का पाठ करतीं। सालों से रह रहे पुराने अपराधी उनके पूजा-पाठ देखकर मजाक उड़ाते थे—सत्तर चूहे खाकर बिलइया चली हज को। लेकिन मौसी पर इसका कोई असर नहीं पड़ता था। वे निर्लिप्त भाव से अपने पूजा-पाठ में जुटी रहती थीं।

सुबह का वक्त था। बैरकों के दरवाजे खुल चुके थे। कैदी नित्यकर्म से निपटकर अपने-अपने काम के लिए तैयार हो चुके थे। उन्नीस-बीस साल का एक लड़का आँखों में आँसू लिये हुए बैरक के एक किनारे बैठा था। मौसी पूजा-पाठ की तैयारी में जुटी थीं। अचानक उनकी निगाहें उस लड़के की ओर गयीं। लड़के को पीली वर्दी पहने एक जमादार डण्डे से कोंच रहा था, काम पर जाने को। लड़का था कि उठने का नाम नहीं ले रहा था। जमादार उसे गालियाँ

दिये जा रहा था। जमादार जेल की पुलिस होती है। सजा पाये हुए जिन अपराधियों का चाल-चलन अच्छा रहता है, उन्हें जेल प्रशासन जमादार बना देता है। उनके पास कैदियों की पूरी एक ब्रिगेड होती है, जिनमें बीस से पच्चीस कैदी होते हैं। ऐसी ही कई बिग्रेडें जमादारों की होती हैं। ये ब्रिगेड जेल की साफ-सफाई से लेकर कैदियों के भोजन बनाने तक का काम करती हैं। कुछ हुनरमन्द ब्रिगेड भी होती हैं, दस्तकारी के और दूसरे कलात्मक काम करती हैं। इनकी निगरानी के लिये जेल के सिपाही-हवलदार होते हैं। कई जेलों में इन जमादारों को पक्का भी कहा जाता है। वैसे जमादार बनने के लिए अच्छे चाल-चलन का प्रदर्शन जरूरी नहीं होता। काम करने से बचने के लिए जेलर की जेब भरकर भी कई अपराधी जमादार का रुतबा हासिल कर लेते हैं। कई अपराधी जमादार न होने के बावजूद अपनी दबंगई के चलते काम-धाम नहीं करते और रोटी तोड़ते रहते हैं।

वह लड़का जब नहीं उठा तो जमादार ने उसके शर्ट का कालर पकड़कर जबरदस्ती उठा दिया। वह चीख पड़ा। उसका शरीर तप रहा था। उसने कोई बड़ा अपराध नहीं किया था। बिना टिकट ट्रेन में चलने पर पकड़ा गया था। उसका नाम सुधीर था। वह अलीगढ़ से दिल्ली का नियमित पैसेंजर था और दिल्ली के चाँदनी चौक में कपड़े की एक दुकान में सेल्समैन की ट्रेनिंग ले रहा था। देखने में मासूम था। मुसीबतों का मारा। इसीलिए अलीगढ़ से रोज दिल्ली काम करने आता था। जिस दिन वह बिना टिकट पकड़ा गया, उस दिन गलती से उसका एमएसटी (मासिक टिकट) घर में छूट गया था। मजिस्ट्रेटी छापे में पकड़ा गया। उसने अपनी बेगुनाही साबित करने की हर कोशिश की, लेकिन मजिस्ट्रेट ने एक नहीं सुनी और इक्कीस दिन जेल की सजा मुकर्रर कर दी। अभी उसका जेल में एक हफ्ता ही बीता था। यह जगह उसके लिए नयी थी। यहाँ के चाल-चलन से वह वाकिफ नहीं था। उसे जो काम जमादार बताता, वह करता और खाकर अपने जूट के फट्टे पर दाल के लिए मिलनेवाला पीतल का तसला सिर के नीचे लगा सो जाता।

बीती रात सुधीर पर वज्रपात हुआ था। सर्किल नम्बर पाँच के

अन्दर और बाहर से सीटियाँ गूँज रही थीं। सीटियाँ बजानेवाले जाग रहे थे और सर्किल के दरवाजे पर पहरा दे रहे पुलिसिये नींद में ऊँघ रहे थे। सर्किल नम्बर पाँच और छह के बीच वीआईपी नेहरू बैरक थी। इस बैरक में नेता-अभिनेता को ही रखा जाता है। स्वतन्त्रता आन्दोलन के दिनों में कभी नेहरूजी इस बैरक में रहे थे। इसीलिए इस बैरक का नाम नेहरू बैरक रख दिया गया था। नेहरू बैरक से देर रात गाने के स्वर गूँज रहे थे। छात्र आन्दोलन के दौरान पकड़े गये छात्र इसमें बन्द थे। खा-पीकर वे मौजमस्ती में गाना-वाना गा रहे थे।

सर्किल नम्बर पाँच की जिस बैरक में सुधीर बन्द था, उसके अन्दर अजीब तरह का नजारा था। पाँच-छह दिनों के अपने जेल प्रवास के दौरान वह दिनभर काम-धाम से थककर सो जाता था। उस रात मच्छरों के हमले के कारण उसे नींद नहीं आ रही थी। अजीब तरह की आवाजें उसे सुनाई दे रही थीं। एक कोने में कई कत्ल करनेवाला सलीम बाटा अपने मोबाइल फोन पर किसी को तीन करोड़ की फिरौती के लिए हड़का रहा था, पैसे न मिलने पर गोली से उड़ा देने की धमकी दे रहा था। दूसरी ओर अजीत जडेजा एक भद्र आदमी की पिटाई पर जुटा था। उसने उस भद्र आदमी के कपड़े उतार दिए थे। मुँह में कपड़ा ठूँस दिया था, हाथ अँगोछे से बाँध दिए थे और अपने गुर्गों से उस पर लात-घूँसों की बौछार करवा रहा था। बीच-बीच में वह उससे कह रहा था कि कल मिलाई में आनेवाले अपने माता-पिता से कह दे कि वे बच्ची को उसकी माँ को सौंप दें, वरना जब तक जमानत नहीं होगी तब तक रोज इसी तरह की धुनाई होगी। जेल से बाहर निकलने पर गोली अलग पड़ेगी। भद्र पुरुष की पत्नी की शिकायत पर वह जेल में बन्द था। उस पर आरोप था कि वह अपनी पत्नी को पीटता है और दहेज माँगता है। मामले की जो भी सच्चाई हो, लेकिन यह तय था कि जडेजा को किसी ने उसकी सुपारी दी है। मार खाते-खाते पस्त होने के बाद अन्त में उसने जडेजा से बच्ची वापस देने का वादा कर लिया था। ऐसे ही एक कोने में पहलवान और उसके दो और साथी गाँजे की चिलम सुलगाए बारी-बारी कश मार रहे थे। पहलवान फिरौती वसूलने का मास्टर रहा है। पुलिस

एनकाउण्टर से बचने के लिए उसने खुद ही थाने में आत्मसमर्पण कर दिया था।

अंग्रेजों के जमाने की जेलें आजादी के बाद बन्दी सुधार गृह हो गये थे। बन्दियों का यहाँ कितना सुधार होता है, यह सीबीआई जाँच का या किसी सामाजिक संगठन के शोध का विषय हो सकता है। जेलों की बिल्डिंगों में बेशक सुधार हो गया हो, लेकिन अंग्रेजों के जमाने का जेल मैनुअल अभी तक नहीं बदला था। वह मैनुअल अभी भी इनसानों को जानवर से बेहतर नहीं समझता। खाना उन्हें इतना ही मिलता है कि वे जी सकें। दाल ऐसी होती है कि उसमें डुबकी लगाकर दाना खोज़ा जाये तो भी न मिले। यहाँ अकेले आनेवाले अपराधी सुधरने के बजाय किसी-न-किसी गैंग के हिस्से बनकर बाहर निकलते हैं। साधारण अपराधियों के लिये जेल बेशक यातनाघर हो, लेकिन मँजे हुए अपराधियों के लिए जेल स्वर्ग है। उनके लिए टीवी से लेकर मोबाइल और मुर्गा से लेकर शराब व ड्रग्स तक सब यहाँ मौजूद है। कई जेलों में तो जेल-कर्मचारियों की मदद से नाच-गाने का भी इन्तजाम हो जाता है।

इसी गहमागहमी के बीच सुधीर को देर रात नींद आ गई थी। पहलवान और उसके साथी गाँजे के नशे में रूमानी दुनिया की सैर कर रहे थे। उस दुनिया में डिस्को जैसी रंग-बिरंगी बिजलियाँ जल रही थीं। तीनों का बदन हवा में तैर रहा था। एक अजीब-सा मधुर संगीत उनके कानों में गूँज रहा था। वह ऐसी दुनिया थी, जिससे निकलने का मन न करे। ऐसी ही मस्ती में पहलवान के होंठ बुदबुदाए, "देख, कोई पट्ठा हो तो तेल-मालिश करवाओ। बहुत दिन हो गये हथियार का इस्तेमाल किये। ऐसा ही रहा तो हथियार में जंग लग जायेगा।'

पहलवान का आदेश सुनकर उसके दोनों शागिर्द उठे और डब्लूटी (विदआउट टिकट) पलटन की ओर बढ़ गये। अँधेरे में वे पट्ठे की तलाश कर रहे थे कि एक शागिर्द का पैर लड़खड़ाया और वह सुधीर के ऊपर गिर पड़ा। सुधीर कच्ची नींद में था। मच्छरों ने काट-काटकर उसका हाल-बेहाल कर रखा था। वह अचकचाकर उठ पड़ा। पहलवान के दोनों शागिर्दों ने उसके हाथ पकड़ लिये। उनमें से

एक ने उससे कहा, "चुपचाप उधर चल। आवाज नहीं निकलनी चाहिए।"

सुधीर रात का तमाशा चुपचाप पड़े हुए देख चुका था। भद्र पुरुष की पिटाई भी उसने देखी थी। लिहाजा वह चुपचाप उनके साथ हो लिया। दोनों शागिर्दों ने सुधीर को पहलवान के सामने पेश करते हुए मजाकिया लहजे में कहा, "पहलवान, पट्ठा मस्त है। मगर थोड़ा दुबला है, तुम्हारा वजन नहीं सह पायेगा।"

"सवारी के लिए तैयार करो।" पहलवान ने उठते हुए कहा।

पहलवान और शागिर्द के बीच का संवाद सुधीर समझ नहीं पाया। वह एक अनजानी दहशत से भर गया। उसके पैर थरथर काँपने लगे। पसीने से उसका पूरा शरीर गीला हो गया। उसे कुछ भी सूझ नहीं रहा था। इस बीच पहलवान के शागिर्दों ने उसकी पैण्ट उतारनी शुरू की। प्रतिरोध में सुधीर ने थोड़ी ताकत का इस्तेमाल किया, तो एक झापड़ उसकी कनपटी पर पड़ा। उसका कान सुन्न हो गया। इसके बाद उसके शरीर ने किसी भी तरह की हरकत करना बन्द कर दी। उसे तारे दिखने लगे। शागिर्दों ने उसकी पैण्ट उतारकर उसे उलटा लिटा दिया। पहलवान ने सरसों के तेल की शीशी से उसके मलद्वार में तेल डाला और अपनी लुंगी ऊपर उठाकर उस पर चढ़ गया। पहलवान ने अपना पुरुषांग सुधीर के मलद्वार में डालने की कोशिश की तो वह फिसल गया। शागिर्दों ने सुधीर के नितम्बों को अपनी-अपनी ओर खींच कर पहलवान के पुरुषांग के लिए रास्ता बना दिया। कई बार की कोशिशों के बाद पहलवान ने अपना पुरुषांग उसके मलद्वार में डाल दिया। सुधीर की चीख नहीं निकली। उसकी घिग्गी बँध गई। आवाज उसके गले में अटक गई। चीख निकलती तो बैरक के सन्नाटे को तोड़ देती, क्योंकि जिस तरह की पीड़ा उसे हुई थी उसमें एक भयानक चीख पैदा होने से कोई नहीं रोक सकता था। पहलवान काफी देर तक उसके ऊपर दण्ड पेलता रहा। उसके मलद्वार की परिधि की चमड़ी फट गई थी। खून रिसने लगा था। पहलवान निढाल और पस्त होकर उसके बगल में गिर गया। इसके बाद बारी थी शागिर्दों के प्रसाद चखने की। खून के रिसाव के बाद भी उन्हें

सुधीर पर दया नहीं आयी। दया आती भी तो कैसे। अँधेरे में खून दिख नहीं रहा था। उन्हें खून तेल लग रहा था।

ऐसी भयंकर रात से गुजरकर उस सुबह सुधीर की काम पर जाने की हिम्मत नहीं हो रही थी। उसे अजीब पीड़ा हो रही थी। बचपन में वह टॉयफायड से भी गुजरा था। मरते-मरते बचा था। लेकिन उस बीती रात को जो पीड़ा मिली थी, उसमें ग्लानि भरी हुई थी। उसके मन में मरने की बात आ रही थी। उसे लग रहा था कि यह सब होने के बाद भी वह अभी तक जिन्दा क्यों है। जमादार उसे खींच रहा था और वह उठ नहीं रहा था। उसकी पैण्ट में खून के दाग उभर आये थे। जमादार उसे काम पर ले जाने की जिद्द पर अड़ा था और सुधीर जाने के लिए तैयार नहीं था। उस मुसीबत की घड़ी में वहाँ उसका कोई अपना मौजूद नहीं था। अन्ना मौसी जमादार की जोर-जबर्दस्ती देख रही थीं। अन्ततः उन्होंने हस्तक्षेप किया और जमादार से विनती के स्वर में कहा, "बेचारे की तबियत खराब होगी। जोर-जबर्दस्ती मत करो। उसकी नाड़ी देखो, कहीं बुखार तो नहीं हुआ है उसे!"

"अरे मौसी, जेल में आकर कामचोरी करने के लिये सब बीमारी का बहाना करते हैं। ये कोई वीआईपी कैदी थोड़े ही है, जिसे बीमार न होने पर भी अस्पताल में भर्ती कराने की इजाजत मिल जाये। ये काम नहीं करेगा तो जेलर मेरे डण्डा करेगा।" जमादार ने मौसी को समझाते हुए कहा।

इस बातचीत के बीच मौसी अपना पूजा-पाठ छोड़कर सुधीर के पास आ गयी थीं। उन्होंने उसके माथे पर हाथ रखा, तो देखा उसका शरीर आग की तरह जल रहा है। खून पूरी तरह रुका नहीं था, इसलिए पैण्ट खून से तर होती जा रही थी। मौसी की नजर उसके खून की तरफ गई। उनके होश उड़ गये। पहले भी वे इस तरह के नजारे जेल में देख चुकी थीं। उन्हें समझने में देर नहीं लगी। आखिर दुनिया देखी थी उन्होंने। गली-गली भटकी और खेली-खाई थीं। समझ गयीं कि आज इस बेगुनाह को किसी दरिन्दे ने अपनी हवस का शिकार बना दिया है। वे जमादार से बोलीं, "इसके चोट लगी है। इसे आज

काम पर मत ले जाओ। आराम करने दो।" कहते हुए मौसी ने जमादार को उसकी पैण्ट की ओर देखने का इशारा किया। जमादार भी मामला समझ गया। वह भी दो-एक बार डब्लूटी के साथ सवारी कर चुका था। उसे दया आ गई और सुधीर को बैरक में आराम की सलाह देकर वह वहाँ से चला गया।

उसके बाद सुधीर जब तक जेल में रहा, उसने एक दिन भी काम नहीं किया। वह चाहता था कि उसकी पिटाई की जाये। उसे मारा जाये। वह जीने के लायक नहीं है। वह अपराधबोध से भरा हुआ था। वह यह भी चाहता था कि उसके काम न करने की शिकायत जेलर से की जाये, ताकि उसके साथ दरिन्दों जैसा व्यवहार करने वालों की वह पोल खोल सके। लेकिन ऐसा हुआ नहीं। जेलर जेल में होनेवाली ऐसी घटनाओं से अनभिज्ञ नहीं थे।

बताते हैं कि जेल से छूटने के बाद सुधीर ने उसी ट्रेन से कटकर अपनी जान दे दी, जिससे वह अलीगढ़ से रोज दिल्ली सेल्समैनी करने आता था। मरने से पहले उसने जहर खाने की भी सोची थी, लेकिन उसने ट्रेन के नीचे कटकर मरने का विकल्प चुना। उसे लगा कि ये ट्रेन न होती तो वह बिना टिकट न पकड़ा जाता। जेल न जाता तो उसके साथ वह सब न होता जो उसके साथ हुआ।

अन्ना मौसी हर महीने पड़नेवाली तारीखों पर कोर्ट में जाती-जाती थक गई थीं। वैसे भी उन्हें पता था कि उन्होंने अपना गुनाह कबूल रखा है, ऐसे में उन्हें अब जेल से मुक्ति नहीं मिलनी है। उन्हें बीमारी ने घेर रखा था। वे खाँसतीं तो खून निकलता। उन्हें टीबी हो गई थी। सुधीर की घटना ने उन्हें और तोड़ दिया था। अठारह दिन चलनेवाले कानपुर और भोपाल के सम्मेलन खत्म हो चुके थे। भोपाल सम्मेलन के अन्तिम दिन बुजुर्ग सुरैया की मंगलवारा में अपने घर में मौत हो गई थी। इधर अन्ना मौसी की भी उसी दिन जेल में मौत हुई थी। उन्होंने खाँसना शुरू किया तो वह बन्द ही नहीं हुआ। खाँसी में खून इतना निकल गया कि जेल के डाक्टर उन्हें बचा नहीं सके। सुरैया की उम्र

जरूर हो गई थी, लेकिन अन्ना मौसी की तरह उन्हें बीमारी कोई नहीं थी। अचानक उनके दिल की धड़कन बन्द हो गई थी। दोनों के एक दिन मरने का यह एक अजीब संयोग था।

दो मौतों ने दोनों सम्मेलनों के खुशनुमा माहौल को ग्रहण लगा दिया था। अन्ना की मौत की खबर सुनते ही डिम्पल, नीलम और रीना श्रमजीवी एक्सप्रेस पकड़कर दिल्ली पहुँच चुकी थीं। अन्ना मौसी का पोस्टमार्टम करने के बाद शरीर उनकी बिरादरी को सौंप दिया गया था। उनका शव लेने के लिए जेल में दिल्ली भर के हिजड़े इकट्ठा थे। किसी की आँख में कोई आँसू नहीं था। अन्ना मौसी को मुक्ति जो मिल गई थी। वैसे भी हिजड़ों के मरने पर उनकी बिरादरी में कोई शोक नहीं मनाया जाता। जब उनका चौथा, तेरहवीं, रोटी होती है, तब भी नाच-गाना होता है। अन्ना मौसी का शव डिम्पल के डेरे में लाया गया था। उनका शरीर डेरे के आँगन में बने काली मन्दिर के पास रखा गया। मंजू की मेहनत रंग ले आयी थी। धरती से उखड़कर गिरा हुआ चम्पा का दरख्त लहलहा रहा था। शव उसी की छाँव में रखा हुआ था।

उधर भोपाल में सुरैया को भारत टाकीज के सामनेवाले पुराने कब्रिस्तान में दफनाने की तैयारी चल रही थी। हिजड़ा मुसलमान हो या हिन्दू, उसको दफनाने या फिर जलाने की रस्म वर्षों से इसी कब्रिस्तान में होती आयी है। भोपाल में कई सौ सालों में अनेक हिजड़े मरे थे। लेकिन आज तक किसी भोपालिये ने उनकी शवयात्रा नहीं देखी थी। कोई देखता भी कैसे। शवयात्रा मध्यरात्रि के बाद जो शुरू होती थी। भोपाल क्या, देशभर में ऐसा मिथ है कि आज तक किसी ने इनकी शवयात्रा नहीं देखी। इसीलिए इनके मरने को लेकर चारों दिशाओं में अलग-अलग अटकलें हैं।

डिम्पल और नीलम आपस में गुफ्तगू कर रही थीं कि शवयात्रा कैसे निकाली जाए। दिल्ली में आमतौर पर हिजड़े के शव को रात को डण्डों से मारते, उस पर चप्पल-जूते बरसाते और सड़क पर खींचते हुए श्मशान घाट ले जाते हैं। इस तरह शव को श्मशान में ले जाने के पीछे मान्यता यह है कि मरनेवाला दोबारा तीसरी योनि में जन्म नहीं लेगा।

लेकिन मौसी जीवन के अन्तिम पड़ाव में सन्त हो चुकी थीं। उन्होंने चन्दाबाई की गद्दी और बिरादरी की परम्परा बचाने के लिए कुर्बानी दी थी। वे माया-मोह से ऊपर उठ चुकी थीं। उन्होंने तीसरी योनि में रहते हुए जीते-जी उससे मुक्ति पा ली थी। डिम्पल और नीलम नहीं चाहती थीं कि मौसी के मरने के बाद उनके शव का डण्डे और जूते-चप्पल मारकर अपमान किया जाए। दोनों ने सन्त आशामाई की शरण ली। उन्होंने राय दी कि जैसे साधु-सन्तों को समाधि दी जाती है, वैसे ही मौसी का दाह-संस्कार किया जाए। श्मशान ले जाने से पहले मौसी को भगवा पहनाया गया। समाधि की मुद्रा में उन्हें अर्थी पर बिठाया गया। माला-फूल चढ़ाये गये। इसके बाद खुशी-खुशी उनके शव को रवाना कर दिया गया। हिजड़े शवयात्रा में शामिल नहीं होते हैं। वे अपने को औरत समझते हैं। हिन्दू रीति-रिवाजों के तहत औरतें श्मशान नहीं जाती हैं। इसीलिए हिजड़ों की शवयात्रा को कोई पहचान नहीं पाता कि यह हिजड़े की शवयात्रा है।

रात का समय था। भोपाल की चौकी इमामबाड़ा के पास से सैफिया कालेज जानेवाली सड़क पर सन्नाटा पसरा हुआ था। आवारा कुत्ते भी भौंक-भाँककर सो चुके थे। दूर-दूर तक कोई भी आदमी या आदमजाद दिखाई नहीं दे रहा था। बिजली गुल थी। घुप अँधेरा। इसी अँधेरे के बीच दूर से एक रोशनी चमकती दिखाई दी और किसी के कदमों की आहट भी सन्नाटे को नींद से जगाती सुनाई पड़ी। नूरमहल स्थित 'अमर जागरण' अखबार के कार्यालय से लेटनाइट ड्यूटी कर पत्रकार शलभ भदौरिया हाथों में सिगरेट लगाये लोहा बाजार की गली के पास बनी मजार के पास पहुँचे थे कि अचानक उनके पैर ठिठक गये। हाथ में जलती सिगरेट पर कश लगाना भी वे उस दृश्य को देखकर भूल गये। उनकी पेशाब छूटते-छूटते रह गई। सामने गली से जिन्नों की सवारी आ रही थी। दो सफेद नकाब पहने जिन्न आगे-आगे उछलते चल रहे थे। उनके पीछे चार जिन्न थे। उसके पीछे करीब आठ जिन्न उसी तरह सफेद लबादा पहने फुदक रहे थे। बीच में एक जिन्न क्रास में बँधा हुआ था। एक लकड़ी उसके शरीर के बीचोबीच बँधी थी, ताकि वह लुढ़के नहीं और दूसरी लकड़ी उसके दोनों हाथों

को सीधे किये हुए थी। क्रास में टँगे जिन्न की कमर में पत्ते बँधे थे। दो जिन्न उसके हाथों को पकड़कर उसे चलाते हुए ले जा रहे थे। क्रास के पीछे भी आगे की ही तरह जिन्नों की तीन पंक्तियाँ थीं। सब फुदक रहे थे। भोपाल में मशहूर है कि ऐसी ही जिन्न की सवारी आजादी से पहले पाँच पुलिसवालों ने देखी थी, तो वे पागल हो गये थे। जिन्नों की सवारी शलभ ने भी देख ली थी। अब शायद उनके पागल होने की बारी थी। सिगरेट जलते-जलते जब उनकी चमड़ी से छुई तो उनकी चेतना लौटी। सवारी से काफी आगे चल रहे दो जिन्नों ने जब शलभ को देखा तो वे अचकचा गये। दोनों शलभ के सामने आकर खड़े हो गये। शलभ डीलडौल से ठीक थे, लेकिन भूतों से उनका कभी वास्ता नहीं पड़ा था, इसलिए वे सहमे हुए थे। दोनों जिन्नों ने शलभ को पहचान लिया था। उन्होंने अपना सफेद लबादा चेहरे से खिसकाया और शलभ से मुखातिब हो गये। दोनों ने शलभ से कहा कि बॉस, इस घटना के बारे में किसी को न बताइएगा। और न ही अखबार में लिखियेगा। इस धरती पर हम अपने को अशुभ मानते हैं, इसलिए चाहते हैं कि इस अशुभ यात्रा को भी कोई न देखे। जिन्न शलभ से बात कर रहे थे। थोड़ी देर में शलभ ने भी जिन्नों को पहचान लिया। उनमें से एक बाबू था, दूसरी रेशमा। शलभ के पिता जब विदिशा में फारेस्ट आफिसर तैनात थे, तब स्कूली दिनों में इनसे मुलाकात हुई थी। बाबू और रेशमा बसौदा तहसील के रहनेवाले थे। शलभ शमशाद में रहते थे। जब कभी परीक्षा देनी होती और तहसील स्तर के खेलकूद होते, तो इन दोनों से शलभ की मुलाकातें होती थीं। भोपाल आने के बाद भी दोनों शलभ से कभी-कभार मिलते थे। बड़े होने पर जब बाबू और रेशमा को पक्का यकीन हो चला कि अब वे दूसरी दुनिया में नहीं रह सकते, तो वे मंगलवारा आ गये। असल में क्रास पर सुरैया का शव लटका था। यह उसकी अन्तिम यात्रा थी। उसे पुराने कब्रिस्तान में ले जाया जा रहा था लोगों की नजरों से बचा कर ताकि कोई तीसरी योनि की अशुभ यात्रा न देख सके.... इस योनि के अमंगल की छाया किसी पर न पड़े।

तेरह

डिम्पल के डेरे का चम्पा का दरख्त भरापूरा और विशाल हो चुका था। धरती से उखड़कर गिरने के बाद भी मंजू ने उसे नयी जिन्दगी दी थी। चम्पा की ही तरह मंजू भी एक बार धरती से उजड़ी थी। चम्पा का दरख्त मंजू को फिर से नयी जिन्दगी जीने की प्रेरणा देता था। गर्भपात का दंश उसे अन्दर तक डसता था। वह उस घटना से उबर नहीं पा रही थी। लेकिन थोड़े दिनों से उसके मन के किसी कोने में बदलाव की एक कोंपल निकल आयी थी और खिलने के लिए संघर्ष कर रही थी। वह अपनी कोशिश में कुछ कामयाब भी हो रही थी। इस दरख्त को सँभालते-सँभालते जैसे वह भी सँभलने लगी थी। मंजू थोड़ी-थोड़ी खिली-खिली रहने लगी थी। मातृत्व की जकड़बन्दी से वह अपने को आहिस्ता-आहिस्ता मुक्त कर रही थी। उसने अपनी अजन्मी बेटी की याद बनाये रखने के लिए बाजार से लाई हुई गुड़िया भी गली के एक बच्चे को दे दी थी। उसके चेहरे पर गर्भपात के बाद चढ़ी पीली पर्त उतर रही थी। चेहरा गुलाबी-गुलाबी-सा हो रहा था। काम-धन्धे में भी उसका मन नहीं लगता था। एक तरह से वह नाच-गाने से तौबा कर चुकी थी। डिम्पल ने भी उसे काम पर ले जाने का दबाव नहीं बनाया था। रानी बने राजा ने काम-धन्धे को ही अपनी अन्तिम नियति मान ली थी। मंजू को राजा पर दया तो आती थी, लेकिन उसके प्रति उसका पहले जैसा लगाव नहीं रह गया था। कभी वह अपनी माँग में उसके नाम का सिन्दूर भरकर उसकी लम्बी उम्र की दुआ माँगती थी। लेकिन उसके रानी बनने के बाद से वह उससे कटी-कटी रहने लगी थी।

मंजू के अन्दर हो रहे बदलाव बेंगलूरु के फोटोग्राफर विजय कृष्णा से मिलने के बाद आये थे। विजय कृष्णा कर्नाटक आब्जर्वर न्यूजपेपर का सीनियर फोटोग्राफर था। वह एक शराब कम्पनी के लिए कैलेण्डरों की एक सीरीज बना रहा था। कैलेण्डर का थीम था—हिजड़े। खूबसूरत हिजड़ों की तलाश में वह देश के कोने-कोने में घूम रहा था। उसकी इसी तलाश का नतीजा थी मंजू। उसने एक-से-एक सुन्दर हिजड़े की फोटो-प्रोफाइल बनाई थी। उसकी प्रोफाइल का खजाना काफी रिच था। लेकिन मंजू की प्रोफाइल बनाते वक्त उसका शटर बमुश्किल दबता था। ऐसा नहीं था कि मंजू खूबसूरत नहीं थी। ऊपर से नीचे तक उसका शरीर भगवान ने फुर्सत से तराशा था। गोरा बदन। लम्बे बाल। हिरनी जैसी आँखें। पतले होंठ। लम्बी नाक। एक सुन्दर औरत में जो विशेषताएँ होनी चाहिए, वे सब मंजू में थीं। कपड़े-लत्ते भी वह सलीके से पहनती थी। गुलाबी साड़ी में तो उसकी खूबसूरती दोबाला हो जाती थी। देखनेवाले उसे हिजड़ा मानते ही नहीं थे। लेकिन बचपन से वह उनके साथ रही थी तो किसी को उसके औरत होने का पक्का विश्वास नहीं होता था।

विजय कृष्णा ने गोल मार्केट का एक स्टूडियो विंग्स किराये पर लिया था अपने फोटो सेशन के लिए। वैसे इन दिनों स्टूडियोज के मालिकों की हालत खस्ता थी। फोटो खिंचाने के लिए लोग आते ही नहीं थे। हर हाथ में चलता-फिरता डिजिटल कैमरा है। थोड़ा-बहुत काम अगर बचा है, तो वह है कुँवारी लड़कियों के प्रोफाइल बनाने का—बदसूरत लड़कियों को खूबसूरत बनाने का, ताकि उनकी शादियाँ हो सकें। ऐसी कंगाली में कोई फोटोग्राफर किराये पर स्टूडियो माँगे तो किसी को देने में भला क्या एतराज!

विजय ने मंजू के साथ एक सेशन किया था। तसवीरें काफी अच्छी बनी थीं। उसने सोचा कि अगर मंजू स्वीमिंग पूल सीरीज के लिए तैयार हो जाये तो उसका कैलेण्डर हिट होने से कोई नहीं रोक पायेगा। उसने तो यहाँ तक सोच लिया था कि अगर वह इसके लिये तैयार हो गयी, तो वह उसका सोलो कैलेण्डर बनाएगा... किसी दूसरे

के साथ इस थीम के लिए माथा नहीं मारेगा। इसीलिए वह गाहे-बगाहे मंजू से मिलने का मौका निकालता रहता था।

कुछ मुलाकातों के बाद मंजू भी विजय से प्रभावित हो रही थी। विजय तो अपनी तसवीरों के लालच में उसके सामने बिछ ही जाता। वह धीरे-धीरे मंजू के दिल में उतर रहा था। विजय के अन्दर कलाकार होने के नाते लोमड़ी जैसी चतुराई नहीं थी। लेकिन वह मंजू को लेकर हर हाल में स्वीमिंग पूल में फोटो सेशन करना चाहता था, जिसके लिए वह प्यार-व्यार का नाटक भी कर सकता था। उसे अन्दर से कहीं लगने लगा था कि मंजू इसी तरह से हाथ आयेगी। फोटो सेशन को लेकर वह कुछ भी करने को तैयार था। हिजड़ों को डील करना कोई आसान बात तो होती नहीं। कब किसका और कहाँ जुलूस निकाल दें, इसका अन्दाजा भगवान भी नहीं लगा सकते। उसके साथ भी ऐसी दो-एक घटनाएँ हो चुकी थीं। कोलकाता की घटना वह भूल नहीं पाता था। सोनागाछी के पास हिजड़ों की बस्ती में जब वह तसवीरें उतार रहा था, तो हिजड़ों ने उसे घेर लिया था। उसकी लानत-मलानत की थी उन्होंने। पैसे भी छीन लिए थे और कैमरा भी। चूँकि वह फोटो-जर्नलिस्ट था, इसलिए ऐसी स्थितियों से निपटना उसे आता था। इससे पहले भी कई बार लाठी चार्ज और दूसरे मौकों पर उसने अपने को बचा लिया था। पिटाई शुरू होने से पहले वह अपनी जान बचाकर वहाँ से भाग निकला था। पुलिस की मदद से बाद में उसे अपना कैमरा और पैसे वापस मिले थे। इसीलिए वह मंजू के बारे में कोई हड़बड़ी नहीं करना चाहता था। वैसे भी हिजड़े फोटो-वोटो खिंचाने के लिए तैयार नहीं होते।

विजय और मंजू अब अक्सर मिलने लगे थे। कॉफी होम उनकी प्रिय जगह बन चुकी थी। कई बार दोनों बुद्धा गार्डेन जाते। विजय हमेशा मंजू की खूबसूरती की तारीफ करता। ऐसे क्षणों में मंजू के अन्दर की औरत उबाल मारने लगती और वह मन-ही-मन खुशी से भर जाती। उसके पर लग जाते। वह कल्पनालोक में चक्कर काटने लगती। घर-गृहस्थी का सपना सँजोती। तीसरी योनि से निकलने की उसकी तड़प बढ़ जाती। कई बार बातों-बातों में वह विजय का हाथ

पकड़ लेती। घूमते वक्त वह उससे सटकर चलती। चलते हुए सायास अपनी छाती विजय के शरीर से चिपका देती। विजय सिहर उठता।

विजय बेशक मंजू को स्वीमिंग सूट में फोटो खींचने के लिए पटा रहा था, लेकिन उसके अन्दर भी मंजू को लेकर एक सिमपैथी आकार ले रही थी। मंजू इस बार उससे मिलने आयी तो साड़ी की जगह नीली जीन्स और गुलाबी स्लीवलेस टॉप में थी। इस ड्रेस में उसका यौवन और उभर आया था। विजय की आँखें उस पर ठहरी-की ठहरी-रह गयीं। मंजू के पूरे आचरण में एक गुनगुना अल्हड़पन था, तमाम चुलबुलाहट के साथ। ऐसे कपड़ों में देखते ही विजय का कैमरा हरकत में आ जाता। हर तसवीर बेजोड़ होती। एक दिन बातचीत में उसने मंजू से कह दिया कि वह टू पीस में उसकी स्वीमिंग पूल में तसवीरें खींचना चाहता है। उसने बिना किच-किच किये हामी भर दी थी। विजय को विश्वास नहीं हो रहा था कि वह इतनी जल्दी तैयार हो जायेगी। एक-आध बार दूसरों के साथ उसकी कोशिश नाकाम रही थी। मंजू इन मुलाकातों में विजय पर विश्वास करने लगी थी। उसे इस बात का पक्का यकीन हो गया था कि वह उसके साथ कोई बुरा काम नहीं करेगा।

विजय का अभियान दिल्ली में जारी था। इसी सिलसिले में वह विनीता से भी उसके पार्लर 'गे-वर्ल्ड' में मिल चुका था। विनीता गली-कूचे में घूमनेवाली तो थी नहीं कि उसे पैसों का लालच देकर पटाया जा सकता। उससे कई बार मिलकर भी विजय उसे फोटो सेशन के लिए अभी तक तैयार कर नहीं पाया था। पेज थ्री की सेलिब्रेटी को मनाना इतना आसान तो था नहीं। लेकिन दोनों की मुलाकातें अच्छी रही थीं। विनीता ने विजय को फोटो सेशन के लिए कभी सीधे मना नहीं किया था। हर बार अपनी व्यस्तता का बहाना बनाकर वह विजय को टाल देती थी। वैसे विनीता विजय की फोटोग्राफी की कायल हो चुकी थी। एक बार उसने उसके चैम्बर में बातों-ही-बातों में एक फ्रेम शूट कर लिया था और उसे बड़ा-सा चौबीस बाई छत्तीस का ब्रोमाइड प्रिण्ट भेंट

किया था। विनीता ने वह तसवीर गोल्डेन फ्रेम में मढ़वाकर अपने चैम्बर में लगा ली थी। तसवीर ऐसी थी कि कोई भी उसे अपने ड्राइंगरूम में लगा सकता था। उस तसवीर में विनीता का सौन्दर्य इस तरह उभरकर आया था कि स्वयं उसे विश्वास नहीं होता था यह तसवीर उसकी है। उस तसवीर को वह चैम्बर में बैठकर देर-देर तक निहारती। तसवीर को देखते हुए उसके अन्दर वेजाइना रिप्लाण्टेशन के बाद जन्मी औरत उसकी नजरों में उतर आती। उस ऑपरेशन के बाद वह तीसरी योनि से मुक्त हो चुकी थी। यह बात दीगर थी कि इस ऑपरेशन के बाद भी वह बच्चा पैदा नहीं कर सकती थी, लेकिन वह खुद को मुकम्मल औरत मानती थीं।

अपने पिता गौतम साहब से मुलाकात के बाद उसे अपना घर बार-बार याद आने लगा था। अपनी बहनें याद आती थीं। माँ के प्रति उसकी नफरत भी कम हो गई थी। अकेलेपन ने उसे तोड़ दिया था। सिगरेट और शराब ने उसके कलेजे को जला दिया था। तरक्की ने उसे अन्धी बना दिया था। इसी अँधेरे में उसके अन्दर घर बसाने की बात आती। लेकिन वह लाचार हो जाती। वह घर बसाती तो उसके पेज थ्री और ब्यूटी बिजनेस को बट्टा लग सकता था। उसके अधूरे होने ने ही उसके धन्धे की बुनियाद रखी थी। गे उसके पार्लर में इसीलिए आते थे कि वह भी उन्हीं जैसी है।

विनीता एक तरफ अपने अकेलेपन से जूझ रही थी तो दूसरी तरफ पार्लरों में काम करनेवाले गे लड़कों की कमी से भी उसको दो-चार होना पड़ रहा था। उसके पार्लर पूरे देश में फैल चुके थे। उनमें काम करनेवाले गे-ब्यूटीशियन उसे नहीं मिल पा रहे थे। वह चोरी-छिपे अपने पार्लरों में सामान्य लड़कों को मेकअप करने के लिए रखने लगी थी। वह स्वयं उन्हें गे दिखने की ट्रेनिंग देती थी। दूसरे पार्लरों से वह दोगुनी तनख्वाह देती थी, इसलिए गे दिखने और बनने में किसी को कोई एतराज नहीं होता था। ऐसा ही एक लड़का गे लड़कों के साथ रहते-रहते औरतों के प्रति अपना आकर्षण खो चुका था। गे दुनिया उसे अच्छी लगने लगी थी। उसने पार्लर में आनेवाले देश के बड़े

उद्योगपति सुजीत नन्दा को पटा लिया था। दोनों के बीच अच्छी दोस्ती हो गई थी। पार्लर के बाद वह नन्दा के साथ घूमता-फिरता। नन्दा उसका हर तरह से खयाल रखता। उसे मोटी रकम देता। मौके-बेमौके गिफ्ट भी देता। फुर्सत के क्षणों में दोनों के बीच सिक्स्टीनाइन के सम्बन्ध भी बनते थे।

विनीता पूरी तरह इम्प्रेस थी विजय से। उसे लेकर उसके मन में कुछ-कुछ होने लगा था।

विनीता को मुम्बई के एक बड़े फैशन-शो में जाना था। वह अपनी तसवीर को निहारती, विजय के बारे में सोच रही थी। तभी उसे खयाल आया क्यों न थोड़ा वक्त विजय के साथ गुजारा जाए। उसने विजय को अपने साथ मुम्बई ले जाने की योजना बनाई और उसे मोबाइल पर फोन कर पार्लर में बुलाया। कुछ देर बाद विजय उसके सामने था। विनीता ने चुहलबाजी के अन्दाज में पूछा, "कुछ पैसे कमाना चाहोगे?"

विजय को बात कुछ समझ नहीं आयी। अनजान बनते हुए बोला, "मैं कुछ समझा नहीं।"

"तुम मेरा प्रोफाइल बनाना चाहते हो। उसके लिए तो तुम्हें बाद में समय दूँगी, फिलहाल मैं चाहती हूँ कि तुम मेरे साथ मुम्बई चलो। वहाँ मनीष ग्रोवर, अजीत बहल, मंजू मल्होत्रा और सुनीता बेरी का बड़ा फैशन-शो है। उसमें बेस्ट ड्रेसेज के लिए किसी एक का चुनाव होगा। मैं भी जजेस पैनल में हूँ।" विनीता ने बात खोलते हुए बताया।

"मुझे वहाँ क्या करना होगा?" विजय ने सवाल किया।

"तुम्हें वहाँ मेरी तसवीरें खींचनी हैं। तुम्हारी जो भी फीस होगी, मैं दूँगी।" विनीता ने विजय के सामने प्रस्ताव रखते हुए कहा, "दो दिन की बात है। इसके बाद तुम दिल्ली लौट आना।"

विजय को प्रस्ताव में कोई बुराई नहीं दिखी। पैसे भी अच्छे मिलने थे। फिर इस एसाइनमेण्ट के बाद वह विनीता पर प्रोफाइल

के लिए दबाव भी बना सकता था। उसने प्रस्ताव स्वीकार कर लिया।

मुम्बई का ताज होटल! 26/11 के आतंकी हमले से लहूलुहान होने के बाद उसमें फिर से रौनक लौटी थी। यह फैशन-शो भी आतंकी हमले का जवाब देने के लिए ही आयोजित किया गया था... यह सन्देश देने के लिए कि हिन्दुस्तान ऐसे हमलों से डरता नहीं है। जिन्दगी की रफ्तार कोई नहीं थाम सकता। जिन्दगी है कि मरती नहीं। मुम्बई की रफ्तार कोई नहीं रोक सकता।...

ताज होटल में ही विनीता और विजय ठहरे। पहले तो विनीता ने सोचा कि दोनों एक कमरे में रहें, लेकिन बाद में सर्किल में बदनामी के डर से उसने यह इरादा छोड़ दिया। अलबत्ता होटल मैनेजर से रिक्वेस्ट कर उसने दोनों के लिए अगल-बगल के कमरे लिये।

ताज होटल के भव्य और विशाल लॉन में फिल्म व फैशन जगत की बड़ी हस्तियाँ जमा थीं। मद्धिम रोशनी थी। शिव शर्मा का सन्तूर पूरे माहौल को रूमानी बना रहा था। हर डिजाइनर ने अपनी ड्रेसेज के लिए विशेष लाइटिंग डिजाइन कराई थी। शो में डिजाइनर भारतीय वेशभूषा को भारतीय माहौल में पेश करनेवाले थे। एक सेकेण्ड के लिए हॉल में अँधेरा हुआ और इसी के साथ रैम्प के पीछे नीली रोशनी उभरी। सामने रिया सेन बांग्ला साड़ी में दिखीं और बाउल संगीत ने पूरे माहौल को बंगालमय बना दिया। इसके बाद पंजाबी सूट कलेक्शन की बारी थी। रैम्प पर भंगड़े की धुन पर कैटवाक करती केटरीना कैफ प्रस्तुत हुईं। इसके बाद वेडिंग कलेक्शन की बारी आयी। रैम्प पर सुर्ख लाल जोड़े में विपाशा बसु अपनी नशीली आँखों और शोख अदा के साथ कैटवॉक करने उतरीं। बिस्मिल्ला खाँ की शहनाई ने मंगलोत्सव का वातावरण बना दिया। फिर दक्षिण और पूर्वोत्तर के माडलों ने रैम्प पर कैटवाक किया।

रैम्प पर रंग-बिरंगी रोशनियों और किस्म-किस्म के भारतीय लोक व शास्त्रीय संगीत के साथ हिन्दुस्तान उतर आया था। हर

कलेक्शन का तालियों के साथ जोरदार स्वागत किया गया। विजय के कैमरे का शटर धड़ाधड़ विनीता की तसवीरें खींचने के लिए दब रहा था।

शो के बाद कॉकटेल और डिनर था ताज के भव्य दरबार हॉल में। हॉल के मध्य में बेलजियम से लाया गया विशाल झूमर लटक रहा था। उसमें धीमी नीली लाइटें जल रही थीं। उस रोशनी में नजदीक से ही एक-दूसरे को पहचाना जा सकता था। सबके हाथ में गिलास थे। किसी में वाइन, तो किसी में स्कॉच। धीरे-धीरे माहौल गरमा रहा था। कुछ जोड़े बाल डांस करते बतिया रहे थे। मनीष ग्रोवर अपने नये माडल अभिषेक के साथ जाम लड़ा रहे थे। मनीष का वह शिकार लग रहा था। अभिषेक मुम्बई की मायानगरी में माडलिंग के जरिये अपना कैरियर बनाने दिल्ली से आया हुआ था। मनीष ने नाचते हुए उसके होठों पर एक चुम्बन धर दिया। अभिषेक असहज हो उठा। वैसे भी वह इस दुनिया के चाल-चलन को पसन्द नहीं करता था। वह अपनी टीचर, जो उसकी दोस्त भी थीं, को फैशन वर्ल्ड के बारे में ऐसी ही तमाम बातें ईमेल के जरिये बता चुका था। उसने टीचर को मेल में यह भी लिखा था कि मुम्बई में पुरुषों के साथ काम करने में ज्यादा खतरा है... औरतों के साथ काम करते हुए मैं अपने को ज्यादा सुरक्षित महसूस करता हूँ। कॅरियर की खातिर वह किसी भी ऐसी चीज को बर्दाश्त करने के लिए तैयार नहीं था। सो, उसने मनीष को झटक दिया। दूसरे जोड़े अपने में मगन थे। एक जोड़ा मशहूर मॉडल बिन्नी और उसके मेकअपमैन सूजी का था। बिन्नी ने सूजी के पैण्ट की चेन खोलकर उसका पुरुषांग पकड़ रखा था और सूजी बिन्नी के नितम्बों को भेड़िये की तरह नोच रहा था। ठीक इससे उलट मॉडल मिताली और उसकी पार्टनर निक्की एक दूसरे के होंठों को चूसे जा रही थीं। निक्की की उँगलियाँ मिताली की जाँघों के बीच हरकत कर रही थीं। ऐसे ही विचित्र किन्तु सत्य कई जोड़े आलिंगनबद्ध थे। विजय के लिए ये सब कोई नयी बात नहीं थी। वह ऐसी पार्टियों की कवरेज में जाता रहा था।

विनीता ने सी कलर की टाइट गाउन पहन रखी थी। गाउन का गला स्पैगटीज था और उसमें गाउन की घुटनों तक स्लिट थी। स्लिट

से उसकी गोरी टाँगें बीच-बीच में दिख जाती थीं। गाउन के ऊपर सी कलर का ही फरदार स्ट्रॉल था। स्ट्रॉल बार-बार उसके कन्धों से गिर जाता था और उसे वह अदा के साथ अपनी बाँहों में सँभाल लेती थी। उसने विजय को अपनी ओर खींचते हुए डांस का निमन्त्रण दिया। विजय फोटोग्राफर तो अच्छा था किन्तु डांस-वांस उसके बस की बात नहीं थी। फिर भी विनीता के फोटो सेशन के लालच में वह मना न कर सका।

विनीता विजय की कमर में हाथ रखकर डांस करने लगी। विजय आत्मसमर्पण की मुद्रा में उतना ही हिलता-डुलता, जितना विनीता उसे हिलाती-डुलाती। दरअसल, विनीता तीन पेग पीकर डाउन हो चुकी थी। डांस करते हुए उसने विजय का हाथ पकड़कर अपनी कमर पर रख लिया था। विनीता को चाहनेवाले उसे देखे जा रहे थे। फैशन डिजाइनर कालरा विनीता के पीछे काफी समय से पड़ा था... उसे अपना पार्टनर बनाने के लिए। लेकिन कई पार्टियों में मिलने के बाद भी विनीता ने उसको हाथ नहीं रखने दिया था। वह उसको हमेशा इगनोर करती। अभिनेता सुहैल कपूर भी विनीता के दीवाने थे। सबके सब विनीता और विजय को डांस करते देख रहे थे। उन्हें अजीब लग रहा था कि विजय उसके साथ डांस नहीं करना चाह रहा था, फिर भी विनीता उसे जबरिया डांस करा रही थी। इसी दौरान अभिनेता सुहैल कपूर ने विनीता के नजदीक आकर कहा, "इक्सक्यूज मी! मे आई डांस विद यू।"

"सॉरी!" विनीता उसे इगनोर करके विजय से और भी चिपक-चिपककर डांस करने लगी। डांस के दौरान विनीता ने अपने तपते हुए होंठ विजय के होठों के पास लाने की कई बार कोशिश की, लेकिन हर बार वह अपना मुँह मोड़ता गया।

पार्टी खत्म होने के बाद अपने कमरे में जाते हुए विनीता ने विजय को खींचते हुए कहा, "आओ, थोड़ी देर बैठो, फिर अपने कमरे में चले जाना।" विजय विनीता की हरकतें देखकर पहले ही जान गया था कि उसके इरादे ठीक नहीं हैं, इसलिए उसका हाथ झटककर बोला, "मेरी तबियत ठीक नहीं है। कल सुबह ब्रेकफास्ट पर मिलेंगे।"

विनीता को कुछ भी कहने का मौका न देकर वह अपने कमरे में चला गया।

विनीता को विजय का यह व्यवहार पसन्द नहीं आया था। वह सोचती रही कि ग्लैमर वर्ल्ड के बड़े-बड़े लोग उसके ऊपर मरते हैं और एक यह है कि उसे झटककर चला गया। वह अपने ऊपर बड़बड़ाने लगी... अपने औरत होने को कोसने लगी। उसके अन्दर लगी आग उसे चिढ़ा रही थी। शीशे के पास जाकर उसने अपने को निहारा... वह बदसूरत तो नहीं है। फिर विजय ने उसकी उपेक्षा क्यों की? इस उपेक्षा से वह बुरी तरह खिसिया गई थी। उसने गुस्से में फ्रिज से बोतल निकालकर स्कॉच का एक लार्ज पेग बनाया और एक ही झटके में उसे पी गई। उसे नशा इतना हो गया था कि वह चेंज करना ही भूल गई और उसी ड्रेस में बेड पर जा गिरी। रात कब बीती, उसे पता नहीं चला। ब्रेकफास्ट के लिए विजय उसके कमरे की घण्टी नहीं बजाता, तो शायद वह और देर तक सोई रहती।

दिल्ली लौटकर विजय मंजू के टू-पीस सेशन की तैयारियों में जुटा रहा। बम्बई में उस दिन विनीता का व्यवहार उसे अटपटा लगा था और उस प्रसंग के बाद वह मान चुका था कि विनीता शायद उसके साथ फोटो-सेशन नहीं करेगी। नतीजतन, वह मंजू के साथ ही फोटो-सेशन के लिए अधिक लालायित था। उसने अपनी स्पांसर शराब कम्पनी से कह दिया कि वह ओबेराय होटल का स्वीमिंग पूल बुक करा दे।

सेशन से पहले विजय मंजू से एक-दो बार कॉफी होम में मिला। फोटो-सेशन की ड्रेसेज के चुनाव और मेकअप आदि के बारे में खुलकर बात करने के लिए। उसने मंजू के साथ जब-जब मुलाकात की, उसे ऐसा लगा कि मंजू उसके साथ बहुत ज्यादा घुलना-मिलना चाहती है। उसे मंजू की आँखों में ढेर सारे सपने तैरते नजर आते। बात-बात में मंजू कई बार उसकी आँखों में इस तरह झाँकती कि विजय अचकचा-सा जाता था। उससे मिलकर वह जब भी लौटता,

यही सोचता कि मंजू की आँखों का खुमार, उसकी गुलाबी खूबसूरती, उसका गोरापन और उसकी परफेक्ट फिगर उसे कहीं से भी हिजड़ा नहीं बनाते। फिर कौन है मंजू? इनकी बिरादरी में कैसे? विजय जितना भी इस गुत्थी को सुलझाने की कोशिश करता, वह उतना ही उलझता जाता। उसने कई बार चाहा कि वह मंजू से सीधे-सीधे इस प्रश्न का उत्तर जान ले, पर न जाने क्यों उसके सामने उसके होंठ सिल जाते थे।

शायद वह खुद भी इस प्रश्न को अनसुलझा ही रहने देना चाहता था। वह सोचता था कि यदि वह हिजड़ा न हुई तो उसका हिजड़ों पर फोटो-सेशन करने का कोई औचित्य नहीं रह जाएगा। उसका यह एसाइनमेण्ट किसी काम का नहीं रहेगा।

आखिर वह दिन आ गया। सेशन के लिए मंजू ने हरे रंग का टू-पीस चुना था। स्वीमिंग पूल पर दोनों मौजूद थे। विजय के लाइटमैन रिफ्लेक्टर और दूसरे ताम-झाम के साथ तैयार थे। छोटे-मोटे टीवी सीरियल जैसा माहौल था। विजय के निर्देशन में मंजू ने जब अपनी तन्वंगी देह को हलका-सा झुकाते हुए बालों को एक तरफ झटका तो बिजली-सी कौंध गई। उसने कमर पर मोटे हरे मोतियों की एक करधनी-सी पहन रखी थी, जिसकी चमक हरेक का ध्यान अपनी ओर खींचती थी। आँखों के ऊपर हरे रंग का मोटा आईलाइनर और कॉपर कलर का शेड लिए बाकी मेकअप उसे बेहद आकर्षक बना रहे थे। ताम्बई सौन्दर्य की साकार प्रतिमा लग रही थी वह। विजय न जाने कितनी देर तक उसकी नशीली-कटीली मुद्राओं को कैमरे में कैद करता रहा और वह अपनी देह की खूबसूरती से कैमरे के साथ-साथ आसपास के माहौल को भी जगमगाती रही। फोटो-सेशन अभी चलता, और चलता, पर बारिश की हल्की बूँदों के कारण काम को विराम देना पड़ा और विजय को इसके लिए अगले दिन का अवसर और मिल गया।

दूसरे दिन मंजू सफेद पारदर्शी टू-पीस में पानी में उतरी तो ऐसा लगा जैसे दूधिया चाँदनी पानी में उतर आयी हो। मंजू को अपने लहराते बालों को ऊपर की ओर फेंकते हुए पानी में एक डुबकी

लगाकर इस तरह ऊपर की ओर उठना था कि पानी की बूँदें उसके ऊपर और आसपास छलकती नजर आयें। मंजू जब पानी से बाहर निकली तो उसके अपर पानी से भर गये थे... भीगे पारदर्शी शरीर में मंजू सेल्यूलाइड की ग्लैमरस हिरोइन जैसी नजर आ रही थी... विजय उसे एकटक देखता रह गया, उसके उरोजों का उभार पानी भर जाने से कुछ और उठ गया था। गोरी पारदर्शी देह पर पानी की छलकती बूँदें!... जैसे किसी यूरोपियन मूर्तिकार की संगमरमर में तराशी मूर्ति पर ओस की बूँदें छलक रही हों। विजय को ऐसा लग रहा था कि सौन्दर्य मंजू की देह से छलक रहा है! वह कमनीयता इतनी अद्भुत और असीम थी कि मंजू खुद उसे सँभालने में असमर्थ हो रही थी। विजय उन उभारों में छलकते पानी को बाहर निकालने के लिए मंजू के करीब पहुँचा। सही पोज बनाने के लिए उसने उन्हें स्पर्श करने को हाथ उठाया तो रोमांच से उसके हाथ कम्पित हो गये। मंजू के लिए उस छुअन का अहसास बेशकीमती था। उसे लगा कि वह इन हाथों के स्पर्श को यों ही महसूस करती रहे और वक्त यहीं थम जाए।

विजय एक बार फिर सवालों में घिरने लगा था—इतना रमणीय लावण्य किसी हिजड़े का नहीं हो सकता। तो क्या मंजू एक सम्पूर्ण स्त्री है?... विजय की चेतना अर्द्धशून्य हो गई थी।

सेशन खत्म हुआ। मंजू कपड़े बदलकर उसके सामने खड़ी थी। आसमानी प्लेन साड़ी में वह शान्त झील-सी नजर आ रही थी, मानो कुछ पल पहले की उसकी देह में उठती तरंगें अब विश्राम कर रही हों। विजय को यह शान्त सौन्दर्य भी लुभावना लग रहा था। उसने मंजू का शुक्रिया अदा करते हुए पारिश्रमिक के रूप में दस हजार रुपये देने चाहे, "यह आपके फोटो सेशन के लिए मेरी ओर से!" विजय ने कृतज्ञता से हाथ उसकी ओर बढ़ाया।

कुछ देर पूर्व तूफानी जज्बात से लिपटी मंजू ने बेहद शालीनता से जवाब दिया, "नहीं, विजय जी, हर चीज को मूल्यों से नहीं आँका जा सकता। ऐसे पल तो यों भी अनमोल होते हैं। मैंने ये पल बिताये नहीं, जिये हैं और जीने के लिए जैसे साँसें जरूरी हैं वैसे ही ये पल भी। मैं कीमत लेकर खुद को तुच्छ नहीं बना सकती और न ही इन

पलों को रुपयों से तौलना चाहती हूँ। मैं आपका शुक्रिया अदा करना चाहती हूँ कि ये पल देकर आपने एक बार फिर मुझमें जीने की ललक पैदा कर दी है...।" कहते-कहते मंजू की आँखें गीली होने को आयीं, पर उसने उन्हें छलकने से रोक लिया।

स्टूडियो में विजय एक-एक तसवीर को एनलार्ज कर रहा था। हर दूसरी तसवीर पहली तसवीर पर भारी पड़ रही थी। पोर्टफोलियो में मंजू का मदमाता हुस्न फोटोग्राफी की दुनिया में तहलका मचानेवाला है, इस बात का विजय को भरपूर इल्म था।

मंजू कुछ ही देर में इन तसवीरों को देखने आयी। विजय ने उसे उसकी एक-एक तसवीर बड़े अपनेपन के साथ दिखाई। उसकी तसवीरों के बारे में उसी के मुँह से सुनना विजय को अच्छा लग रहा था। मंजू अपने एक-एक पोज पर खुद ही मुग्ध हो रही थी। उसके लिए यह सब कुछ विजय की फोटोग्राफी का कमाल था, जिसने इन तसवीरों में इतने शेड्स भर दिए थे और विजय के शब्दों में यह मंजू का हुस्न था, जिसके आगे उसका कैमरा सम्मोहित होकर अपने आप 'क्लिक' होता जा रहा था। दोनों खुलकर एक-दूसरे की तारीफ कर रहे थे, पर मंजू की तारीफ में विजय के प्रति सम्मोहन था और विजय की तारीफ में अपने काम के प्रति सन्तुष्टि। मंजू सुन्दर थी और सुन्दरता का दीवाना भला कौन नहीं होता!

एक हसीन शाम साथ गुजारने के बाद दोनों विदा हो गये थे, अपने मन में बहुत कुछ कहने-पूछने की चाह लिए। मंजू के सवाल जस-के-तस थे, उसके अपने भीतर।

मंजू अपने डेरे पर लौट आयी थी, पर अकेली नहीं बल्कि विजय की यादों के साथ। वह उसके दिल को जीत चुका था और वह अपने-आपको विजय के आगे हार चुकी थी। चम्पा का दरख्त फूलों से लकदक भरा था। अन्दर घुसते ही मंजू ने झूमते हुए उसकी डाल को जोर से हिला दिया। दो-एक फूल उसके ऊपर गिर पड़े और उसने उन फूलों को अपनी हथेलियों में भरकर चूम लिया।

रात-भर बिस्तर पर वह अपनी एक-एक तसवीर को विजय की यादों से जोड़कर जीती रही। उसने सोच लिया था कि वह विजय को

सब कुछ सच बताकर उससे अपने प्यार का इजहार जरूर करेगी। सपने मंजू की आँखों में रंग भरने लगे थे। राजा के साथ उसका प्यार जवानी की पहली दहलीज का था, जहाँ प्यार से ज्यादा उसके शरीर का आकर्षण था... कच्ची उम्र की आदम भावनाएँ थीं, जिनमें डूबना उसे नशे सें भर देता था। वह सोच रही थी, यदि तब उसकी 'घर' बसाने की कल्पना साकार हो जाती तो भी वह खुश ही रहती, क्योंकि तब वही उसकी दुनिया होती, वही उसका जीवन होता। राजा को खोकर उसने बहुत वीरान दिन बिताये थे, अपनी कोख का दर्द भी लम्बे समय तक सहा था, पर आज विजय को पाकर वह फिर से जवान हो उठी थी। उसके भीतर की औरत सुन्दर है, बेहद सुन्दर! यह सब उसने विजय की आँखों में पढ़ लिया था। वह फिर से जीना चाहती थी... विजय के साथ पूरी दुनिया घूम लेना चाहती थी। वह चाहती थी कि विजय के कैमरे में वह हमेशा के लिए 'सोन चिरैया' बनकर कैद हो जाए। पूरी रात यही सपने उसे महकाते रहे।

दिल्ली में कल विजय का आखिरी दिन था और जाने से पहले वह मंजू से मिलना चाहता था। उसने उसे फोन कर लंच के लिए न्यौता दिया, तो मंजू का दिल खुशी से झूम उठा। मॉडलिंग के लिए उसने रुपये नहीं लिये थे पर विजय उसे इसके बदले में कुछ देना चाहता था। इसलिए उसने उसके लिए एक खूबसूरत-सा मोबाइल फोन खरीद लिया।

क्लौरिजेज के 'द कॉर्बेट' रेस्तराँ में दोनों लंच के लिए मिले। रेस्तराँ का माहौल जंगल की तरह था। मेढक, छछूँदर, घोड़ों की हिनहिनाहट और शेर की दहाड़ भी बीच-बीच में छिपे स्पीकरों से माहौल को और जंगली बना रही थी। वेटर खाकी वर्दी में फॉरेस्ट गार्ड की वेशभूषा में थे। टेबिलें भी शिकार के लिए बनाये जानेवाले मचान की तरह थीं। मचान के नीचे पानी बह रहा था, जिसमें लम्बी घास उगी हुई थी। दोनों ने रेस्तराँ के कोने की एक टेबिल पसन्द की। उसके ऊपर लगे नकली पेड़ में कुछ असली कबूतर गुटुरगूँ कर रहे थे।

मंजू बेहद सादे लिबास में थी। सफेद चूड़ीदार पाजामा और लखनवी चिकन के हल्के बैंगनी कुर्ते के ऊपर सफेद चिकन के काम

का दुपट्टा। कानों में मोती के बुन्दे और गले में मोतियों की छोटी-सी माला। इस लिबास में उसकी सादगी भी निखर आयी थी। फोटो सेशन के समय मेकअप से जिस चेहरे के एक-एक नक्श को उभारा गया था, वह सब कुछ मेकअप के बिना था। बस, आँखों में काजल की हल्की-सी रेखा थी, जिसमें उसकी आँखों का गहरापन और ज्यादा उजागर हो गया। उसने दोनों हाथ जोड़कर शालीनता से विजय का अभिवादन किया। विजय ने मुस्कुराकर उसे स्वीकार लिया था। खासकर मंजू ने अपने मन की भावनाओं को उभरने से पूरी तरह रोक रखा था। शायद यह उसकी उम्र का असर था या परिपक्व तजुरबों का अहसास कि उसने सब कुछ मन की परतों में समेट लिया था। दोनों के बीच कुछ क्षण खामोशी से गुजरे और फिर विजय ने इशारा कर कोने की एक टेबिल में बैठने को कहा। दोनों ने चाइनीज मँगाया, पर किसने क्या और कितना खाया, इसका लेखा-जोखा दोनों ने नहीं आँका। भीतर का तूफान उन्हें झिंझोड़ रहा था, पर बात की शुरुआत कौन करे! आखिर विजय ने ही खामोशी तोड़ते हुए उसे मोबाइल गिफ्ट किया और कहा, "हमारे बीच पसरी हुई खामोशी को तोड़ने का यही सबसे बेहतरीन माध्यम है, शायद! इसे रख लीजिए और इसके लिए प्लीज कुछ मत कहिए।"

मंजू ने 'शुक्रिया' कहना चाहा, पर होंठो की जगह ये बात उसकी आँखों ने ही कह दी।

विजय ने उन आँखों को पढ़ा और फिर उसी ने बात को आगे बढ़ाया, "मंजू, मैं बहुत दिनों से तुमसे एक बात पूछना चाह रहा था, यदि तुम्हें बुरा न लगे तो क्या मैं जान सकता हूँ कि...।"

मंजू की साँसें दहकने लगी थीं। उसे लगा शायद विजय उससे वही जानना चाहता है, जो वह विजय को बताना चाहती है। तो क्या विजय का मन भी... पर विजय के मन का द्वन्द्व कुछ और था... उसने मंजू से बेहद नरमी और शालीनता से जानना चाहा, "आप लोग अपनी बिरादरी में नाचने-गाने का काम ही क्यों करते हैं? आपके हाथ-पाँव सब कुछ आम इनसानों जैसे हैं। मेहनत करके आप लोग आराम से

जीवनयापन कर सकते हैं, फिर नाच-गाना ही रोटी-रोजी का जरिया क्यों है? बाकी देशों में तो ऐसा नहीं है।"

मंजू को विजय से इस सवाल की उम्मीद नहीं थी, पर वह इसका उत्तर देने में हिचकिचाई नहीं।

"आप जो कहें, मैं वह काम करने को तैयार हूँ।" मंजू ने हँसते हुए कहा, जिस पर विजय झेंप गया।

"असल में हमारे नाचने-गाने के पीछे एक बहुत पुरानी कहानी है!" मंजू ने अपने औरत होने की बात छिपाते हुए वह मिथकीय कहानी विजय को सुनानी शुरू की, जिसके तार हिजड़ों के नाचने-गाने से जुड़ते थे, "हमारे बुजुर्ग बताते हैं कि जब भगवान राम रावण को मारकर अयोध्या लौटे, तो वहाँ बड़ा भारी जश्न हुआ। रातभर नाच-गाना चला। काफी रात बीतने के बाद भगवान राम ने कहा कि अब सभी नर-नारी अपने घरों को जायें। भगवान राम ने यह आदेश नर और नारियों को दिया था। लिहाजा जो नर या नारी नहीं थे, वे वहीं रह गये। भगवान राम के आदेश का उल्लंघन भला वे कैसे कर सकते थे! राम तो मर्यादा पुरुषोत्तम थे। उन्हें जब यह बात पता लगी, तो उन्होंने तीसरी योनि के उन लोगों को नाचने-गाने का वरदान दे दिया। बस, तभी से ये लोग नाच-गा रहे हैं।"

यह कथा सुनाते हुए मंजू ने विजय को अपनी असलियत शब्दों में बताना ठीक नहीं समझा। वह विजय की तरफ से पहल के लिए उत्सुक थी। हर औरत की तरह वह भी चाहती थी कि प्रेम का इजहार और इकरार पुरुष की ओर से हो।

मंजू को फोटो-शूट के दौरान ऐसा महसूस होने लगा था कि विजय उसके भीतर के सच को जान गया है और खुद मंजू भी यही चाहती थी कि विजय उसके भीतर की औरत को पहचान ले। मुहब्बत कुछ बताना नहीं चाहती, कुछ जताना नहीं चाहती, वह तो उस मीठे सोते की तरह है, जिसकी जलधार में दिल अपने आप भीग जाते हैं ...अहसासों में सिमट जाते हैं... मंजू उन अहसासों में डूबना-उतराना चाहती थी। बातचीत के दौरान उसने विजय के हाथों को छू लेना चाहा, पर उँगलियाँ उन कोरों तक पहुँचकर रुक गयीं।

दोनों ने बहुत देर तक बातें कीं... इधर-उधर की और न जाने कहाँ-कहाँ की! विजय की बातों का ज्यादातर विषय वह फोटो-शूट ही रहा। पर मंजू के भीतर सपनों की एक पूरी दुनिया बसने लगी थी। वह विजय से फिलहाल अपने दिल का इजहार नहीं करेगी, शुरू में उसने मन-ही-मन खुद से यही वादा किया था, पर उसे लगा कि यदि अभी नहीं तो शायद फिर कभी नहीं! वक्त गुजर जाये तो सिर्फ परछाइयाँ रह जाती हैं और परछाइयाँ कभी किसी के हाथ नहीं आतीं। उसने वहीं बैठे-बैठे अपना इरादा बदल लिया।

विदा के समय विजय ने अलविदा के लिए जैसे ही उसके हाथों की उँगलियों को छुआ, मंजू ने उसे हथेली में समेट लिया और नजरें झुकाकर धीरे से कुछ कहा। विजय ने सुना। शब्द उसके कानों में गूँजे, "मंजू को आपसे मुहब्बत हो गई है विजय! क्या आप मेरा साथ निभायेंगे!" कहते-कहते मंजू के गाल और कान दोनों सुर्ख हो गये थे, जैसे उसका ये सोलहवाँ साल हो।

विजय ने सुना, हाथों को हौले से थपथपाया और फिर अलग कर लिया। वह कुछ पल खामोश खड़ा रहा। मंजू नहीं जान पाई कि उसके दिल में क्या है! उसके भीतर का झंझावात वक्त की तहों में छिपकर रह गया। हवा ने सन्नाटा तोड़ा और विजय से बिना कुछ सुने ही मंजू ने दोबारा कहा, "मुहब्बत की इस खुशबू को कभी आप महसूस कर पायें तो मुझे बताइयेगा जरूर। मैं जीवन-भर आपका इन्तजार करने के लिए तैयार हूँ।" और विजय को कुछ कहने का मौका दिये बिना वह वहाँ से चली गई।

यह कोई नहीं जान पाया कि रीते हाथ वहाँ से कौन लौटा! मंजू या फिर विजय! वक्त कमबख्त है ही ऐसी चीज। सब कुछ अपने में दफन कर लेता है और खामोश गुजर जाता है।

चौदह

दिल्ली के पाँचसितारा होटल बिंबलडन की तरफ जानेवाली हर सड़क पर दिल्ली पुलिस की जिप्सियाँ दौड़ी जा रही थीं। होटल के रूम नम्बर 201 में ठहरे गेस्ट सुबह नौ बजे रूम को खाली कर चुके थे। इसके बाद होटल का हाउसकीपिंग स्टाफ रूम में पहुँचा था। रूम बेतरतीब तरीके से बिखरा था। चिकन और मीट की हड्डियाँ प्लेटों के बजाय फर्श पर बिछी कारपेट पर पड़ी हुई थीं। विण्टेज व्हिस्की की दो बोतलें सेण्ट्रल टेबिल के पास लुढ़की थीं। एक बोतल खाली थी और दूसरी में आधी से कुछ कम व्हिस्की बची थी। बेडशीट, पिलो कवर बदलने और कमरे को तरतीब से करने के बाद हाउसकीपिंग स्टाफ की एक लड़की ने बाथरूम क्लीन करने के लिए जैसे ही दरवाजा खोला तो उसकी चीख निकल गई। फर्श पर एक लड़की की लाश पड़ी थी। लाश को चाकुओं से गोदा गया था। खून चारों तरफ सूखकर काला हो चुका था। हत्यारे ने लड़की को मारने के बाद तौलिये से हाथ भी पोंछे थे। शायद इसीलिए वहाँ पड़े तौलिये खून से लथपथ थे।

लड़की की चीख सुनकर कमरे में मौजूद स्टाफ के दूसरे लोग वहाँ आ गये थे। अफरातफरी में होटल में उस वक्त तैनात फ्लोर मैनेजर ने फोन पर मर्डर की सूचना पुलिस को दी थी। इसीलिए पुलिस कण्ट्रोल रूम की अशोक रोड के आसपास तैनात सब पुलिस जिप्सियाँ सायरन बजाती होटल की तरफ दौड़ रही थीं।

पुलिस ने लड़की की लाश कब्जे में लेकर जाँच-पड़ताल शुरू की। उसने होटल स्टॉफ से भी कड़ी पूछताछ की। कमरे में ठहरे गेस्ट का अता-पता और मोबाइल नम्बर लिया। होटल के रजिस्टर में रूम नम्बर 201 में दर्ज गेस्ट का नाम विवेक श्रीनिवासन था। उसके साथ

दो और लोगों की रजिस्टर में इण्ट्री थी। विवेक के नम्बर पर फोन मिलाने पर उसका मोबाइल स्विच आफ आ रहा था।

पूरा दिन माथा-पच्ची करने के बाद पुलिस को इस बात का सुराग लग चुका था कि मरनेवाली लड़की कॉलगर्ल थी। लड़की के पर्स से निकले रेखा चितकबरी के फोन नम्बर ने इस बात को पक्का कर दिया था। पुलिस ने रेखा चितकबरी के घर पर रेड किया, तो वह अपने लैपटॉप पर किसी ग्राहक से याहू मैसेंजर के जरिये सौदा तय कर रही थी। कस्टमर से बात करने के लिए वह अपने मोबाइल का इस्तेमाल नहीं करती थी। उसके कस्टमर सब हाईफाई थे। इण्टरनेट के जरिये ही वह कॉलगर्ल सप्लाई करती थी। इसीलिए वह पुलिस के हत्थे नहीं चढ़ती थी। वैसे भी उसके ऊपरवालों से अच्छे सम्बन्ध थे। वक्त-जरूरत पर ऊपरवालों के लिए वह शराब से लेकर शबाब तक सब इन्तजाम कर देती थी।

पुलिस ने रेखा चितकबरी को जिप्सी में डाला और उसका लैपटॉप कब्जे में ले लिया। गिरफ्तारी से पहले रेखा चितकबरी ने पुलिस को ऊपरवालों की धौंस दी और मोटी रकम की भी पेशकश की, लेकिन मामला पाँचसितारा होटल में मर्डर का था। वह भी वीआईपी एरिया का। इसलिए पुलिस ने उसकी बातों पर कान नहीं दिए।

रेखा चितकबरी बुरी फँस चुकी थी। कॉलगर्ल रैकेट के जिन छुटभैयों की रेखा चितकबरी से नहीं बनती थी, उन्होंने भी जोर लगा दिया कि वह जल्दी न छूटे। पुलिस ने उसके लैपटॉप के जरिये होटल में रहनेवाले विवेक श्रीनिवासन की ईमेल आइडेण्टीफाई कर ली। मेल चेन्नई से की गई थी। इसलिए पुलिस की एक टीम चेन्नई रवाना हो गई। कोर्ट से रेखा चितकबरी का रिमाण्ड लेकर पुलिस ने उसके धन्धे के तारों को बेनकाब कर दिया। कई बड़ी हस्तियाँ उससे लड़कियाँ मँगाती थीं। उसकी लड़कियों के ठिकानों पर छापे मारकर उन्हें गिरफ्तार किया गया। रेखा चितकबरी का रिमाण्ड खत्म होने के बाद पुलिस ने उसे जेल भेज दिया।

रेखा चितकबरी का धन्धा बिखर गया। कुछ समय बाद लड़कियाँ छूट गयीं। तमाम कोशिशों के बावजूद लेकिन रेखा की जमानत नहीं हो पायी। हत्यारों का न पकड़ा जाना इसका मुख्य कारण था। मरनेवाली कॉलगर्ल रेखा के गैंग की थी। हत्यारों की शिनाख्त वही कर सकती थी। वह मामले की अहम कड़ी थी। इसीलिए जब भी उसका वकील उसकी जमानत के लिए कोर्ट में अर्जी डालता, पुलिस उसकी रिहाई का विरोध करती।

रेखा चितकबरी के जेल में होने के कारण उसकी लड़कियाँ भुखमरी की शिकार होने लगीं। इन्हीं में शामिल थीं सुनयना और पिंकी। धीरे-धीरे और लड़कियाँ तो दूसरे दलालों के साथ हो लीं, लेकिन सुनयना व पिंकी और उनकी जैसी अन्य हिजड़ियों को कोई दलाल पालने के लिए तैयार नहीं हुआ। रेखा चितकबरी के पास देशी-विदेशी हिजड़ों के शौकीन कस्टमर थे। छोटे दलाल तो अपनी सीमित कमाई के साथ धन्धे में खुश थे। उन्होंने रेखा चितकबरी की तरह अपने तार दिल्ली और देश के बाहर नहीं जोड़े थे। फलतः सुनयना और पिंकी रेखा चितकबरी के जेल जाने के बाद पूरी तरह से बेसहारा हो गई थीं। मकान का किराया तक देने के पैसे उनके पास नहीं बचे थे।

ऐसे में दोनों फिर डिम्पल के डेरे में पहुँचीं। डिम्पल ने दोनों को भाव नहीं दिया। सुनयना अकेली होती तो शायद वह उसे रख लेती, क्योंकि उसने डेरा उससे पूछकर छोड़ा था। लेकिन पिंकी को देखते ही डिम्पल को अन्दर से आग लग गई। वह उन पर चढ़ बैठी, "हरामी मौज-मस्ती करने गये थे। धन्धा करके आजाद जिन्दगी जीना चाहते थे। भड़वो, अब जाओ उसी रेखा चितकबरी के पास जेल में। नाच-गाकर इज्जत से दो वक्त की रोटी मिल रही थी तो पची नहीं।" डिम्पल की तरफ से निराश होने के बाद दोनों ने रीना और नीलम के दरवाजे खटखटाये। लेकिन वहाँ भी उनके हाथ कुछ नहीं लगा।

हर तरफ से लाचार सुनयना और पिंकी कला मौसी के पास पहुँचीं। कला मौसी रोज की तरह सिग्नल पर खड़ी थी भीख माँगने के

लिए। दोनों ने अपनी व्यथा-कथा उसे सुनाई, लेकिन वह खुद ही उनकी मदद करने की स्थिति में नहीं थी। उसके शरीर को बुढ़ापे ने जिस तरह तोड़ा था, उसी तरह उसकी मण्डली भी टूट चुकी थी। रीना ने उसके साथियों को अपनी मण्डली में मिलाकर इलाके पर कब्जा कर लिया था। उसके जीने का सहारा अब भीख ही थी।

सुनयना और पिंकी ने कला मौसी को सलाह दी कि मौसी, हमलोग फिर से मण्डली बना लेते हैं। लेकिन मौसी ने दोनों का प्रस्ताव यह कहते हुए ठुकरा दिया कि आजकल ढोलकियों व हरमोनियों का अकाल पड़ गया है। अब कोई भी ढोलकिया और हरमोनिया हिजड़ों के साथ संगत के लिए तैयार नहीं होता। उन्होंने कहा कि ज्यादा ही परेशानी है तो तुम भी हमारे साथ सिगनल पर खड़ी हो जाओ। इतने पैसे तो कार वाले दे ही जाते हैं कि तुम लोगों का पेट पल जाए। सिगनल पर नहीं खड़ा होना है तो मार्केट में ताली ठोंक-ठाककर दुकानदारों से वसूली कर लो।

मरता क्या न करता! दोनों मौसी के साथ सिगनल पर खड़े हो गये।

सुविमल भाई अनिल से कटे-कटे रहने लगे थे। अब सुविमल भाई को अनिल में स्वाद नहीं आ रहा था। दोनों में छोटी-छोटी बात पर अनबन हो जाती। वे सुप्रीम एनक्लेव के फ्लैट में एक साथ रहते हुए भी अलग-अलग कमरों में रहते थे। मुल्ला-मौलवियों और पण्डित-पुजारियों से पंगा लेने के बाद बमुश्किल दोनों की आर्यसमाज में शादी हो पाई थी। शादी में बैण्ड-बाजे की जगह लड्डू बजे थे। शादी के बाद दोनों खुश भी थे।

विनीता के पार्लर में आते-जाते सुविमल भाई की दोस्ती वहाँ काम करनेवाले वैभव से हो गई थी। वैभव कम उम्र का नौजवान था। ब्यूटीशियन होने के नाते वह सजाधजा रहता था। कभी-कभार नेचुरल कलर की लिपस्टिक भी लगाता था। शरीर में गजब का लोच था। हलके हाथों से जब वह कस्टमरों की मसाज करता, तो कस्टमर हिल

उठते थे। उसे चाहनेवाले कई कस्टमर थे। हर किसी की कोशिश होती कि वह वैभव से ही अपना श्रृंगार कराये। वैभव और सुविमल भाई काफी नजदीक आ गये थे। वैभव के बीच में आ जाने के कारण ही सुविमल भाई और अनिल के रिश्तों में दरार आयी थी। गे कम्युनिटी के कई लोगों ने कोशिशें की थीं कि दोनों का रिश्ता न टूटे। दिल्ली में उन दोनों की पहली समलैंगिक शादी थी। उसके टूटने से समलैंगिक विरोधियों को कहने-सुनने का मसाला मिल जाना था। इस सबके बावजूद सुविमल भाई और अनिल के रिश्ते सामान्य नहीं हो रहे थे। वैभव के प्यार ने अनिल भाई की आँखों पर पट्टी बाँध दी थी। वैभव भी पीछे हटता नहीं दिख रहा था। अन्ततः सुविमल भाई ने अनिल से छुटकारा पाने का अन्तिम फैसला कर लिया।

अनिल को सुविमल भाई का ही सहारा था। अनिल पत्नी की भूमिका में था और सुविमल भाई पति की स्थिति में, शादी टूटने से अनिल को सुप्रीम एनक्लेव छोड़ना पड़ सकता था। इसके बाद उसकी दुनिया में अँधेरा छाना तय था। सुविमल भाई अनिल की सारी स्थिति को समझते थे, फिर भी वे उससे अलग होने की जिद पर अड़े थे। अलग होने की बात जब अनिल ने सुनी तो उसने सुविमल भाई को पुलिस में जाने की धमकी दी। सुविमल भाई फिर भी नहीं माने। उन्होंने गे कम्युनिटी की मदद लेनी चाही। विनीता ने इसमें अहम भूमिका निभाई। उसने अनिल को बुलाकर काफी समझाया-बुझाया, "जब पट नहीं रही है, तो साथ रहने का क्या मतलब है!"

"तो मैं क्या करूँ? मेरा तो सुविमल भाई ही सहारा हैं! मैंने उनसे अलग होकर कभी अपने को देखा ही नहीं!" अनिल ने अपनी लाचारगी जाहिर करते हुए कहा।

सुविमल भाई हर हाल में अनिल से पिण्ड छुड़ाना चाहते थे। विनीता के जरिये तय हुआ कि गुजारा भत्ते के नाम पर वे अनिल को हर माह पाँच हजार रुपये देंगे और शादी तोड़ने के लिए बतौर मुआवजा एक लाख देंगे। सुविमल भाई के पास इतने पैसे नहीं थे। एक लाख रुपये जमा करने में वैभव ने उनकी मदद की। बाद में दोनों

की आपसी सहमति के बाद सुविमल भाई और अनिल का तलाक हो गया।

सुनयना और पिंकी सिगनल पर और मार्केट में ताली ठोंक-ठोंककर अपना पेट भर रहे थे। दिन बीतते रहे। जिस्म बेचकर पैसा कमाना जितना आसान था, उतना ही ताली ठोंककर पैसा वसूलना कठिन था। तालियाँ ठोंकने से दोनों आजिज आ गये थे। एक दिन उनकी मुलाकात नेशनल हाईवे चौबीस पर जिस्मफरोशी करनेवाली मल्लिका से हुई। मल्लिका हिजड़ी थी और उम्रदराज भी। दूसरी तरफ सुनयना व पिंकी जवान थीं और सुन्दर तो थीं ही।

मल्लिका ने दोनों पर चारा फेंका, "क्या जवानी में ताली ठोंककर भीख माँगती फिरती हो! अपनी इज्जत का थोड़ा तो खयाल करो। खुदा ने तुम्हें इतना अच्छा जिस्म दिया है, तो उसका इस्तेमाल क्यों नहीं करती हो?"

"क्या करें बहना! अब तो ताली ही बची हैं!" सुनयना ने लाचारगी व्यक्त करते हुए कहा।

"लाचारगी किस बात की! मेरे साथ काम करो, अच्छी कमाई हो जायेगी।" मल्लिका का निशाना टारगेट पर लग चुका था।

इसके बाद दोनों मल्लिका के साथ चल दीं। उसकी झुग्गी नेशनल हाइवे के नजदीक ही थी। दिन का भोजन करने के बाद जब रात आयी तो वह तैयार होने लगी। उसने सुनयना और पिंकी से भी तैयार होने को कहा।

झुग्गी से निकलते हुए मल्लिका ने अपनी कमर में बारह-इंची रामपुरिया चाकू खोंस लिया। चाकू देखकर सुनयना ने पूछा, "ये चाकू किस लिए?"

"वक्त-बेवक्त इसकी जरूरत पड़ जाती है!" मल्लिका ने संक्षिप्त-सा जवाब दिया।

नेशनल हाईवे पर टोल गेट के पास ट्रक कतारबद्ध खड़े थे। उनके ड्राइवर-क्लीनर बीड़ी-सिगरेट और दारूबाजी में जुटे थे। दिल्ली

में ट्रक बारह बजे के बाद इंट्री पाते हैं। टोल गेट के पास कई ढाबे भी हैं। ड्राइवर और क्लीनर आमतौर पर यहीं खाना खाते हैं और खाने के बाद ढाबे में पड़ी खाटों पर आराम करते हुए ट्रक छूटने का इन्तजार करते हैं।

मल्लिका, सुनयना और पिंकी ड्राइवरों के बीच कस्टमर की पहचान करती घूम रही थीं। पिंकी और सुनयना ने अपने मुँह अपनी चुन्नी से छिपा रखे थे, ताकि देखनेवाले को उनके लड़की होने का भ्रम हो। मल्लिका शिकार ताड़ने में पहले से ही सिद्धहस्त थी। हाईवे पर वह लम्बे समय से धन्धा करती आ रही थी। उसे एक ड्राइवर में कस्टमर होने के गुण दिखे। उसने उस ड्राइवर के नजदीक जाकर पूछा, "माल चाहिए?"

ड्राइवर दारू पिये मस्त था। उसने बेरुखी से कहा, "मैं हिजड़ों के साथ नहीं करता।"

मल्लिका को लग गया था कि बन्दा जाल में फँस सकता है। उसने दूर खड़ी पिंकी और सुनयना की ओर इशारा करते हुए कहा, "लौण्डियाँ हैं। कल ही मेरठ से आयी हैं।"

लौण्डिया का नाम सुनते ही ड्राइवर को थिरकन होने लगी। दोनों के बीच सौदा तय हुआ और ड्राइवर पिंकी को लेकर हाइवे के नीचे घनी झाड़ियों की तरफ बढ़ गया। मल्लिका और सुनयना भी दोनों के पीछे दबे पाँव हो लीं। झाड़ी के अन्दर से कुछ क्षणों के बाद चीख उठी। ड्राइवर अपने सामने हिजड़े को देखकर चीखा था। चीख सुनते ही मल्लिका और सुनयना वहाँ पहुँच गये। वह मल्लिका पर बड़बड़ाने लगा, "तुमने तो लौण्डियाँ देने की बात करी थी। यह तो हिजड़ा है।"

"पाँच सौ रुपये में लौण्डिया का ख्वाब देखता है? जो करना है इसी से कर ले!" मल्लिका ने उसे धमकाते हुए कहा।

दोनों के बीच काफी देर कहा-सुनी होती रही। आखिर माल निकलता न देख मल्लिका ने अपने अन्तिम हथियार का इस्तेमाल करते हुए रामपुरिया चाकू खोलकर उसकी गर्दन में अड़ा दिया। ड्राइवर चाकू देखकर चकरा गया। उसे लगा कि वह शोर मचायेगा तो

उसके साथी उसे हिजड़े के साथ देखकर पूरी जिन्दगी उसका मजाक उड़ायेंगे। अभी वह उधेड़-बुन में ही लगा हुआ था कि मल्लिका ने सुनयना से कहा, "खाली कर ले इसकी जेब! पाँच सौ रुपये में तो इसे अपनी बहन ही मिलेगी। पाँच सौ रुपये देकर उससे राखी बँधवा लेगा।"

नेशनल हाईवे चौबीस पर ड्राइवरों के साथ इस तरह लूटपाट की घटनाएँ आम हो गई थीं। लुटनेवाला कोई भी शर्म के मारे नहीं बताता था कि हिजड़ों ने उसे लूट लिया।

विनीता ने पार्लर के अलावा एक नया शगल शुरू किया था। टीवी चैनल जीटीवी में उसका रियल्टी शो 'द छक्का' काफी हिट हो रहा था। पाकिस्तान के एक सीरियल का वह रीमेक था। इस शो को लेकर पाकिस्तान में मुल्ला-मौलवियों ने बड़ा बवेला किया था। बाद में हालाँकि उनके दबाव में इसे बन्द कर दिया गया था, लेकिन कार्यक्रम नें सफलता के झंडे गाड़ दिए थे। इंडियन फिल्म इण्डस्ट्री हो या टीवी की दुनिया, उसके पास अपना कुछ भी मौलिक नहीं होता... चले-चलाये फार्मूलों पर ही वह दाँव लगाता है। पाकिस्तान में सीरियल की सफलता से प्रेरित होकर ही निर्देशक प्रीतम चोपड़ा ने इसके रीमेक का फैसला किया था। प्रीतम स्वयं भी गे थे, और उनका खयाल यह था कि यह शो गे लोगों से नफरत करनेवाले समाज में उनके प्रति संवेदना पैदा करेगा। शो की एंकरिंग विनीता कर रही थी। इसमें तीसरी योनि के असली लोगों की आत्मस्वीकारोक्तियों के साथ उनका संघर्ष भी दिखाया जाता था कि वे कैसे हिजड़ों की बिरादरी से अपनी जान छुड़ाकर भागे और कैसे दूसरी दुनिया में स्थापित हुए। विनीता ऐसा करनेवाली इस दुनिया की बड़ी नाम थी। शो बड़े नाटकीय और भव्य तरीके से पेश किया जा रहा था। एक एपीसोड में तीन ऐसे लोगों को पेश किया जाता था, जिन्होंने अपने संघर्ष से बुलन्दी को छुआ था। उनका बचपन से लेकर जवानी तक का सफर दिखाया जाता था। कार्यक्रम में करुणा कूट-कूटकर भरी थी। देखनेवाला रोये बिना नहीं

रह सकता था। अब तक तेरह एपीसोड दिखाये जा चुके थे। कार्यक्रम दर्शकों में काफी लोकप्रिय हुआ था। प्राइम टाइम पर होने के कारण टीआरपी भी शो को अच्छी मिल रही थी। पहले एपीसोड से ही सीरियल हिट हो गया था। पहले एपीसोड में विनीत से विनीता बनने का सफर दिखाया गया था। सिद्धार्थ एनक्लेव से केजी मार्ग, पुलिस स्टेशन, फरीदाबाद, साउथ दिल्ली और पेज थ्री के पन्ने तक पहुँचने की विनीता की यात्रा का नाट्य रूपान्तर पूरे बारह मसालों और सोलह जायकों के साथ प्रस्तुत किया गया था। शो के अन्त में विनीता दर्शकों से कहती नजर आती है कि आगे के एपीसोड में हम आपके सामने तीसरी योनि के ऐसे ही लोगों के जीवन के हर पहलू को पेश करेंगे। सोमवार से शुक्रवार रात नौ बजे देखना न भूलियेगा—द छक्का।

चौदहवाँ एपीसोड। मैं हूँ मणि कलीता। गुवाहाटी असम की रहनेवाली। इसी के साथ मणि की एक क्लिप कथक के घेरे लेती हुई दिखती है। मणि गन्धर्व महाविद्यालय में डांस डायरेक्टर हैं। गुवाहाटी के काला पहाड़ में उनका बचपन बीता। स्कूल गयीं। बच्चों की चुहलबाजी और मजाक नहीं झेल पाईं। उस दिन तो स्कूल में हद ही हो गई जब कुछ बदमाश लड़कों ने उन्हें नंगा कर उनके अविकसित गुप्तांग की नुमाइश की और नारे लगाये—हिजड़ा-हिजड़ा! इस घटना ने मणि को बहुत विचलित किया। अन्ततः उन्होंने स्कूल छोड़कर कथक सीखने का फैसला किया। गुरु अनन्तकुमार के स्कूल में रहकर वह कथक सीखने लगी। सोते-जागते कथक। खाते-पीते कथक। धीरे-धीरे वह कथक में काफी पारंगत हो गयीं। लेकिन यहाँ भी उनका अनुभव बहुत अच्छा नहीं रहा। एक रात को स्कूल के चपरासी ने पकड़कर उनके साथ जबर्दस्ती जिस्मानी सम्बन्ध बना लिये। मणि कथक के लिए वह सब भी सह गयीं। इसके बाद गन्धर्व महाविद्यालय में कथक डांसर की पोस्ट का विज्ञापन अखबारों में छपा तो गुरु अनंतकुमार के कहने पर उन्होंने आवेदन किया। निर्णायक मण्डल के सामने मणि झूमकर नाची। ऐसा नाची कि दूसरे प्रतियोगियों पर वह भारी पड़ीं। अब वे अपनी मेहनत से महाविद्यालय की डायरेक्टर बन

गई हैं। शो के अन्त में मणि लोगों से कहती दिखती हैं, "सच्चे दिल से काम किया जाए तो अपमान और विरोध भी आपका रास्ता नहीं रोक सकते।"

विज्ञापन के बाद कैमरा पैन करता है। मुम्बई का कमाथीपुरा इलाका उसके फोकस पर होता है। ग्राण्ट रोड स्टेशन से उतरकर आधे किलोमीटर की दूरी पर है कमाथीपुरा... वेश्याओं और हिजड़ों का बड़ा गढ़। खड़ी चाल में छोटे-छोटे कमरों में यहाँ हिजड़ों की बड़ी जनसंख्या रहती है, जिनमें अधिकांश वे हिजड़े हैं, जिन्होंने अपने पुरुषांग का ऑपरेशन कराकर स्वेच्छा से हिजड़ावृत्ति स्वीकारी है। इनमें नाचने-गानेवाला एक भी नहीं है... सारे-के-सारे जिस्मानी धन्धे में लगे हुए हैं। इसी बस्ती में चाय की दुकान पर काम करनेवाला राजू जन्मजात हिजड़ा है। कैमरा राजू पर फोकस करता है। राजू को हिजड़पन और हिजड़ावृत्ति से नफरत है। रात के अँधेरे में जब ग्राहक वेश्याओं और हिजड़ों को तलाश रहे होते हैं, राजू लैम्प पोस्ट के नीचे पढ़ता हुआ दिखता है। स्कूल उसके नसीब में नहीं है। उसके माता-पिता किसी अँधेरी रात में उसे बचपन में यहाँ लावारिस छोड़ गये थे। तब से वह पढ़ रहा है। पढ़ता ही गया। हर परीक्षा पास करता गया। ग्रेजुएट हो चुका है। कमाथीपुरा में रहते हुए एड्स और बीडी से ग्रस्त वेश्याओं तथा हिजड़ों की सेवा में जुटा रहा। उसने कमाथीपुरा के निवासियों को एड्स से बचाने की मुहिम शुरू कर रखी है। एक एनजीओ भी बनाया है। एनजीओ में बहुत सारे लोग जुड़ चुके हैं। संयुक्त राष्ट्र संघ के एड्स को लेकर न्यूयार्क में हुए एक सम्मेलन में वह भारत का प्रतिनिधित्व कर चुका है। सम्मेलन की क्लिपिंग भी दिखती है। उसने वेश्याओं के दो बच्चे गोद ले लिये हैं। वह उनके माता-पिता बनकर उन्हें पाल रहा है। राजू की जिन्दगी का नाट्य रूपान्तर खत्म होता है तो वह स्वयं स्क्रीन पर उभरता है और हाथ जोड़े दर्शकों से मुखातिब होता हुआ कहता है, "हर बार की हार जीतने का जज्बा देती है।" वह तीसरी योनि के लोगों से अपील करता है—"उठो और समाज में अपना मुकाम बनाओ। अपना हक हासिल करो। हक भीख में नहीं मिलता, उसके लिए संघर्ष करना पड़ता है।"

इसके बाद विनीता स्क्रीन पर उभरती है, "जाइयेगा कहीं नहीं। अभी हम पेश करनेवाले हैं मायानगरी का एक ऐसा सितारा, जिसके बारे में आप जानेंगे, तो आपको भी विश्वास नहीं होगा कि वह आप लोगों के बीच से नहीं, बल्कि तीसरी योनि की दुनिया की लड़की है।"

विज्ञापन के बाद एक मशहूर फिल्म का आइटम नम्बर तेज म्यूजिक के साथ स्क्रीन पर दिखता है। कुछ क्षण बाद डांसर पर कैमरा आते ही सीन फ्रीज हो जाता है। डांसर का चेहरा जूम के जरिये स्क्रीन पर बड़ा होता जाता है। सामने दिखनेवाली तस्वीर मशहूर डांसर सुप्रिया कपूर की है। कई फिल्मों में उसके आइटम नम्बर हिट हो चुके हैं। बीस से पच्चीस लाख फीस है उसकी। कई उसके चाहनेवाले उसे पाने के चक्कर में पागल जैसे हो गये हैं। दर्शकों को एक क्षण लगता है कि सुप्रिया कपूर को इस सीरियल में क्यों दिखाया जा रहा है। वह तो लड़की है। फिल्म मैगजींस में उसके प्रेम के कई किस्से छप चुके हैं। इसी बीच विनीता स्क्रीन पर आती है, "चौंक गये होंगे आप! लेकिन सच यही है कि सुप्रिया कपूर हमारी बिरादरी की हैं। डंके की चोट पर यहाँ तक पहुँची हैं।"

सुप्रिया कपूर भी अपने आत्मकथ्य में समाज द्वारा अपने जैसे लोगों की उपेक्षा पर विस्तार से रोशनी डालती हैं और कहती हैं, "अपने तीसरी योनि में होने की बात को मैंने आज तक छिपाये रखा, क्योंकि मैं जानती थी कि उस रूप में समाज मुझे कभी स्वीकार नहीं करेगा। आज मैं एक मुकाम तक पहुँच गई हूँ और समाज से भिड़ सकती हूँ, तो अपनी इस पीड़ा का खुलासा करने की हिम्मत भी मेरे अन्दर आ गई है।"

सुप्रिया कपूर के इस खुलासे के बाद तो फिल्म इण्डस्ट्री में हंगामा खड़ा हो गया। अखबारों के कॉलम और फिल्मी पत्रिकाएँ उनके हिजड़ी होने की खबरों से भर गये। कई निर्माताओं ने उन्हें अपनी फिल्म से निकालने तक का मन बना लिया और कुछ ने तो फोन करके फिल्म से बाहर कर ही दिया। लेकिन सुप्रिया कपूर डटी रहीं और उन्होंने फैसला किया कि वे खुद फिल्म-निर्माता बनेंगी। एक पत्रिका को इण्टरव्यू में उन्होंने कहा, "मैंने तो अपने हिजड़त्व को

छिपाया, लेकिन जो फिल्मी पत्रकार इस तथ्य को जानते थे, उन्होंने भी इसका खुलासा नहीं किया। जानते हैं, क्यों नहीं किया? दरअसल, वे मुझे ब्लैकमेल करना चाहते थे कि मैं उनको मोटी रकम नहीं दूँगी तो वे मेरे हिजड़ी होने के सत्य को जगजाहिर कर देंगे। मैंने रकम नहीं दी, फिर भी वे चुप रहे, तो सिर्फ इसलिए कि मैं औरत की तरह बिक रही थी और उनकी मैगजीन के कवर की शान थी। अब मैं थोड़े दिन हिजड़ी की तरह बिकूँगी। मैं कैसी हूँ? क्यों हूँ? कितनी पीड़ा सहती हूँ? इन सवालों से किसी को सरोकार नहीं है। किसी को इस बात से कोई सरोकार नहीं है कि मेरे जन्म के बाद मेरी माँ ने मुझे देखकर आत्महत्या कर ली। बाद में बड़ी बहन सिर्फ इसी बात के लिए ससुराल से निकाल दी गई कि उसकी बहन हिजड़ी है। मेरे पिता किस तरह तिल-तिलकर मरे, इस बात से किसी को कोई लेना-देना नहीं है। मीडिया को तो बेचने से मतलब है। चाहे वह औरत हो या फिर हिजड़ी। जब तक बिकूँगी तब तक आप बेचेंगे।"

नीलम, रीना और डिम्पल के डेरों में इन दिनों अमेरिकी मोबाइल कम्पनी कनेक्ट के बड़े अधिकारी चक्कर काट रहे थे। पटना नगरपालिका में दिहाड़ी पर हिजड़े रखने का प्रयोग सफल रहा था। हाउस टैक्स और वाटर टैक्स दबाये लोगों से रुपया वसूलने के लिए पालिका के अधिकारियों ने इनकी सेवाएँ ली थीं। टैक्स न देनेवालों का जुलूस निकाल देते थे ये। इनके डर से न जाने कितने लोगों ने लम्बी-लम्बी लाइनों में लगकर पालिका का टैक्स चुकाया। लाखों रुपये की वसूली एक महीने में हो गई थी। इनको टैक्स रिकवरी एजेण्ट के तौर पर पक्की नौकरी में रखने के लिए पालिका गम्भीरता से विचार कर रही थी। लेकिन एक हादसे के कारण पालिका ने अपना यह प्रस्ताव रोक लिया था।

हिजड़े महेंद्रू घाट के एक घर में वसूली करने गये थे। घर के मुखिया रामाशीष राय घर पर नहीं थे तो हिजड़ों ने घर की औरतों व बच्चों से बदतमीजी कर दी। मोहल्ले में भी उनका खासा मजाक उड़ा

था। घर लौटने पर राय साहब को जब उनकी पत्नी ने सारा मामला बताया तो वे आगबबूला हो गये। वे रेत के बड़े ठेकेदार थे और उनकी आपराधिक पृष्ठभूमि भी थी। गर्मियों में गंगा के सिकुड़ने से सतह पर उभरनेवाली जमीन पर कब्जे को लेकर दूसरे ठेकेदारों से वे गोली-बन्दूक भी कर चुके थे। इलाके में भी अच्छी-खासी धाक थी। ऐसे में हिजड़े उनके घर में आकर बवाल मचा जायें तो उन्हें कहाँ बर्दाश्त होता! वे अगले दिन काम पर नहीं गये। हिजड़े वसूली के लिए दोबारा आये, तो उन्होंने आव देखा न ताव और उन पर रिवाल्वर से गोली चला दी। मीरा नाम के एक हिजड़े की मौके पर ही मौत हो गई। बाकी हिजड़े अपनी जान बचाने के लिए दुम दबाकर भाग लिये थे। लेकिन मीरा की मौत का मामला काफी उछला था। पटना के गुस्साए हिजड़ों ने कलेक्टर के दफ्तर तक मार्च निकाला। हिजड़े इतने गुस्से में थे कि उन्हें नियन्त्रित करने के लिए तैनात पुलिस भी डर के मारे अपने बिल में घुस गई थी। आमतौर पर प्रदर्शनकारियों को कलेक्टर आफिस से काफी दूरी पर रोक दिया जाता है, मगर उस दिन हिजड़ों को रोकने के लिए कोई भी माई का लाल सामने नहीं आया। हिजड़े कलेक्ट्रेट के अन्दर घुस गये। उनसे ज्ञापन कौन ले, इस बात को लेकर प्रशासन घबराया हुआ था। हर अधिकारी को उनकी सम्भावित बदतमीजी से डर लग रहा था। अन्त में फैसला किया गया कि महिला एडीएम सिटी को उनका ज्ञापन लेने भेजा जाये। एडीएम सिटी ने उन्हें बमुश्किल समझा-बुझा कर कलेक्ट्रेट से वापस भेजा। उन्होंने आश्वासन दिया कि वे चौबीस घण्टे के भीतर राय साहब को गिरफ्तार करवा लेंगी।

तमाम होनी-अनहोनी और खतरों के बावजूद कनेक्ट कम्पनी बिल वसूलने के लिए हिजड़ों की सेवाएँ लेने के लिए मन बना चुकी थी। लाखों रुपये बिल के बकाये थे। इण्डिया में कम्पनी का दीवाला पिटने वाला था। कम्पनी की माली हालत का असर कर्मचारियों पर पड़ना लाजमी था। कॉस्ट कटिंग के तहत तीन सौ कर्मचारियों को निकाला जा चुका था। कम्पनी के सीईओ अमित श्रीवास्तव के दिमाग की उपज थी हिजड़ों की सेवाएँ लेने की। उन्होंने पटना कम्पनी की एक टीम भेज कर पालिका की पूरी मोडसअप्रेण्डी का अध्ययन कराया

था। लेकिन दिल्ली में उन्हें इस काम के लिए हिजड़े नहीं मिल पा रहे थे। अच्छे वेतन की भी पेशकश की थी उनको। नीलम, रीना और डिम्पल के डेरों में जा-जाकर कम्पनी के अधिकारी हार चुके थे। उन्हें तीनों जगह से एक ही जवाब मिला था–'साहब हम अपने नाच-गाने से ही खुश हैं। हमें आपकी नौकरी नहीं करनी है। हम तो भगवान राम के आदेश पर सदियों से नाच-गाकर अपनी रोटी कमा रहे हैं। हम उनके आदेश का उल्लंघन नहीं कर सकते हैं। हमें भी एक दिन ऊपर उनके पास जाना है। वहाँ जाकर हम क्या जवाब देंगे...'

कम्पनी ने फिर भी हार नहीं मानी। उसने अखबार में विज्ञापन दिया। रेखा चितकबरी गैंग में काम करने वाले हिजड़ों और लौण्डों को इस विज्ञापन के बारे में पता चला। रेखा चितकबरी के जेल में होने के कारण रोटी के लाले पड़े हुए थे उन्हें। उनमें से कई हिजड़े कम्पनी के दफ्तर पहुँच गये। पिंकी और सुनयना भी पुलिस के हत्थे एक बार चढ़ चुकी थी हाईवे में लूटपाट करने के नाम पर। पुलिस ने थाने में उनकी जम कर तुड़ाई की थी। वे हाईवे को छोड़ना चाहती थीं। रेखा चितकबरी के गैंग के हिजड़ों ने उन्हें जब इस कम्पनी के बारे में बताया तो वे भी कम्पनी के बिल वसूली अभियान की टोली में शामिल हो गयीं।

पन्द्रह

कुवागम मेले में अफरा-तफरी मची हुई थी। कुठनदवार मन्दिर के पुजारी उस सुहागन हिजड़े को खोज रहे थे, जिसने मंगलसूत्र तोड़कर विधवा होने से इनकार कर दिया था। सदियों से चली आ रही परम्परा को तोड़ने की हिम्मत किसी ने आज तक नहीं की थी। हर सुहागन बना हिजड़ा अपने अगल-बगल उस सुहागन हिजड़े की खोज में लगा था, जिसने परम्परा को तोड़ने का साहस किया था। देश-भर से हजारों हिजड़े जमा होते हैं तमिलनाडु के विल्लूपुरम जिले के साल-भर सोये रहनेवाले गाँव कुवागम में। रिश्ते-नाते से दूर रहनेवाले तीसरी योनि के इन लोगों को यहाँ एक दिन के लिए सुहागन बनने का मौका मिलता है मन्दिर में। इस तरह उनकी शादी करने की मुराद भी पूरी हो जाती है।

मंगलसूत्र तोड़ने की रस्म जारी थी। मन्दिर के पुजारी सुहागिनों के मंगलसूत्र फरसे से काट रहे थे। मंगलसूत्र के कटते ही सुहागिनें विलाप में जुट जाती थीं। चारों तरफ विलाप के सुर सुनाई दे रहे थे। हजारों विधवाएँ एक साथ विलाप कर रही थीं। माहौल करुणामय था। कोई सुहागिन अपने बालों में लगे गजरे तोड़ कर बिखेर रही थी, तो कोई हाथ में पहनी सुहाग की प्रतीक चूड़ियाँ पत्थर पर पटक रही थी। कोई माँग में भरा सिन्दूर तो कोई माथे की बिंदिया पोंछकर अपने को परम्परा के अनुसार विधवा बना रही थी। ऐसी ही एक सुहागन ने पुजारी से अपना मंगलसूत्र कटवाने से मना कर दिया था। पण्डे-पुजारियों का झुण्ड जब उससे मंगलसूत्र तोड़ने के लिए जोर-जबरदस्ती करने लगा तो वह भीड़ में कहीं गुम हो गई थी। प्रमुख पुजारी मन्दिर के अपने सहयोगियों से किसी अपशकुन की बात कर रहे थे, "जरूर कोई

अनिष्ट होनेवाला है। जब विधवा नहीं बनना था तो सुहागिन क्यों बनी। मन्दिर की परम्परा में विश्वास नहीं था तो यहाँ आयी ही क्यों?"

पूरे कुवागम में सत्रह दिन तक उत्सव जैसा माहौल होता है। देश के कोने-कोने से हिजड़े कुवागम में जमा होते हैं... देश-दुनिया की चिन्ता से दूर। सबमें एक प्रकार का बचपना लौट आता है। गाँव के लोग भी इनके रंग में रँग जाते हैं। उछल-कूद। हँसी-खिलन्दड़ी। रहट की आवाजें। छोटे-बड़े झूले। चाट-पकौड़ी के खोमचे। शृंगार की दुकानें। हिजड़ों से सम्बन्धित साहित्य फुटपाथ पर जगह-जगह बिकता है—वृहन्नला की गाथा, अर्धनारीश्वर, शिखण्डी चरित जैसी न जाने कितनी किताबें! गाँव का पूरे साल का अर्थशास्त्र इसी मेले पर निर्भर है। मेले के समय तरह-तरह की दुकानें उग आती हैं। कमाने के लिए आसपास के गाँववाले भी यहाँ दुकानें खोल लेते हैं। इस रंगारंग मेले को देखने विदेश तक से हिजड़े यहाँ आते हैं। कई छोटे-बड़े होटल भी यहाँ हैं। अब इस मेले को तमिलनाडु सरकार ने भी मान्यता दे दी है, इसलिए व्यवस्था चाक-चौबन्द रहती है।

इस बार भी मेले की सुन्दरता देखते ही बनती थी। यहाँ हर तरह के सामान की दुकानें थीं, पर शृंगार प्रसाधनों की दुकानों पर भीड़ सबसे ज्यादा नजर आ रही थी। कुछ दुकानें बड़े-बड़े शीशों में सजी थीं, जिनमें असली चाँदी और सोने के गहने हरेक का ध्यान खींच रहे थे—पायल, बिछुए, कण्ठमाला, कानों के झुमके, मंगलसूत्र, हार, करधनी के न जाने कितने डिजाइन! कुछ वजन में भारी, पर ज्यादातर हल्के और खूबसूरत बारीक काम से अलंकृत। इन जेवरों के निर्माण में बाजार में प्रचलित फैशन का भरपूर ध्यान रखा गया था। पर ये सारी चीजें छोटी-छोटी दुकानों पर भी उपलब्ध थीं... ठीक ऐसे ही पैटर्न और डिजाइनों में। कोई देखे तो धोखा खा जाए कि ये असली सोने या चाँदी की हैं... पर ये गिलट की बनी हुई थीं और इन पर सोने व चाँदी का पानी इस खूबसूरती से चढ़ाया गया था कि हर खरीदनेवाला अपनी हसरत पूरी कर सकता था। इन दुकानों पर भीड़

भी ज्यादा थी। कुछ दुकानों पर सिर्फ मोतियों के बने जेवर थे और कुछ पर लाख के खूबसूरत हार, चूड़ियाँ, माँग-टीका और झुमके। हर एक की अपनी पसन्द और अपनी जेब। सौन्दर्य प्रसाधन की दुकानों की बात ही क्या! सिन्दूर के लाल व नारंगी रंग के छोटे-छोटे ढेर तो हर दुकान की पहचान थे, पर हर तरह के आई-शैडोज, लिपस्टिक, बिंदियों व काजल की कमी नहीं थी... लोकल कम्पनियों के उत्पाद से लेकर नामी-गिरामी ब्राण्डों तक। शहरी पसन्द, फैशन और परख से मेले की हर दुकान पटी हुई थी। मंगलसूत्र तो लगभग हर छोटी-बड़ी दुकान पर लटके हुए थे।

चाट-पकौड़ी के खोमचों पर तो भीड़ थी ही, डोसा-इडली-साँभर और चाइनीज खाने के स्टॉल्स पर भी भरपूर रंग जमा हुआ था। लोग जमकर खाने का लुत्फ ले रहे थे। तरह-तरह के कार्यक्रमों का आयोजन हर दिन को अलग रंग दे रहा था।

हर दिन गाना-बजाना होता है... बकरे की बलि दी जाती है। बलि देने का यहाँ अपना स्टाइल है। बकरे के गले में रस्सी बाँधी जाती है, एक व्यक्ति पीछे से उसकी टाँग पकड़ता है और दूसरा रस्सी से उसकी गर्दन खींचता है। देखते-ही-देखते पुजारी बकरे की गर्दन को धड़ से अलग कर देता है। बकरे का सिर जमीन पर गिरकर छटपटाने लगता है और गर्दन से खून की पिचकारी छूट पड़ती है। एक दिन कुण्ड में स्नान का होता है। गर्भा की ही तरह गोल चक्कर बनाकर आग बीच में जलाकर नृत्य किया जाता है।

सुहागन बनने से पहले एक दिन फैशन शो भी होता है। इसमें मिस कुवागम चुनी जाती है। इसके निर्णायक मण्डल में देश के नामी-गिरामी मॉडल रहते हैं। इस बार विनीता को भी बतौर निर्णायक बुलाया गया था... पेज थ्री की सेलीब्रेटी। इस फैशन शो और मिस कुवागम इवेण्ट को कई सालों से फोटोग्राफर विजय कृष्णा कवर कर रहा है। उसकी वेबसाइट 'आउट आफ फोकस' में इस मेले की सैकड़ों तसवीरें हैं।

विनीता को देखकर विजय का फोटोग्राफर-मन एक बार फिर हसरत से भर उठता है—विनीता के साथ फोटो-सेशन करने की उसकी अधूरी इच्छा बलवती होने लगती है।

कुवागम में दोनों की मुलाकात होटल में होती है। यह बात सिर्फ इत्तेफाक नहीं थी कि दोनों एक ही होटल में ठहरे थे। दरअसल, होटल गोल्डन इस गाँव का एकमात्र अच्छा होटल था, जहाँ ठहरने की ललक मेले में आनेवाली हर मशहूर और नामी-गिरामी हस्ती के मन में रहती थी। यहाँ अग्रिम बुकिंग कराये बिना कमरा मिलना टेढ़ी खीर होता है, इसलिए विजय ने अपनी बुकिंग पहले से करा ली थी और निर्णायक मण्डल की सदस्य विनीता का उस होटल में ठहरना स्वाभाविक ही था।

चाय पर दोनों मिले। औपचारिक बातचीत हुई। विजय का ख्याल था कि विनीता शायद उससे खुलकर बातचीत न करे, पर ऐसा नहीं हुआ। आज उसके सामने पहलेवाली शोख विनीता नहीं, बल्कि अत्यन्त संवेदनशील व शालीन विनीता थी। विजय को लगा कि यहाँ उसे प्रोफेशनल कामयाबी मिल सकती है। यही सोचकर उसने विनीता को लंच के लिए आमन्त्रित कर दिया।

लंच पर जाने से पहले विनीता अपनी वेशभूषा पर खास ध्यान दे रही थी। आज वह विजय को अपनी अदाओं से नहीं, अपने भीतर के भावों से आकर्षित करना चाहती थी। उसके मन में हमेशा विजय को जीतने की चाह रही थी, पर आज वह विजय के सम्मुख पराजित होने में सुख का अनुभव कर रही थी। दरअसल, विजय जिस दिन उसके कमरे में उसे अकेली छोड़कर बाहर निकल गया था, उस दिन उसका 'अहं' आहत हुआ था, पर उसके भीतर की औरत जाग गई थी। सब पर अपना हुक्म और सिक्का चलाते-चलाते विनीता अकेली पड़ती जा रही थी। सभी उसकी बात एक इशारे पर मान लेते थे, पर अपने इस 'अहं' की जीत पर विनीता को अब खुशी नहीं मिलती थी। उसका दिल एक ऐसे व्यक्ति के लिए धड़कना चाहता था, जिसका अपना एक वजूद हो, अपनी एक शख्सियत हो। विनीता अपने शाही काम की मलिका थी, पर किसी के कन्धों पर अपने इस 'अहं' को बिसारकर वह एक नीड़ बना लेने को तरसने लगी थी। 'गे वर्ल्ड' को उसने एक असीम मुकाम दिया था, पर पंछी खुले आसमान में जितनी दूर तक चाहे पंख पसार ले, दिन ढलते ही अपने बसेरे लौटना चाहता

है। विनीता भी अपना आशियाना पाने के लिए तड़पने लगी थी।

विनीता को विजय में आत्मसम्मान नजर आया था, जो किसी भी सही इनसान की सबसे बड़ी कसौटी है। उसने सोच लिया था कि विजय की शालीनता पर अपने-आपको न्यौछावर कर देगी... समारोह खत्म होते ही उससे प्रणय की याचना करेगी! विनीता जिन लोगों के बीच रहती थी, उनके लिए यह एक अचम्भित करनेवाली खबर हो सकती है, पर विनीता की इच्छा यही थी।

यह एक अजीब वाकया था कि मेले में डिम्पल के साथ मंजू भी आयी थी। दिल्ली से सभी गद्दियों की प्रमुख मेले में आयी थीं—रीना, नीलम, रुख्साना, शान्ता आदि। आखिर आती भी क्यों नहीं। हिजड़ों का महाकुम्भ ठहरा कुवागम मेला। वैसे उत्तर और दक्षिण के हिजड़ों में काफी सांस्कृतिक भिन्नता है... जन्म से लेकर मरने तक दोनों के रीति-रिवाज भी अलग हैं, लेकिन इस मेले में आकर यह दूरी खत्म हो जाती है।

मिस कुवागम चुनने का दिन था। रैम्प पर रंग-बिरंगी रोशनी बिछी हुई थी। डिम्पल और नीलम के दबाव डालने पर मंजू भी इस आयोजन में शिरकत के लिए राजी हो गई थी। वैसे अब वह इस दुनिया से काफी दूर निकल चुकी थी... विजय के अलावा उसे कुछ सूझता नहीं था। वह मन से उसे अपना पति मान चुकी थी। उसके लिए वह सभी तीज-त्योहार सुहागिनों की तरह करती थी। उसकी दुनिया विजय के इर्द-गिर्द बँध गई थी। नाच-गाना छोड़े भी उसे लम्बा समय हो गया था। डिम्पल उसका गर्भपात कराने और उसकी बच्चेदानी निकलवाने के बाद से अपराधबोध से ग्रस्त रहने लगी थी। इसीलिए मंजू की हर खुशी उसे सुख देती थी। वह चाहती थी कि मंजू आगे की जिन्दगी अपने मन से जी ले, ताकि भगवान उसे बच्चा गिराने के पाप से मुक्त कर सकें।

देश के कोने-कोने से आयी हिजड़ियाँ एक-से-एक आकर्षक डिजाइनों के कपड़े पहनकर रैम्प पर जलवा बिखेर रही थीं। विजय का

कैमरा भी चल रहा था। अब बारी थी मंजू की। मंजू ने जैसे ही आधुनिक डिजाइन की घाघरा-चोली में रैम्प पर कदम रखा, लोगों की आँखें खुली-की-खुली रह गयीं। हल्के पीच कलर का घुटने तक का घाघरा जो कुन्दन-वर्क से जड़ा हुआ था और उस पर गुलाबी चोली जो कमर से काफी ऊपर थी। घाघरा नाभि से काफी नीचे होने के कारण उसका बीच का हिस्सा एक थिरकन पैदा कर रहा था। रैम्प के बीच पहुँचकर मंजू ने जैसे ही एक खास अन्दाज में अपनी गर्दन मोड़कर पीठ दिखाई, तो पूरा पण्डाल तालियों से गूँज उठा। सिर्फ एक डोर से बँधी उसकी चोली के ऊपर गोरी देह पर एक बिच्छू का टैटू इस खूबसूरती से बना हुआ था कि उसका मादक दंश निर्णायक मण्डल के हर सदस्य ने महसूस किया।

मंजू का कैटवाक देखकर निर्णायकों को लगा कि रैम्प पर चलनेवाली निश्चय ही कोई प्रोफेशनल मॉडल है। उसने हालाँकि रैम्प पर चलने की ट्रेनिंग नहीं ली थी, लेकिन विजय के फोटो सेशंस ने उसे मॉडलोंवाली हर अदा सिखा दी थी। विजय ने जैसे ही अपने कैमरे का फोकस मंजू पर किया, उसके भी होश उड़ गये थे। उसका सौन्दर्य देखकर विजय का शटर एक बार फिर रुकने का नाम नहीं ले रहा था।

विजय को नहीं पता था कि मंजू भी इस मेले में आनेवाली है, लेकिन मंजू जानती थी कि इस मेले में उसकी विजय से मुलाकात जरूर होगी। वह अक्सर विजय के दिये मोबाइल पर उससे बात करती रहती थी। दरअसल, उसने ही बातचीत में बताया था कि वह कुवागम जा रहा है। अगर उसने यह बात न बताई होती, तो वह मेले में कतई नहीं आती। मेले में चलने के लिए उसके तुरन्त हाँ कहने से डिम्पल को भी हैरानी हुई थी। लेकिन मंजू इस फैसले के साथ ही मेले में आयी थी कि विजय ने अगर इस बार शादी करने से मना कर दिया, तो वह वहीं उसके सामने जान दे देगी।

मंजू कई दिन तक मेले में विजय को खोजती रही, लेकिन वह नहीं मिला। मोबाइल भी यहाँ उसका सहायक नहीं हो रहा था। गाँव होने के कारण मोबाइल को सिगनल नहीं मिल रहे थे और सभी लोगों ने सिगनल न मिलने के कारण अपने मोबाइल बक्सों में बन्द कर दिये थे।

रैम्प पर चलते हुए उसे विजय मिल जायेगा, उसने सोचा भी नहीं था। दरअसल, विजय रैम्प के एक कोने में खड़ा फोटो खींच रहा था कि मंजू ने उसे देख लिया था। वह विजय को देख कर अन्दर से झूम उठी। उसकी मुराद पूरी हो गई थी और इसी खुशी में उसका कैटवाक भी जबरदस्त हुआ था।

शो जारी था। कैटवाक खत्म करने के बाद मंजू मेकअप उतारकर रैम्प के नजदीक खड़े विजय के पास पहुँची और उसने सबके सामने विजय का हाथ पकड़ लिया। लेकिन दूसरे ही क्षण उसे महसूस हुआ कि उससे कोई गलती हो गई है और उसने उसका हाथ छोड़ दिया। फिर उसके होटल का पता लेकर वहीं उससे मिलने का वादा करके वह चली गई।

फैशन शो के बाद कथा-वाचन का कार्यक्रम था। इसमें कथावाचक मेले के माहात्म्य का वर्णन विस्तार से करता है। पण्डाल खचाखच भरा हुआ था। मेले में आया हर हिजड़ा मेले के किसी भी पक्ष को छोड़ सकता था, लेकिन कथा सुनना परम्परा का अंग था। कथा न सुनने पर कुवागम-यात्रा अधूरी मानी जाती है।

कथावाचक ने माइक सँभालकर ओजस्वी स्वर में महाभारत की कथा शुरू की। पूरी कथा सुनाने में एक-आध हफ्ता लग जाता, इसलिए उसने क्षेत्र पुराण से महाभारत का वह प्रसंग सुनाना शुरू किया, जिसका इस मेले से ताल्लुक था। मन्दिर की प्रामाणिक कहानी इसी पुराण में थी। कथावाचक के पीछे पर्दे पर महाभारत युद्ध के दृश्य युद्धोन्मादी संगीत के साथ प्रस्तुत हो रहे थे। कथावाचक ने कथा इस तरह प्रारम्भ की—

पाण्डवों और कौरवों की सेनाएँ एक-दूसरे को परास्त करने के लिए आमने-सामने थीं। हाथियों, घोड़ों और रथों पर सवार दोनों तरफ

के योद्धा अपने अस्त्र-शस्त्र लहरा रहे थे। अर्जुन के रथ पर बैठे कृष्ण के होंठों पर एक कुटिल मुस्कान थी। उन्हें पता था कि उनकी रणनीति के चलते पाण्डवों को युद्ध जीतने से कोई रोक नहीं सकता। रणभेरी बज उठी। इसी के साथ अर्जुन का बाहुबली पुत्र अरवाण अपनी बलि देने के लिए रणभूमि में पहुँच गया। वह अपने बाजू की रक्त से सराबोर त्वचा नोच-नोचकर युद्ध की देवी काली को अर्पित कर रहा था। दोनों तरफ मार-काट मचने लगी। अरवाण अपने शरीर की एक-एक बूँद काली को अर्पित किए जा रहा था। ऐसा करते-करते उसे अठारह दिन पूरे होनेवाले थे। उसका शरीर कंकाल में तब्दील हो चुका था। उसे लगा कि उसके साथ धोखा हुआ है। कृष्ण ने तो उससे कहा था कि उसके बलिदान के बाद युद्ध कुछ क्षणों में ही खत्म हो जायेगा। शरीर में रक्त खत्म होता देख उसने अपना विश्व रूप धारण कर लिया। अपने सिर को विशालकाय पत्थर में तब्दील करके उसे दुश्मन की सेना पर लुढ़काना शुरू कर दिया। दुश्मन की सेना के लाखों लोग मारे गये और अठारहवें दिन महाभारत का कुरुक्षेत्र में लड़ा गया वह युद्ध समाप्त हो गया।

कथावाचक बताता है कि अरवाण को कुरुक्षेत्र के मैदान में लाए जाने की कहानी उसके बलिदान से ज्यादा हैरतअंगेज व रोचक है... पाण्डवों में माद्री-पुत्र सहदेव ज्योतिषशास्त्र के प्रकांड पंडित थे। महाभारत युद्ध शुरू होने से पहले कृष्ण और दुर्योधन युद्ध का भविष्य जानने के लिए उनके पास पहुँचे, तो उन्होंने कहा कि दोनों में बराबर का दम है... किसी भी पक्ष की जीत हो सकती है। फिर उन्होंने युद्ध जीतने की एक तरकीब दोनों पक्षों को बताई कि जो युद्ध की देवी काली को अपने एक योद्धा की बलि पहले देगा, उसकी जीत सुनिश्चित होगी... योद्धा देखने में सुन्दर और युद्ध कला में निपुण होना चाहिए। दुर्योधन के पास ऐसे योद्धा भीष्म और कर्ण ही थे, किन्तु इनकी बलि वह दे नहीं सकता था। वैसे भी उसने सहदेव की बात को ज्यादा महत्त्व नहीं दिया। पाण्डवों में ऐसे योद्धा थे अर्जुन और भीम। कृष्ण दोनों में से किसी की बलि देने के पक्ष में नहीं थे। लेकिन उन्होंने सहदेव की बात को दुर्योधन की तरह नजरअन्दाज नहीं किया और

पाण्डवों की एक सभा में इस विषय पर गम्भीर मन्त्रणा की। उसी समय एक आवाज सभा में गूँजी, "मैं अर्जुन का बेटा हूँ और अपने पिता की युद्ध में जीत सुनिश्चित करने के लिए स्वयं को इस बलिदान के लिए प्रस्तुत करता हूँ।"

यह आवाज अरवाण की थी। नागवंशी चित्रांगदा के साथ अर्जुन के विवाह के बाद अरवाण का जन्म हुआ था। वह ऐसा योद्धा था कि उसे परास्त करना किसी के बस की बात नहीं थी। उसे देवताओं से एक प्रकार के अमरत्व का वरदान मिला हुआ था। कृष्ण को उम्मीद जागी। लेकिन, उसने कृष्ण से कहा कि मरने से पहले मेरी कुछ इच्छाएँ है जिन्हें पूर्ण करना होगा।

कृष्ण ने एक तरफ ले जाकर अरवाण से उसकी इच्छाओं के बारे में पूछा तो उसने कहा, "मैं कम-से-कम तीन सप्ताह पाण्डवों की तरफ से युद्ध लड़ना चाहता हूँ और युद्ध के मैदान में जाने से पहले मेरा विवाह करना होगा।"

कृष्ण ने कूटनीति का आश्रय लेते हुए कहा, "तुम तो इतने बड़े योद्धा हो कि युद्ध को तीन मिनट में खत्म कर दोगे। फिर तीन सप्ताह युद्ध की शर्त क्यों?" कृष्ण के मुँह से अपनी बहादुरी की बात सुनकर अरवाण खुश हुआ और उसने अपनी युद्ध लड़ने की इच्छा त्याग दी।

अब विवाह का प्रश्न रह गया था। जिस योद्धा के प्राणों का अन्त होना निश्चित हो, उससे भला कौन लड़की विवाह करेगी। कृष्ण ने तरकीब निकाली और मोहिनी का रूप धारण करने का फैसला किया। इसके बाद कृष्ण अरवाण को लेकर उसकी पत्नी से मिलवाने पाण्डवों की सभा में पहुँचे। वहाँ कृष्ण ने मोहनी बनकर अरवाण से शादी कर ली। कहते हैं कि कृष्ण के उस मोहिनी रूप पर भगवान शिव भी मोहित हो गये थे।

युद्ध के मैदान में जाने से पहले सुहागरात में अरवाण को मोहिनी से दूध और मिश्री की गन्ध आती रही। सम्भोग के दौरान उसे बार-बार सन्देह हुआ कि मोहिनी स्त्री है या पुरुष। लेकिन वह रात-भर मोहिनी के मोहपाश से निकल नहीं पाया। इसी शंका के बीच पूरी रात गुजर गई। सुबह हुई तो अरवाण को युद्ध के मैदान में लाया

गया। रक्तपिपासु काली की प्रतिमा के सामने उसने अपनी बलि देने का प्रारम्भ अपनी बाजू की त्वचा फाड़कर उन पर चढ़ाने के साथ किया। वह कई दिन तक अपना रक्त से लथपथ मांस देवी पर चढ़ाता रहा। जब उसे युद्ध खत्म होता नहीं दिखाई दिया, तो उसने विश्व-रूप धारण किया और अपने विशाल पथरीले सिर से दुश्मन की सेनाओं को मार गिराया। इस क्रम में वह स्वयं भी बुरी तरह घायल हो गया था।

चारों तरफ योद्धाओं के शरीर क्षत-विक्षत पड़े थे। उसी बीच लाशों को रौंदते हुए उसने देखा कि बिलाप करते हुई मोहिनी उसकी ओर बढ़ रही है। उसने माथे का सिन्दूर व बिंदिया पोंछ दी है... मंगलसूत्र तोड़ दिया है। उसे लगा कि संसार में उसके लिए भी कोई रोनेवाला है। वह भावुक हो उठा। उसे बड़ा सुकून मिला और इसके साथ ही उसने प्राण त्याग दिये। चूँकि अरवाण वीरगति को प्राप्त हुआ था, इसलिए उसे स्वर्ग में स्थान मिला।

मोहिनी के अवतार में कृष्ण स्त्री-रूप में पुरुष थे। तब से यह मान्यता है कि हिजड़े कृष्ण के ही वंशज हैं। हर वर्ष वसन्त के बाद चित्रा पूर्णिमा के दिन अरवाण की याद में यह मेला लगता है। यहाँ के कूठनदवार मन्दिर में अरवाण के सिर के हिस्से की मूर्ति है। मान्यता यही है कि यह सिर महाभारत काल से यहाँ रखा हुआ है। इसीलिए कृष्णरूपी मोहिनी के रूप में जन्म लेनेवाला हर प्राणी उनसे विवाह कर उनकी मृत्यु के बाद विधवा बन जाता है।

कथा के बाद अरवाण की मूर्ति को रथ में बिठाकर पूरे गाँव में घुमाया जाता है और फिर उसे अग्नि को समर्पित कर मान लिया जाता है कि उसकी मृत्यु हो गई। इसके बाद सुहागिन बने सब हिजड़े विधवा बन जाते हैं, इस विश्वास के साथ कि स्वर्ग में रहकर अरवाण पूरे साल उनकी रक्षा करेंगे।

मेले का आखिरी दिन था। नाच-गाने का समय खत्म हो चुका था। शोक की वेला आ चुकी थी। अरवाण का दाह संस्कार हो चुका था।

मन्दिर के पुजारी-पण्डे सुहागिन के मंगलसूत्र फरसे से काट रहे थे। तभी रंग में भंग हुआ था... एक सुहागिन ने अपना मंगलसूत्र कटवाने से मना कर दिया था और वह पण्डे-पुजारियों को चकमा देकर भीड़ में कहीं गुम हो गई थी। वह भागनेवाली सुहागिन और कोई नहीं, मंजू थी। पहले मंजू सुहागिन बनने के लिए तैयार नहीं हो रही थी। तब नीलम ने उस पर काफी जोर डाला था कि वह यहाँ तक आकर भी सुहागिन नहीं बनेगी, तो जीवन के इस अमूल्य अनुभव से वंचित रह जायेगी। नीलम को नहीं पता था कि मंजू पूर्ण स्त्री है... वह हिजड़ी नहीं है। इसीलिए जब नीलम मंजू को समझा रही थी तो डिम्पल चुप्पी साध गई थी।

मंजू ने मंगलसूत्र न कटवाने का फैसला इसलिए किया था कि उसने कुवागम की परम्परा के अनुसार अरवाण से विवाह नहीं किया था। उसने जब सुहागिनों का जोड़ा अपने शरीर में डाला था और माँग में सिन्दूर भरा था, तो उसके सामने अरवाण नहीं विजय था। इस स्थिति में विजय के जीवित रहते वह अपने को विधवा कैसे बना सकती थी! लेकिन पण्डे-पुजारियों को इससे क्या लेना-देना था। न ही उन्हें इस बात का पता था। वैसे भी गाँव में बहुत सारी औरतें हैं, जो सुहागिन हैं। लेकिन मेले के आखिरी दिन मन्दिर में जो सुहागिन पूजा करने आती है, उसे परम्परा के अनुसार अपना मंगलसूत्र कटवाना ही पड़ता है... विधवा का जोड़ा पहनना ही पड़ता है।

चारों तरफ अफरा-तफरी मची थी। विधवाओं के विलाप का कोरस धीरे-धीरे तेज होता जा रहा था। आसमान में सूरज ढल रहा था। अँधेरा पसरनेवाला था। शायद यह परम्परा के लिए बड़ी काली रात होनेवाली थी। पूर्णिमा होने के बावजूद आसमान में बादल घिरे होने के कारण चाँद दिख नहीं रहा था। भीड़ को चीरकर मंजू के कदम थकने लगे थे। उसके बाल बिखर गये थे... दुपट्टा सरककर पैरों में फँसने लगा, तो उसे खींचकर गले में ठीक-ठाक करने की कोशिश करते हुए भी उसके कदम पल-भर के लिए भी थमे नहीं थे। उसने अपना मंगलसूत्र ऐसा कसकर पकड़ रखा था, जैसे वह मंगलसूत्र नहीं, विजय का हाथ हो। अपने को पण्डों-पुजारियों से बचाते हुए वह

विजय के होटल की ओर भागी जा रही थी। वह दोबारा विधवा का जीवन नहीं जीना चाहती थी। राजा के रानी बनने के बाद से वह विधवा की ही तरह रह रही थी। विजय उसकी जिन्दगी में आ गया, तो उसने अपना विधवा-आवरण उतारकर फेंक दिया था।

भागते हुए सवालों की बरछियाँ उसके दिमाग को बींधे जा रही थीं—'विजय ने उसे नहीं स्वीकारा तो वह क्या करेगी? मगर वह स्वीकारेगा क्यों नहीं? उसने कभी मना तो किया नहीं। फोन पर भी कभी उसे नहीं झिड़का। अगर वह प्यार नहीं करता होता तो मना जरूर करता।'

सूरज डूबने के साथ आसमान का सिन्दूरी रंग कालिमा में तब्दील हो गया था। मंजू के मन में भी आसमान की ही तरह अँधेरा गहरा रहा था। लेकिन उसकी माँग का सिन्दूर अँधेरे में नहीं खोया था। भागते-भागते वह थक चुकी थी, लेकिन उसका विश्वास नहीं थका था। इसीलिए वह भागे जा रही थी... भागे जा रही थी। होटल की तरफ।

इधर होटल में भी यह बात हवा में तैरने लगी थी कि एक स्त्री ने मंगलसूत्र तोड़ने की परम्परा निभाने से इनकार कर दिया है। विजय भी इस खबर से अनजान नहीं था, पर उसके लिए यह खबर कोई मायने नहीं रखती थी। उसका यहाँ आने का उद्देश्य पूरा हो चुका था ... बेहद खूबसूरत तसवीरें उसके कैमरे में कैद हो चुकी थीं। बस, विनीता से फोटो-सेशन की बात वह अभी तक तय नहीं कर पाया था। कहीं-न-कहीं रैम्प पर उतरी मंजू की मोहक अदा भी उसके ज़ेहन पर दस्तक दे रही थी, पर मंजू से मिलने का खयाल भी उसके दिल को किसी अनचीन्हे अहसास से कम्पित कर देता था। वह मंजू का सामना करने से बच रहा था। वजह जानने का साहस उसमें नहीं था।

विनीता अब तक अपना सामान लगाने में व्यस्त रही थी। यह काम पूरा हुआ तो उसे विजय के खयाल ने घेर लिया। वह सिर्फ यही सोचती रही कि इस बार विजय को अपने दिल का हाल खुलकर बता देगी! विजय के बिना उसकी जिन्दगी सचमुच अधूरी है! उसका मन

इस अधूरेपन को खत्म करने के सपने बुन रहा था और उसके कदम विजय के कमरे की ओर बढ़ने को आतुर थे।

विजय कमरे में बैठा था कि अचानक उसका दरवाजा जोर से खटखटाया गया। वह खुद दरवाजा खोलता, इससे पहले ही मंजू भिड़े दरवाजे को जोर से धक्का देकर अन्दर आ गई थी।

"मंजू, तुम!"

विजय उसे देखकर हैरान था। बदहवास चेहरा, बिखरे हुए बाल, सरका हुआ दुपट्टा! कुछ भी व्यवस्थित नहीं था उसका। विजय ने पास पड़े जग में पानी भरकर मंजू की ओर बढ़ाया। मंजू ने एक साँस में ही सारा गिलास खाली कर दिया और विजय के सीने से लगकर फफक-फफक रो पड़ी।

विनीता भी अब तक विजय के कमरे की दहलीज पर पहुँच चुकी थी, पर किसी स्त्री के रोने की आवाज सुनकर वह वहीं-की-वहीं खड़ी रह गई थी।

मंजू की सिसकियाँ थम नहीं रही थीं, वह विजय से लिपटी बुदबुदा रही थी—'मुझे अकेली मत छोड़ो विजय! मेरा मंगलसूत्र मत छीनने दो। मेरा मंगलसूत्र, मेरा सिन्दूर सिर्फ तुम्हारा है। मन्दिर में मैंने इसे अरवाण के लिए नहीं, तुम्हारे नाम से धारण किया है। तुम मुँह से न कहो, पर मैं जानती हूँ कि तुम मुझसे मोहब्बत करते हो। मैं हिजड़ी नहीं, एक मुकम्मल औरत हूँ। सिर्फ यही खता है मेरी कि इस बिरादरी ने मुझे पाला-पोसा। मेरे गरीब माँ-बाप बचपन में मुझे डिम्पल के हाथों बेच गये थे, इसमें मेरा क्या दोष! मैं जीना चाहती हूँ, विजय! तुम्हारे साथ घर बसाना चाहती हूँ...।'

मंजू के शब्दों में इतना दर्द था और सब कुछ कह देने की इतनी हड़बड़ी कि उसमें किसी कॉमे या फुलस्टॉप के लिए जगह नहीं थी। उसने खुद को विजय के सीने में समो दिया था।

विजय अचकचाकर रह गया। जिस मंजू के शरीर की दिलकश खूबसूरती पर कोई भी फिदा हो सकता था और जिसके हर नशीले अन्दाज को उसके कैमरे ने बड़े दर्प के साथ कैद किया था, वह मंजू

एक निरीह कबूतर की तरह उसके सीने में दुबकी हुई थी... उसे अपना प्रेम समर्पित कर रही थी। इसने इससे पहले कभी अपने प्रेम का इजहार नहीं किया था, पर प्रेम को शब्दों की जरूरत नहीं होती, ऐसा मंजू का विश्वास था।

अब तक विजय समझ गया था कि पण्डों-पुरोहितों की परम्परा को तोड़ने का साहस करने वाली हिजड़ी और कोई नहीं, मंजू ही है। उसकी आँखें इस एकतरफा प्रेम और समर्पण को देखकर आँसुओं से भर आयी थीं। जीवन में उसे इतना नैसर्गिक प्यार मिलेगा, उसने कल्पना भी नहीं की थी। वह हमेशा कुदरत से लड़ता रहा था और उससे जीतता भी रहा था। लेकिन हमेशा आत्मसम्मान से दीप्त रहनेवाला विजय आज कुदरत के आगे हार गया। नियति उसे इस मोड़ पर लाकर खड़ा करेगी, यह उसने सपने में भी नहीं सोचा था।

विनीता इस दृश्य की मूक दर्शक बनी खड़ी थी। मंजू की बातें सुनकर उसके भीतर का प्यार बर्फ की तरह जमने लगा...उसका निस्पन्द पड़ता शरीर उसे अब खड़े रहने की इजाजत नहीं दे रहा था।

वह अन्दर आती कि इससे पहले ही विजय के शब्द उसके कानों में पड़े थे, "मंजू, मैं तुमसे शादी नहीं कर सकता। मैं जानता हूँ कि तुम एक मुकम्मल औरत हो। तुम्हारी खूबसूरती हासिल करना किसी की भी खुशकिस्मती हो सकती है, पर मैं खुशकिस्मत नहीं हूँ। मैं तुम्हारे निर्मल व पारदर्शी हृदय का समर्पण स्वीकार कर ही नहीं सकता। तुम मुकम्मल औरत जरूर हो, पर मैं मुकम्मल पुरुष नहीं हूँ... मैं एक हिजड़ा हूँ! हिजड़ा ऽऽ, हिजड़ा ऽऽऽ, हिजड़ा ऽऽऽऽ...'

विजय ने ये शब्द इतनी जोर से कहे कि लगा आसमान में घिरे बादलों में से कोई बादल कमरे में फट पड़ा हो। कमरा इस आवाज से गूँज रहा था, पर मंजू के कान सुन्न पड़ गये थे। उसे देखकर ऐसा लग रहा था, जैसे नृत्य में आत्मलीन किसी नृत्यांगना के नूपुर अचानक टूटकर बिखर गये हों। उसके जीवन की लय-ताल थम गई थी।

विनीता अपने-आपको सँभाल नहीं पाई। अपने भीतर की बची-खुची ताकत बटोरने के लिए उसने अपनी मुट्ठियाँ इस तरह भींच लीं कि खूबसूरती से तराशे गये उसके बड़े-बड़े नाखून उसकी अपनी

हथेलियों में गड़ गये और खून की बारीक सी लकीर उभर आयी। दरवाजे पर खड़ी-खड़ी वह मानो वहीं धँस गई थी।

बाहर घिरे हुए बादलों के साथ तेज हवा चलने लगी थी। कुछ ही पल में बारिश की बड़ी-बड़ी बूँदें धरती पर गिरने लगी थीं। मौसम का रुख बिगड़ रहा था।

विजय लगातार कहता जा रहा था, "दुनिया के दंश से अपने-आपको बचाने के लिए मैंने लगातार लड़ाई लड़ी और खुद को स्थापित किया। मैं नाचना-गाना नहीं, नाम कमाना चाहता था। भगवान राम के उस मिथक को झुठलाना चाहता था, जिसके कारण तीसरी योनि के लोग नाचने-गाने के लिए अभिशप्त हैं... परिवार और समाज से बेदखल हैं...।"

विजय के ये शब्द एकालाप बनकर रह गये। इस एकालाप को न मंजू सुन पा रही थी और न विनीता। मानो चम्पा का दरख्त एक बार फिर जमीन से उखड़ गया था। उसे कुदरत की आँधी ने नहीं हिलाया था... किसी ने उसकी जड़ पर ही आरी चला दी थी और इस आरी ने इस बार एक नहीं, दो दरख्तों को चीरा था।

•••